一生中不可不看的
《羊皮卷》励志故事

冷雪峰　编著

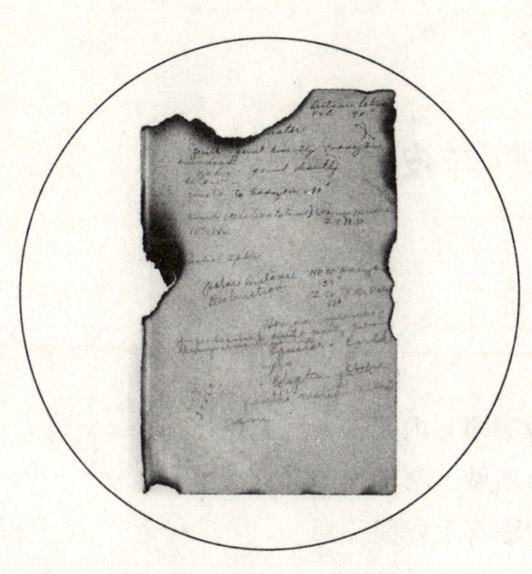

内蒙古出版集团
内蒙古人民出版社

图书在版编目(CIP)数据

一生中不可不看的《羊皮卷》励志故事 / 冷雪峰编著. —呼和浩特:内蒙古人民出版社,2013.3

ISBN 978-7-204-12157-1

Ⅰ.①一… Ⅱ.①冷… Ⅲ.①成功心理-通俗读物 Ⅳ.①B848.4-49

中国版本图书馆 CIP 数据核字(2013)第 044946 号

一生中不可不看的《羊皮卷》励志故事

编　　著　冷雪峰
责任编辑　罗　婧
排版制作　腾飞文化
出版发行　内蒙古出版集团　内蒙古人民出版社
地　　址　呼和浩特市新城区新华大街祥泰大厦
印　　刷　衡水红旗印刷有限责任公司
开　　本　787×1092　1/16
印　　张　16
字　　数　310 千
版　　次　2013 年 7 月第 1 版
印　　次　2013 年 7 月第 1 次印刷
印　　数　1-12000 册
书　　号　ISBN 978-7-204-12157-1/C·281
定　　价　28.00 元

如出现印装质量问题,请与我社联系。
联系电话:(0471) 4971562　4971659
网址:http://www.nmgrmcbs.com

前言

《羊皮卷》是奥格·曼迪诺通过六年的整理，汇集了戴尔·卡耐基、拿破仑·希尔、本杰明·富兰克林、阿尔伯特·哈伯德、乔伊斯兄弟等（包括奥格·曼迪诺自己在内）50位闻名遐迩的人类历史上的“成功大师”的杰作，而汇编成的一部旷世杰作。

《羊皮卷》汇集了人类历史上最伟大的成功大师的经典励志之作，内容涉及成功学的方方面面，各个成功学大师的文章风格各异，文字清新，具有很强的艺术魅力和思想价值。这些都是人生经验的阐发和总结，它将全方位地挖掘你内心的潜力，引领你逐渐走向成功。在美国发行至今，已被译成法、德、俄、阿拉伯等17种语言并售出两千多万册，成为全世界空前畅销的励志书，并在各地引发了有关成功话题的讨论。

《羊皮卷》一书中没有高深玄妙的道理，面对世人事业的挫折、精神的荒芜、思想的消极、命运的困扰、生活的无助，书中用大量成功人士的案例进行了解答。从制定目标到积极努力地付诸行动，从修正自己不好的毛病到认真对待人生中每一次成功的机遇，全书浅显易懂，事理表现得明明白白，清清楚楚。本书旨在用书中成功人物所经历的点点滴滴引领人，用真实的故事去打动人，抚慰人们迷茫的心灵，为人们指明一条通向成功与幸福之路。

故事是思想的精华，能更形象地为广大读者分析人生、讲解成功之道，所以，我们将《羊皮卷》中的事例和故事整理成故事集《一生中不可不看的〈羊皮卷〉励志故事》。

《一生中不可不看的〈羊皮卷〉励志故事》还选录了《伟大的励志书》、《获取成功的精神因素》、《从失败到成功的销售经验》等14本书的精华，其作者都是近两百年来在各个行业中的成功人士，他们根据自己的经历，循循善诱地向世人告知成功的密码以及由之所带来的幸福生活的意义。

本书共分十七章，将告诉你怎样面对人生、确立目标、把握人生机遇、迈出成功的第一步；也会帮你全面了解自己的性格，抑制消极思想，拥有积极向上的心态和战胜一切挫折的力量；帮助你学会选择、学会思考，靠智慧来创造和掌握财富；在大师们的指导下，还会让你养成良好的习惯，懂得爱的力量、信仰的力量，持之以恒、团结合作，为成就大事业打好基础。同时，激励你向自己挑战，在短时间里克服困扰你、拖累你的陋习，实现生命的终极突破和超越。本书是全球所有成功巨匠经典成功故事的汇集，每一位大师鲜活的成功启示，就像种种不同色彩的颜料，等待你的是如何用它们描绘出适合自己发展的宏伟蓝图。当你仔细品读这激励人心的伟大智慧书，慢慢领悟到这些大师们的成功心得后，你的思想就会发生翻天覆地的变化，全身流淌着“一定要赢”的成功欲望，你每一次行动时都会全力以赴去拼搏，最终摆在你面前的将是一条通往成功的康庄大道。

行进在人生的路途中，有时我们会失去方向感，找不到一处坐标，希望《一生中不可不看的〈羊皮卷〉励志故事》能为我们指引前进的方向，带我们走向人生辉煌成功的巅峰。

目录 CONTENTS

一　认识自己，发现自己的最大价值 / 1

二　正视失败，成功就站在它的背后 / 21

九　勇于冒险，才能奔向人生的制高点 / 130

十　自我激励，蚂蚁也能够搬动大山 / 143

一
认识自己，发现自己的最大价值

原来自己是百万富翁

●金玉良言

只要你拥有大好青春，你就是富有的，别因为一些无意义的事而忽视了自身的价值。

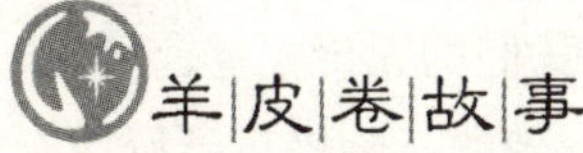

一位修行多年的智者，在路上遇见一个疲惫不堪、没有神采的年轻人。这个年轻人唉声叹气，满脸愁云惨雾。

“年轻人，你为什么这样闷闷不乐呢？”智者关心地问。

年轻人看了一眼智者，叹了口气道：“我是一个名副其实的穷光蛋。我没有房子，没有老婆，更没有孩子；我也没有工作，没有收入，整天饥一顿饱一顿地度日。像我这样一无所有的人，怎么能高兴得起来呢？”

“傻孩子，”智者笑道，“其实你不该如此灰心丧气，你还是很富有的！”

“为什么？”年轻人不解地问。

“因为，你其实是一个百万富翁呢。”智者很神秘地说。

“百万富翁？智者，您别拿我这穷光蛋寻开心了。”年轻人不高兴了，转身就走。

“我怎么会拿你寻开心呢？现在，你回答我几个问题。”

“什么问题？”年轻人有点儿好奇。

“假如，我用20万元买走你的健康，你愿意吗？”

“不愿意。”年轻人摇摇头。

“假如，现在我再出20万元，买走你的青春，让你从此变成一个小老头儿，你愿意吗？”

“当然不愿意！”年轻人干脆地回答。

“假如，我再出20万元。买走你的面貌，让你从此变成一个丑八怪，你愿意吗？”

“不愿意！当然不愿意！”年轻人的头摇得像个拨浪鼓。

“假如，我再出20万元，买走你的智慧，让你从此浑浑噩噩，度此一生，你可愿意？”

“傻瓜才愿意！”年轻人一扭头，就想走开。

“别急，请回答我的最后一个问题，假如我再出20万，让你去杀人放火，让你失去良知，你愿意吗？”

“天哪！干这种缺德事，魔鬼才愿意！”年轻人愤愤地说道。

“好了，刚才我已经开价100万元了，仍然买不走你身上的任何东西，你说你不是百万富翁，又是什么？”智者微笑着问。

年轻人恍然大悟，他笑着谢过智者的指点。从此，振奋精神，微笑着寻找自己的新生活去了。

智慧小语

其实每个人都是百万富翁，青春、健康、智慧、良知等都是我们的无价之宝，金钱虽然能买来好多东西，但是这些真正有价值的东西却是根本买不到的。珍惜自己所拥有的一切，用积极的心态去看待人生，这样你的人生最不缺少的就是快乐。

选择自己想要的 

● 金玉良言

登峰造极和庸庸碌碌之间只有一步之遥，这就要看你选择什么、追求什么了。

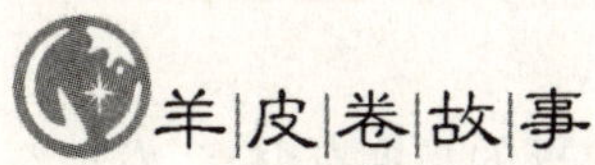

约翰·富勒的父亲是一位路易安纳州的黑人佃户，富勒有7个兄弟姐妹。他从5岁就开始工作，9岁时就会赶骡子。这些一点也不稀奇，因为佃农的孩子大多在年幼时就必须工作，他们对于贫穷十分认命。

富勒有一位了不起的母亲，她始终相信一家人应该过着快乐且衣食无忧的生活。她经常和儿子谈到自己的梦想。

"我们不应该这么穷，"她时常这么说，"我们很穷，但不能怨天尤人。那是因为你爸爸从来不想追求富裕的生活，家中的每一个人都胸无大志。"

没有一个人想要追求财富。这句话深植富勒的心里，并改变了他的一生。他一心想跻身富人之列，便开始努力追求财富。他认为推销东西是最快的致富捷径。他选择了挨家挨户推销肥皂。12年后，他得知供货的公司即将被拍卖，底价是15万美金。他想买下那家公司，于是在拍卖前，富勒与那家公司进行了一次谈判，谈判的结果是，他用积蓄的2.5万美金作为收购那家公司的订金，并答应在10天内筹足尾款12.5万美金。合约中还规定，若逾时未补齐尾款，将没收订金。

一直以来，由于富勒的工作态度认真，使得他极受客户信赖。所以当他向朋友、信托公司及投资集团借钱时得到了他们慷慨的帮助，到了第10天晚上，他筹到11.5万美金，但还差1万美金。

"我已经想尽所有的办法，"他回忆当时的情形，"时间不早了，房里一片漆黑，我自问着，谁能在时限内借我1万美金？我决定开车沿着芝加哥第61街走下去。当时是深夜11点，过了几个路口，终于看到一家承包商的办公室里还有灯光。"

富勒和那位承包商略有交情，于是他鼓起勇气走了进去。那位承包商正埋头办公，由于熬夜加班，已经疲惫不堪。

"你想不想赚1000美金？"富勒直截了当地问。

那位承包商回答："想，当然想。"

"借我1万美金,我会外加1000美金红利还给你。"富勒告诉那位承包商,并且详细说明了整个投资计划。

结果当然是富勒怀揣着1万美金的支票,踏出承包商的办公室。后来他不但从接手的公司获得可观的利润,并且还陆续收购了七家公司,其中包括四家化妆品公司、一家制袜公司、一家标签公司及一家报社。

富勒的起点比一般人更不利。但是,他有远大的目标,并且勇往直前。拿破仑·希尔说:"每个人的目标都不一样。你有权利选择自己要追求的东西。"

智慧小语

并非每个人都要像富勒一样,成为大企业家,不论你所追求的是拥有财富、发现新的化学元素、栽培玫瑰花,或是养儿育女,都需要积极地去做,这样才能成功。

不要生硬地模仿别人

●金玉良言

每个人都有自己的特点,要做适合自己的事。

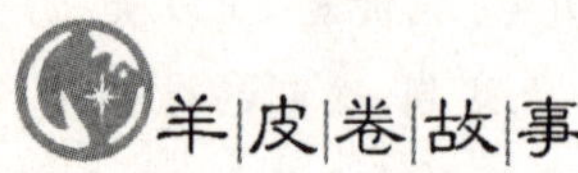

羊皮卷故事

斯迪克毕业要找工作了,他的叔叔给他讲了一个故事。

有个人,家住费城,小时候很穷。有一天,他走进一家银行,问道:"劳驾,先生,你需要帮手吗?"一位仪表堂堂的人回答道:"不,孩子,我不需要。"

孩子满腹愁肠,他嘴里嚼着甘草棒糖,这是他花一分钱买来的,钱是从虔诚、好心的姑妈那里偷来的。他分明是在抽泣,大颗大颗的泪珠滚到腮边。他一声不吭,沿着银行的大理石台阶跳下来。那个银行家用很优雅的姿势弯腰躲到了门后,因为他觉得那个孩子想用石头掷他。可是,孩子拾起一件什么东西,把它揣进又寒碜又破烂的夹克里去了。

"过来,小孩儿。"孩子真的过去了。银行家问道:"我看看,你捡到什么啦?"他回答:"一枚别针儿呗。"银行家说:"小孩子,你是个乖孩子吗?"他回答说"是的。"银行家又问:"你相信主吗?我是说,你上不上主的学校?"他回答说"上的。"

接着，银行家取来了一支用纯金做的钢笔，用纯净的墨水在纸上写了个“St. Peter”的字，问小孩是什么意思。孩子说：“咸·彼得（小孩把英文 Saint 的缩写 St，误认为 salt，即咸的意思）。”银行家告诉他这个字是“圣·彼得”，孩子说了声“噢！”

随后，银行家让小男孩做他的合伙人，把投资的一半利润分给了小男孩，后来小男孩还娶了银行家的女儿。现在呢，银行家的一切全是小男孩的了，全归他自己了。斯迪克觉得这个故事对他很有启发。于是，他花了 6 个星期在一家银行的门口找别针儿。他盼着哪个银行家会把自己叫进去，问：“小孩子，你是个乖孩子吗？”

他就会回答：“是呀。”

银行家要是问：“‘St. John’是什么意思？”

他就说：“是‘咸·约翰’。”

可是，随后斯迪克发现银行家并不急于找合伙人，而且他想他们恐怕没有女儿反而有个儿子，因为有一天一位银行家向斯迪克说：“小孩子，你捡到什么啦？”

斯迪克非常谦恭有礼地说：“别针儿呀。”

银行家说：“让我来瞧瞧。”他接过了别针。

斯迪克摘下帽子，已经准备跟着他走进银行，变成他的合伙人，再娶他女儿为妻子。

但是，他并没有受到邀请。银行家说：“这些别针儿是银行的，要是再让我看见你在这儿捣乱，我就放狗咬你！”

后来斯迪克走开了，那些别针儿也被那吝啬的家伙没收了。他把自己的经历告诉了他的叔叔，他叔叔笑了，接着，又给他讲了一个故事。

有个人养了一头驴和一条哈巴狗。驴子被关在栏子里，虽然不愁温饱，却每天都要到磨坊里拉磨，到树林里去驮木材，工作繁重。而哈巴狗会演许多把戏，很得主人欢心，每次都能得到好吃的东西作为奖励。驴子在工作之余，难免会抱怨命运对自己不公平。这一天机会终于来了，驴子扭断缰绳，跑进主人的房间，学哈巴狗那样围着主人跳舞，又蹬又踢，撞翻了桌子，碗碟摔得粉碎，驴子还觉得不够，它居然趴到主人身上去舔他的脸，把主人吓坏了，直喊救命。大家听到喊叫声急忙赶到，驴子正等着奖赏，没想到反挨了一顿痛打，被关进了栏子。无论驴子多么忸怩作态，都不及小狗可爱，甚至还不如从前的自己，毕竟这不是它所能干的行当。正如你喜欢看电影，但却未必能当上演员。

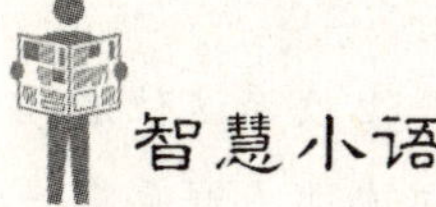

智慧小语

每个人都有各自的特点，都有适合自己的工作。别人能做得好的，自己未必就能做得好。所以，我们把别人想得再好，都不如专心致志地做好自己能做好的工作，让别人来羡慕你。

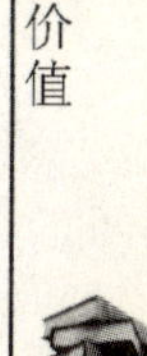

放对位置好成功

金玉良言

每个人在人生旅途中都有自己的最佳位置，当你找到这个位置时，你才更容易获得成功。

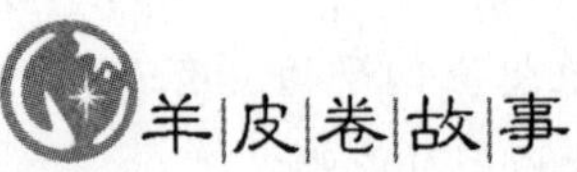

羊皮卷故事

迈克在求学方面一直遭遇失败与打击。高中未毕业时，校长就对他的母亲说："迈克或许并不适合读书，他的理解能力差得让人无法接受。他甚至弄不懂两位数以上的计算。"

母亲很伤心，她把迈克领回家，准备靠自己的力量把他培养成才。可是迈克对读书不感兴趣，为了安慰母亲，他也试着努力学习，但是不行，他无论如何也记不住那些需要记忆的知识。

一天，当迈克路过一家正在装修的超市时，他发现有一个人正在超市门前雕刻一件艺术品，迈克产生了兴趣，他凑上前去，好奇而又用心地观赏起来。

不久母亲发现迈克只要看到什么材料，包括木头、石头等，必定会认真而仔细地按照自己的想法去打磨和塑造它，直到它的形状让他满意为止。母亲很着急，她不希望他玩弄这些东西而耽误学习。迈克不得不听从母亲的吩咐继续读书，但同时又从不放弃自己的爱好，他一直想做得更好。

迈克最终还是让母亲彻底失望了，没有一所大学肯录取他，哪怕是本地并不出名的学院。母亲对迈克说："你走自己的路去吧，没有人会再对你负责，因为你已经长大了！"

迈克知道在母亲眼中他是一个彻底的失败者，他很难过，决定远走他乡去寻找自己的事业。

许多年后，市政府为了纪念一位名人，决定在市政府门前的广场上放置这位名人的雕像。众多的雕塑大师纷纷献上自己的作品，以期望自己的大名能与名人联系在一起，这将是难得的荣耀和成功。

最终一位远道而来的雕塑师获得了市政府及专家的认可。在开幕式上，这位雕塑大师说："我想把这座雕塑献给我的母亲，因为我读书时并没有获得她期望中的成功，我的失败令她伤心失望。大学里没有我的位置，但生活中总会有我一个位置，而且是成功的位置。我想对母亲说的是，希望今天的我至少不会让她再次失望。”

这个人当然就是迈克。在人群中，迈克的母亲喜极而泣。她知道迈克并不笨，当年只是她没有把他放对位置而已。

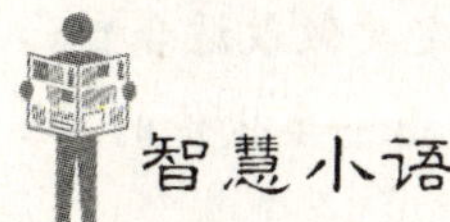

智慧小语

大多数人在成功的路途上总是挫折不断，就是因为他们不知道自己该干什么，能干好什么，所以不能给自己很好地定位，有些人经常在走了好多弯路之后才发现自己是干什么的料，甚至有好多人一辈子都不知道自己该干什么，他们的一生显得平淡无奇、碌碌无为。

做适合自己的事

●金玉良言

刘翔能打破 110 米栏的世界记录，而不去角逐百米短跑，正是因为他知道自己适合什么，他选择了适合自己的位置，也选择了世界冠军。

羊皮卷故事

从小时候开始，米契尔做什么事都比别的孩子慢，同学讥笑他笨，老师说他不努力。无论他怎么试图去做好、去改变自己，但是，他却从来都不行。直到米契尔上了九年级后，医生诊断出他患有动作障碍症。高中毕业时，米契尔申请了十所最最普通的学校，心想怎么也会有一所学校录取他。可直到最后，他连一份通知书都没有收到。

后来，米契尔看了一份广告，上面写着：“只要交 250 美元，保证可以被一所大学录取。”结果他付了 250 美元，有一所大学真的给他寄来了录取通知书。看到这所大学的名字，米契尔即刻想起了几年前，一份报纸上写着有关这个大学的文章：“这是一所没有不及格的学校，只要学生的爸爸有钱，没有不被录取的。”当时米契尔只有一个信念：“我要用未来去证实这是个错误的说法。”在这个大学上了一年后，米契尔就转到另一所大学。大学毕业后，他进入了 IT 行业。22 岁时，他开了一家属于自己的网络公司。从此，在美国的四个州，他建立了 200 家分公司，资产数亿美元。后来，米契尔

又进入到房地产行业，做起了大总裁。

一位“笨”孩子，他是怎么走向成功的呢？下面三点就是米契尔自己讲述的成功原因：

“第一，每个人都有自己最强的一项，有人会写，有人会算，对于有些人来说难的事，可对于另一些人简直容易得如‘小菜一碟’。我想强调的是：一定要做最适合自己的事情，不要迎合别人的口味而去做一件不属于自我，但是又要付出一生代价的‘难事’。

“第二，我非常幸运自己有如此谅解我、对我容忍又耐心的父母。如果有一个考题，别人只花15分钟，而我必须用2个小时完成的时候，我的父母从来不会因此而打击我。对于我的父母来说，只要自己的儿子尽力而为了，就达到了他们的目的。

“第三，我从不跟自己的同班同学竞争。如果我的同学又高又大，跑得很快，而我又小又矮，为什么一定要跟他们比呢？知道自己在哪里可以停止，这非常重要。我也曾经问过自己千百次，‘为什么别人可以学得轻松？为什么我永远回答不了问题？为什么我总要不及格？’当知道自己的病症以后，我得到了专业人士的关爱和理解。”

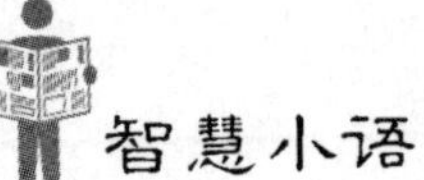

智慧小语

一定要做最适合自己的事，不要迎合别人的口味而去做一件不属于自我，但是又要付出一生代价的“难事”。理解自己和理解周围，非常重要。

世界上最好的东西是什么

●金玉良言

我们不要管别人怎么看待一件事物，我们要相信自己的喜好，自己喜欢的就是最好的。

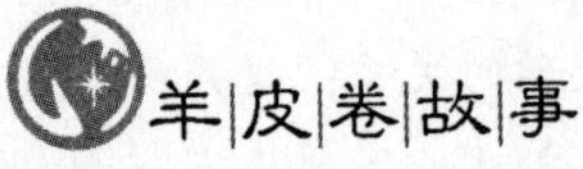

羊皮卷故事

有一个青年很不快乐，终日郁郁寡欢。一天，他去拜见一位智者以求得到良方。智者说：“只有世界上你认为最好的东西才能使你快乐。”于是青年决定去寻找世界上最好的东西。

他收拾行装，辞别妻儿老小，踏上了漫漫旅途。

第一天，他遇见了一位政客。他问："先生，您知道世界上最好的东西是什么吗？"政客官腔十足地说："世界上最好的东西嘛，是至高无上的权力。"他想了想，觉得权力对自己并没有多大的诱惑力，于是他又去寻找。

第二天，他遇到了一个乞丐，他问："你知道世界上最好的东西是什么吗？"乞丐眯着眼睛，懒洋洋地说："最好的东西？就是色香味俱全的美味佳肴呀。"他想了想，自己对食物并没有太多的渴望，所以也不认为那是世界上最好的东西。

第三天，他遇见了一个女人，他问："你知道世界上最好的东西是什么吗？"女人兴高采烈地脱口而出："当然是法国巴黎的高档又漂亮的时装了！"他觉得自己对时装也不感兴趣。

第四天，他遇见了一位重病的人，他问："你知道世界上最好的东西是什么吗？"病人恹恹地说："那还用问吗？是健康的体魄。"这个人想："健康怎么会是最好的东西呢？我每天都拥有，但是我不认为它就是世界上最好的东西啊！"

第五天，他遇见了一个在阳光下玩耍的儿童"你知道世界上最好的东西是什么吗？"儿童天真地说："是好多好多的玩具啊，这是世界上最好的东西。"

接着，他又先后遇到了一个老妇人、一个商人、一个画家、一个囚犯、一个母亲和一个的小伙子。

老妇人说："年轻是世界上最好的东西。"

商人说："利润是世界上最好的东西。"

画家说："色彩是世界上最好的东西。"

囚犯说："自由自在是世界上最好的东西。"

母亲说："我的宝贝孩子是世上最好的东西。"

小伙子说："我爱过一个姑娘，她脸上那灿烂的笑容是世上最好的东西。"

唉！没有一个回答令他满意。

他继续走啊走啊，最后，他穿过川流不息、熙熙攘攘的人群，带着五花八门的"答案"又回到了智者那里。

智者见他回来了，似乎猜到了他的遭遇和失望，于是捋着花白的胡须说："先不要去追究你的问题，它永远不会有一个确切而唯一的答案。你现在考虑这样一个问题——把你最喜欢的东西和情景找出来，告诉我。"

这个人经过长途跋涉，已是饥寒交迫、蓬头垢面。他想了一会儿，对智者说："我出门很多天了，我想念我亲爱的妻子和可爱的孩子，想念一家人冬夜里围着火炉谈笑聊天的情景……"说到这里，他不由得感叹，"那是我现在最喜欢的东西啊！"

智者拍了拍他的肩，说："回去吧！你最好的东西在你的家里，它们可以使你快乐起来。"

这个人不甘心,疑惑地问:“可我就是从那里走出来的啊?”

智者笑了,说:“你出来之前,不知道自己喜欢什么东西;你出来之后——比如现在,你已经知道自己喜欢什么样的东西了。”

智慧小语

不管是你拥有的,还是未曾拥有的;也不管别人怎么厌恶它、排斥它,只要是你最喜欢的,那它就是世界上最好的。

触动心灵的旧鞋子

金玉良言

美丽的外表可以让你瞬间喜爱不已,而真实善良的内心不仅能在瞬间感染你,也可以让你终身受益。

羊|皮|卷|故|事

闹钟响了,又是一个星期天的早晨。布朗本来可以好好睡一个懒觉,但是有一种强烈的罪恶感驱使他起身去教堂做礼拜。

布朗洗漱完毕,收拾整齐,匆匆忙忙赶往教堂。

礼拜刚刚开始,布朗在一个靠边的位子上悄悄坐下。牧师开始祈祷了,布朗刚要低头闭上眼睛,却看到邻座先生的鞋子轻轻碰了一下他的鞋子,布朗轻轻地叹了一口气。

布朗想:“邻座先生那边有足够的空间,为什么我们的鞋子要碰在一起呢?”这让他感到不安,但邻座先生似乎一点儿也没有感觉到。

祈祷开始了:“我们的父……”牧师刚开了头。布朗忍不住又想:“这个人真不自觉,鞋子又脏又旧,鞋帮上还有一个破洞。”

牧师继续祈祷着,“谢谢你的祝福!”邻座先生悄悄地说了一声“阿门!”布朗尽力想集中心思祷告,但思绪忍不住又回到了那双鞋子上。他想:“难道我们上教堂时不应该以最好的面貌出现吗?”他扫了一眼地板上邻座先生的鞋子想,邻座的这位先生肯定不是这样。

祷告结束了，唱起了赞美诗，邻座先生很自豪地高声歌唱，还情不自禁地高举双手。布朗想："主在天上肯定能听到他的声音。"奉献时，布朗郑重地放进了自己的支票。邻座先生把手伸到口袋里，摸了半天才摸出了几个硬币，"叮啷啷"放进了盘子里。

牧师的祷告词深深地触动着布朗，邻座先生显然也同样被感动了，因为布朗看见泪水从他的脸上流了下来。

礼拜结束后，大家像平常一样欢迎新朋友，以让他们感到温暖。布朗心里有一种要认识邻座先生的冲动。他转过身子握住了邻座先生的手。

邻座先生是一个上了年纪的黑人，头发很乱，但布朗还是谢谢他来到教堂。邻座的先生激动得热泪盈眶，咧开嘴笑着说："我叫查理，很高兴认识你，我的朋友。"

邻座先生擦擦眼睛继续说道："我来这里已经有几个月了，你是第一个和我打招呼的人。我知道，我看起来与别人格格不入，但我总是尽量以最好的形象出现在这里。星期天一大早我就起来了，先是擦干净鞋子、打上油，然后走了很远的路，等我到这里的时候鞋子已经又脏又破了。"布朗忍不住一阵心酸。

邻座先生接着又向布朗道歉说："我坐得离你太近了。当你到这里时，我知道我应该先看你一眼，再问候你一句。但是我想，当我们的鞋子相碰时，也许我们可以心意相通了。"

布朗一时觉得再说什么都显得苍白无力了，就静了一会儿才说："是的，你的鞋子触动了我的心。在一定程度上，你也让我知道了，一个人最重要的是他的内心，不是外表。"

还有一半话布朗没有说出来，这位老黑人是怎么也不会想到的。布朗从心底深深地感激他那双又脏又旧的鞋子，是它深深触动了自己的灵魂。

智慧小语

一双又脏又旧的鞋子却能让一切光鲜美丽的事物黯然失色，起到了净化心灵的作用，所以，我们不仅要看到美丽的外表，更要注重个人的内心世界。

一次喝彩改变了他的一生

●金玉良言

为别人喝彩，为自己喝彩，说不定正是因为你的一声喝彩，这个世界就多了一颗永不消逝的明星。

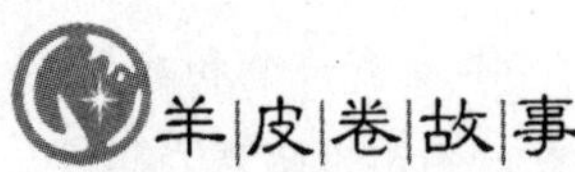

美国医学博士弗雷德·J. 爱波斯坦，是纽约大学医疗中心儿童神经外科主任，世界上第一流的脑外科权威之一。他首创了不少高难度外科手术，包括切除脊柱和脑血管上的肿瘤（在他以前，这两种肿瘤都被认为是无法开刀的）。然而，令人难以置信的是，这样的一位有着卓越成就的人，在校求学时，却曾是一名有着严重学习障碍的学生。

爱波斯坦博士在他的回忆录《我曾是智障者》一文里，讲述了自己求学的经历。他最不能忘怀的是他上五年级时遇到的一位名叫赫伯特·默菲的老师。由于生理原因，爱波斯坦遭遇了严重的学习障碍，尽管他尽了自己最大的努力，可仍不断遭受挫折和失败。他自认比别人"笨"，就退却消沉，并开始装病逃学。默菲老师没有因爱波斯坦的"笨"而轻视他，相反，还满腔热情地鼓励他。有一天课后，老师把爱波斯坦叫到一边，将他的一张考卷递给他。那上面，爱波斯坦的答案都错了。"我知道你懂得这些题目，为什么我们不再来一次呢？"老师挨个问考卷试题让爱波斯坦回答。爱波斯坦每答完一道题，他都微笑着说："答得对！你很聪明，我知道你其实懂得这些题目。我相信你的成绩会好起来的。"他还一边说一边把每个题目都打上勾。

默菲老师在爱波斯坦的成长中起了多大的作用，我们无法估量。但有一点可以肯定，如果换一位老师，只知指责爱波斯坦不努力，或者干脆把他视为差生，斥为"蠢笨"，也许，未来的医学奇才就夭折在他的手里了。正是赫伯特·默菲的赞扬和鼓励，激发了爱波斯坦的信心，他才告别了绝望，倔强地与命运抗争，不再认输，不再懈怠，终于完成了正常人也不容易完成的学业，成为了医学博士。

智慧小语

喝彩能驱除消沉者心灵的阴霾，使他们看到生活的美丽，看到希望的绚烂；喝彩能消融自卑者心灵的雾障，使他们信心百倍、勇气倍增。一次小小的喝彩，甚至能改变人的一生！

自己要看得起自己

金玉良言

高尚的心灵是一笔巨大的财富。

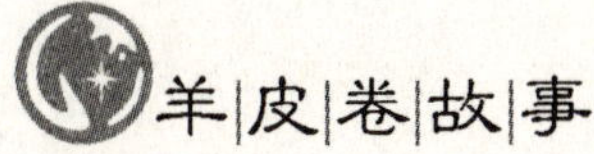

羊皮卷故事

一位父亲带着儿子去参观梵·高故居，在看过那张小木床及裂了口的皮鞋后，儿子问父亲："梵·高不是一位百万富翁吗？"父亲答："梵·高是位连媳妇都没娶上的穷人。"

又过了一年，父亲又带着儿子去了丹麦。到安徒生的故居前去参观，儿子困惑地问："爸爸，安徒生不是应该生活在皇宫里吗？怎么他生前会在这栋阁楼里？"父亲答："安徒生是位鞋匠的儿子，他就生活在这里。"

这位父亲是一个水手，他每年往来于大西洋的各个港门。他的儿子叫伊东布拉格，父亲带他参观梵·高和安徒生故居的这两次经历，给他留下了深刻的印象。

长大后，他成了一名出色的记者。当时，美国社会的种族歧视很严重。作为一名黑人，生活在这样的社会现实中，伊东布拉格丝毫没有为自己的肤色自卑过。他自尊自爱，积极进取，最终成为了世界历史上第一位获普利策奖的黑人记者。

二十年后，伊东布拉格在回忆童年时，他说："那时我们家除了很穷以外，还是黑人，父母都靠卖苦力为生。有很长一段时间，我一直认为像我们这样地位卑微的黑人是不可能有什么出息的。是父亲让我认识了梵·高和安徒生，也是父亲让我认识了黑人并不卑微，通过这两个人的经历让我知道，上帝没有轻看黑人。"

智慧小语

富人不一定伟大，穷人不一定卑微，人人生而平等。所以，我们不要因为身份卑微而自暴自弃，不要因为身处逆境而唉声叹气，让自尊自强成就你不平凡的一生。

不要为卑微的东西祈祷

金玉良言

祈祷只能说明你知道自己的梦想是什么，光有梦想还不够，我们只有通过努力奋斗才能真正得到我们想要的一切。

羊皮卷故事

四岁的小克莱门斯上学了。教书的霍尔太太是一位虔诚的基督徒，每次上课之前，她都要领着孩子们进行祈祷。

有一天，霍尔太太给孩子们讲解《圣经》，当讲到“祈祷，就会获得一切”的时候，小克莱门斯忍不住站了起来，他皱皱眉头，不解地问道：“如果我祈祷上帝，他会给我想要的东西吗？”

“是的，孩子，只要你愿意虔诚地祈祷，你就会得到你想要的东西。”霍尔太太安详且肯定地答道。

小克莱门斯特别想得到一块很大很大的面包，因为他家里很贫穷，没有吃过那样诱人的面包。而他的同桌，一个金头发的小姑娘每天都会带一块诱人的面包来学校。

放学的时候，小克莱门斯对金头发的小姑娘说：“明天我也会有一块面包。”

回到家后，小克莱门斯关起门，无比虔诚地祈祷，他相信上帝已经看到了自己的表情，上帝一定会被自己的诚心所感动的！然而，第二天起床后，他把手伸进书包的时候，除了一本破旧的课本以外什么也没有发现。他每天晚上坚持祈祷，发誓一定要等到面包降临。

一个月后，金头发的小姑娘笑着问小克莱门斯：“你的面包呢？”

小克莱门斯已经无法继续自己的祈祷了。他告诉小姑娘，上帝也许根本就没有看见自己在进行多么虔诚的祈祷，因为，每天肯定有无数的孩子都进行着这样的祈祷，而上帝只有一个,他怎么会忙得过来呢? 金头发的小姑娘笑着说:“原来祈祷的人都是为了一块面包,但一块面包用几个硬币就可以买到了,人们为什么要花费这么多的时间去祈祷,而不是去赚钱买面包呢?”

小克莱门斯决定不再祈祷。他相信小姑娘所说的正是自己想要知道的——只有通过实际的劳动才能获得自己想要的东西。小克莱门斯对自己说:“我不要再为一件卑微的小东西而祈祷了。”他带着对生活的坚定信心走向了自己的道路。

多年以后,小克莱门斯长大成人,当他用笔名马克·吐温发表作品的时候,他已经是一名为了理想而勇敢战斗的作家了。他再没有祈祷上帝,因为在那无数个艰难的日子中,他都记着:不要为卑微的东西祈祷! 只有奋斗和努力是真实的,只有自己的汗水是真实的。祈祷天堂里的上帝,不如相信真实的自己,祈祷虚无的上帝,不如付出诚实的劳动。

智慧小语

梦想再美好,都要在付诸于努力和行动之后才能实现,祈祷一些虚幻的东西,等于是在掩耳盗铃。靠天靠地不如靠自己,自己的命运自己主宰,要相信“一分耕耘,一分收获”的道理。

木炭和沉香

金玉良言

当你不认识黄金的时候,黄金对于你来说和粪土没什么分别。

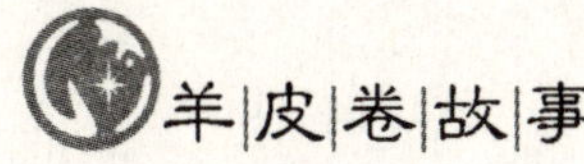

有一位年老的富翁,非常担心他从小娇惯的儿子,虽然他有庞大的财产,却怕遗留给儿子反而给他带来祸害。他想,与其将财产留给孩子,还不如叫他自己去奋斗。

他把儿子叫来,对儿子说了自己如何白手起家,经过艰苦的考验才有今天的成就的经历。故事感动了这位从未出过远门的青年,激发了他奋斗的勇气,于是他发誓:“不找到宝物绝不返乡。”

青年打造了一艘坚固的大船,在亲友的欢送声中出海了。他驾船经历了险恶风

浪，经过无数的岛屿，最后在热带雨林中找到了一种树木。这种树木高达十余公尺，在一片大雨林中只有一两株，青年砍下这种树木并经过一年的时间让树木外皮朽烂，留下的木心沉黑的部分，会散发一种特别的香气，把它放在水中又不像别的树木浮在水面，而会沉到水底去。青年心想："这真是无价的宝物呀！"

青年把香味无以比拟的树木运到市场出售，可是没有人来买他的树木，他非常烦恼。偏偏在青年隔壁的摊位上有人在卖木炭，那小贩的木炭总是很快就卖光了。刚开始的时候青年还不为所动，日子一天天过去了，他的信心终于动摇了。他想："既然木炭这么好卖，我何不把香木变成木炭来卖呢？"

第二天他果然把香木烧成木炭，挑到市场，一天就卖光了。青年非常高兴自己能改变心意，得意地回家告诉他的老父，老父听了，忍不住落下泪来。

原来，青年烧成木炭的香木，正是这个世界上最珍贵的树木"沉香"，只要切下一块磨成粉屑，价值就超过了一车的木炭。

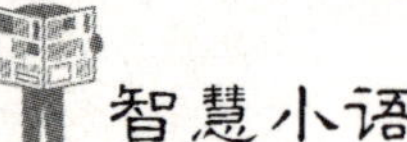

智慧小语

每个人都有自己独特的价值，这就要看我们有没有发现自身价值的眼光。善于发现自身价值的人能获得无穷的财富，甚至闻名于世；否则，他就会自己蒙住自己发现价值的双眼，自己埋没自己。

看重自己，相信自己

金玉良言

相信自己，自己就是个强人，别被自己打败了。

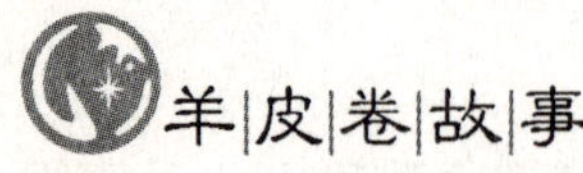

羊皮卷故事

6年前，威廉·赫伯特经营着一家服装店。他过着平凡而又体面的生活，但并不理想。他家的房子太小，也没有钱买他们想要的东西。他的妻子并没有抱怨，但看得出，她只是安于天命而并不幸福。

但赫伯特的心里却对当时的生活越来越不满。当他意识到爱妻和他的两个孩子一直没有过上好日子的时候，心里就感到深深的刺痛。

但是今天，一切都发生了的变化。现在，赫伯特有了一个漂亮的新家。他和妻子再也不用担心能否送他们的孩子上一所好的大学了，他的妻子在花钱买衣服的时候也不再畏畏缩缩了。明年春天，他们全家都将去澳洲度假。赫伯特过上了真正的生活。

他说："这一切的发生，是因为我利用了信念的力量。6 年以前，我听说在底特律有一个经营服装的工作。那时，我们还住在克利夫兰。我决定去试试，希望能多挣一点钱。我到达底特律的时间是星期天的早晨，但要想公司和我面谈还得等到星期一。晚饭后，我坐在旅馆里静思默想，突然觉得自己是多么的可憎。'这到底是为什么？'我问自己，'失败为什么总属于我呢？'"

赫伯特不知道那天是什么促使他做了这样一件事：他取了一张旅馆的信笺，写下几个他非常熟悉的、在近几年内远远超过他的人的名字。他们取得了更大的权力和更高的职位。其中两个原是邻近的农场主，现已搬到更好的地区去了，其他两位赫伯特曾经为他们工作过，最后一位则是他的妹夫。

他问自己："什么使这五位朋友拥有了优势呢？"他把自己的智力与他们作了一个比较，他觉得他们并不比自己聪明；而他们所受的教育、他们的正直、个人习性等，也并不拥有任何优势。终于，赫伯特想到了另一个成功的因素，即主动性。赫伯特不得不承认，他的朋友们在这点上胜他一筹。

当时已快深夜三点钟了，但赫伯特的脑子却还十分清醒。他第一次发现了自己的不足。他深深地挖掘自己，发现缺少主动性是因为在他的内心深处，他并不看重自己。赫伯特坐着度过了残夜，回忆着过去的一切。从他记事起，他便缺乏自信心，他发现过去的自己总是在自寻烦恼，自己总对自己说"不行，不行，不行！"他总在表现自己的短处，几乎他所做的一切都表现出了这种自我贬低。

终于他明白了：如果自己都不信任自己的话，那么将没有人信任你！于是，他做出了决定："我一直都是把自己当成一个二等公民，从今以后，我再也不这样想了。"

第二天上午，赫伯特仍保持着那种自信心。他暗暗以这次与公司的面谈作为对自己自信心的第一次考验。在这次面谈以前，赫伯特希望自己有勇气提出比原来工资高 750 美元甚至 1000 美元的要求。但经过这次自我反省后，赫伯特认识到了他的自我价值，因而把这个目标提到了 3500 美元。

结果，赫伯特达到了目的。他获得了成功。

智慧小语

正如赫伯特自己领悟的那样：自己都不信任自己，那么还有谁会信任你呢？只有把自己看得重要些，别人才会更加尊重你。

保持自己的本色

● **金玉良言**

你就是你自己，没有人能代替你，做自己喜欢的和自己想做的事。

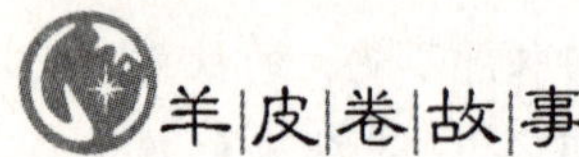

戴尔·卡耐基从密苏里州的乡下到纽约的时候，他就报考了法国戏剧学院，他想立志做一名演员。当时他就有一个自认为非常聪明的想法——一条达到成功的捷径，这个想法非常之简单，非常之完美，他不知道为什么成千上万的富有野心的人居然没有发现这一点。这个想法就是，他要去学当年那些有名的演员怎样演戏，学会他们的优点，然后把每一个人的长处学下来，使自己能成为一个集所有优点于一身的名演员。后来他说："我多么愚蠢，多么可笑，我居然浪费了很多时间去模仿他人，最后终于明白，我一定得保持自己的本色，我不可能变成任何人。"

这次痛苦的经历按说能让他永久难忘才是，可事实并不是如此，当他后来写一本有关公开演说的书时，他又有了和以前演戏时一样的想法。他想把其他作者的观点，都"借"过来放在那本书里——使那本书能够包罗万象。于是他买了十几本有关公众演讲的书，花了一年的时间把它们的"观念"尽收其中，可结果他发现，他的这本把别人的观念整理凑在一起而写成的"大杂烩"让人吃得实在难以下咽。无奈他只好把这道"菜"倒在垃圾桶里。

这回，他又一次对自己说："你一定得保持你自己的本色，不论你的错误有多少，能力多有限，你也不可能变成别人。"于是他卷起袖筒，做了他本该早就做的"菜"——完全以他自己为主写人生。他说："我没有办法写一本足以与莎士比亚相媲美的书，但我可以写一本由我写成的书。"

智慧小语

我们可以获得像伟大人物一样的成就，但不能如法炮制成功人士的成功过程，因为我们每个人所具备的条件是不一样的。如果我们勉强自己去成为别人，到最后，我们可能会迷失自我。

电单车竞赛 

●金玉良言

别用命运这个谎言来欺骗自己，因为未来并不是在等待我们，而是我们自己在寻找未来。

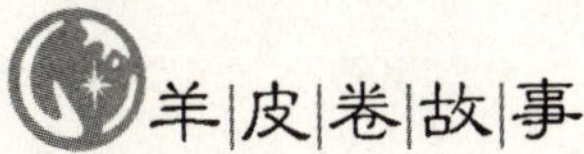

欧洲某个城镇又热闹起来了，这里正在举行一年一度的电单车竞赛，全球好手都陆续来到这个城镇。

许多竞赛好手都提前两三个星期到当地去训练，以适应现场的地理环境。

在众多好手中，有三名不同信仰的华侨青年。

第一名相信宿命论。有一次他在竞赛时滑倒了，无论他起来后如何拼搏都无法改变失败的结果。此后，每遇比赛一旦他不幸滑倒，他就会自动弃权，因为他认为那是命中注定的无法更改的命运。他将整个竞赛的成败，寄托于冥冥中的“命运”。

第二名青年，从小就跟随父母朝拜三国时代的“关公”。每逢竞赛之前，他一定跟随父母到附近唐人街的一间关帝庙去烧香，向庙内的童子询问“结果”。若那名童子准许他参加竞赛的话，他便会很有信心去参赛；否则，便放弃。至于这次参赛，他父母已到关帝庙询问过了，“关帝”（童子）很有信心地告诉他父母，这次一定可以夺取冠军，他会得到关帝相助的。这名青年将整个竞赛的夺标机会交于一种超自然的神秘力量。

最后一名青年，是第一次参赛。他这次的参赛目的也是为了夺取冠军，以赢取10万美金的奖金，好让他病重的母亲到外国去治疗。他每天都勤奋地练习。跌倒了，又爬起来，他不断鼓励自己：“我一定要得到冠军，我一定要！”他将这场比赛的胜利，掌握在自己手中。

不久，比赛开始了。

一听到开始比赛的枪声，上百名选手便往前冲去。

现在，让我们将注意力放在那3名年轻人身上。

首名青年在比赛开始后不久，因路滑而跌倒，他便将单车推到路旁，很无奈地看着

许多竞争者从他的眼前驰过。“唉，这是上天的安排，有什么办法呢！”

第二名青年因有“神”的保佑而拼命地奔驰，突然，在一个转弯处，他一不留神，发生意外，人仰车翻，不省人事。当他的父母从电视上看到这种情景时，便很生气地赶到那间庙堂去责问那个童子。童子刚好在睡午觉，被他们的突然登门而吵醒。

“关老爷，你说保佑我的儿子平安无事，一定得冠军。你看他现在已发生了意外，你到底有没有保佑他?”那青年的母亲很生气地说。“关老爷”揉着蒙眬的睡眼说：“唉，我已尽力在旁帮助你的儿子了，当他要跌倒时，我也尽力赶去扶助他，但他骑的是电单车，我骑的是老马，怎追得上呢?”

至于那第三名竞赛者，他也很拼命地奔驰。一旦跌倒了，他又赶忙爬起来，忍痛继续冲刺。滚滚沙尘，炎炎烈日，均无法泯灭他那颗炽热的心。由于他将成败决定在自己手中，终于，他夺得了冠军。

智慧小语

自己能做好的事情，为什么要别人来保佑呢？真正能保你成功的人是你自己，自己的努力就是对自己最好的保佑。

二
正视失败，成功就站在它的背后

不被失败打倒的林肯

●金玉良言

失败不算什么，努力爬起来吧，成功正看着你呢。

羊|皮|卷|故|事

1832 年，美国有一个人和大家一起失业了。他很伤心，但他下决心改行从政，当个政治家，当个州议员。糟糕的是，他竞选失败了。一年遭受两次打击，这对他来说，简直就是雪上加霜了。

他着手开办自己的企业，可是，不到一年，这家企业倒闭了。此后几年里，他不得不为偿还债务而到处奔波，历尽磨难。

他再次参加竞选州议员，这一次他当选了，他内心升起一丝希望，认定生活有了转机："可能我可以成功了！"第二年，即 1851 年，他与一位美丽的姑娘订婚了。没料到，离结婚的日期还有几个月的时候，未婚妻却不幸去世了。这对他的精神打击太大了，他心力交瘁。数月卧床不起。因此患上了神经衰弱症。

1852 年，他觉得身体康复过来了，于是决定竞选美国国会议员，却仍然名落孙山。

但他没有气馁，没有放弃尝试，三年后他再度竞选国会议员，他认为自己争取作为国会议员的表现是出色的，相信选民会选举他的。可是，出乎意料的是他落选了。

为了挣回竞选中花销的一大笔钱，他向州政府申请担任本州的土地官员。州政府

退回了他的申请报告,上面的批文是:“本州的土地官员要求具有卓越的才能,超常的智慧,你的申请未能满足这些要求。”

接连两次失败并未使他服输。过了两年,他再次竞选美国参议员,还是未能如愿。

在他一生经历的十一次较大事件中,只成功了两次,然后又是一连串的碰壁,可是他始终没有停止自己的追求,他一直在做自己生活的主宰。1860 年,他当选为美国总统。

他,就是后来在美国历史上解放黑奴、结束南北战争,创造丰功伟绩的亚伯拉罕·林肯。

智慧小语

失败是成功之母,如果每个人都这样想的话,失败就并不可怕了,在失败之后,我们不断总结经验教训,不断地思考成功的方法,改掉自己的缺点,那么,成功就并不是遥遥无期的。

屡屡碰壁的女作家

●金玉良言

笑对残酷命运的一生是豁达的一生。

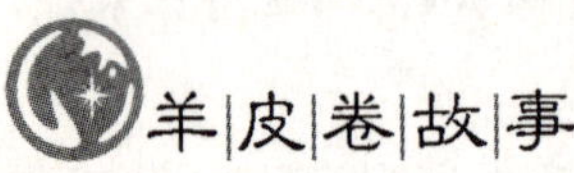

羊皮卷故事

1954 年,当美国著名作家海明威上台接受诺贝尔文学奖时,他谦虚地说道:“得此奖项的人应该是那位美丽的丹麦女作家——盖伦·壁森。”

海明威所说的这位丹麦著名女作家,就是那部曾获得奥斯卡金像奖的电影《走出非洲》中的女主人公的原型。《走出非洲》这部电影的结尾,打上一行小小的文字:“盖伦·壁森返回丹麦后成了一位女作家。”

盖伦·壁森(1885~1962)从非洲返回丹麦后,不但成为一位享誉欧美文坛的女作家,而且在她去世三十多年后的今天,她和比她早出世80 年的安徒生被并称为丹麦的“文学国宝”。她的作品是国际学者钻研的科目之一,几乎每一两年便有丹麦文版本的研究成果出现。她的故居也成了“盖伦·壁森博物馆”,前来瞻仰她故居的游客大部分是她的文学崇拜者。

盖伦·壁森离开非洲的那一年,可以说是一个什么都没有的女人,有的只是一连串的厄运:她苦心经营了十八年的咖啡园因长年亏本被拍卖了;她深爱的英国情人因飞机失事而毙命;她的婚姻早已破裂,前夫再婚;最后,连健康也被剥夺了,多年前从丈夫那里感染到的梅毒发作,医生告诉她,病情已经到了药物不能控制的阶段。

回到丹麦时,她可说是身无分文,除了少女时代在艺术学院学过画画以外,无一技之长。她只好回到母亲那里,仰赖母亲,她的心情简直是到了绝望的谷底。

在痛苦与低落的状况下,她鼓足了勇气,开始在童年老家伏案笔耕。一个黑暗的冬天过去了,她的第一本作品终于脱稿,是七篇诡异小说。

她的天分并没有立刻受到丹麦文学界的欣赏和认可。她的第一本作品在丹麦饱尝闭门羹,有的人甚至认为,她故事中所描写的鬼魂简直是颓废至极。

盖伦·壁森在丹麦找不到出版商,便亲自把作品带到英国去,结果又碰了一鼻子灰。英国出版商很礼貌地回绝她:"男爵夫人(盖伦·壁森的前夫是瑞典男爵,离婚后她仍然有男爵夫人的头衔),我们英国现有那么多的优秀作家,为何要出版你的作品呢?"

盖伦·壁森颓丧地回到丹麦。她的哥哥蓦然想起,曾经在一次旅途中认识了一位在当时颇有名气的美国女作家,毅然把妹妹的作品寄给那位美国女作家。事有凑巧,那位女作家的邻居正好是个出版商,出版商读完了盖伦·壁森的作品后大为赞赏地说:"这么好的作品不出版实在是太可惜了。她愿意为文学冒险。"

1943年,盖伦·壁森的第一本作品《七个哥德式的故事》终于在纽约出版,作品一鸣惊人,好评如潮,还被《这月书俱乐部》选为该月之书。当消息传到丹麦时,丹麦记者才四处打听,这位在美国名噪一时的丹麦作家到底是谁。

盖伦·壁森在她行将50岁那年,从绝望的黑暗深渊一跃而成为文学天际中一颗闪亮的星星。此后,盖伦·壁森的每一部新作都成为名著,原文都是用英文写的,先在纽约出版,然后再重渡北大西洋回到丹麦,以丹麦文出版。盖伦·壁森成名后说,在命运最低潮的时刻,她和"魔鬼"做了个交易。她效仿歌德笔下的浮士德,把灵魂交给了"魔鬼",作为承诺,她得以把一切的经历都变成了故事。

盖伦·壁森把她一生的各种经历先经过一番过滤浓缩,最后才把精华部分放进她的故事里。她的故事大都发生在一百多年前,因为她认为,唯有这样,她才能得到最大的文学创作自由。熟悉盖伦·壁森的读者不难在其作品中看到她的影子。

盖伦·壁森成为北大西洋两岸的文学界宠儿后,丹麦时下的年轻作家皆拜倒在她的文学裙下,把她当女王般看待。74岁那年,她第一次拜访纽约,纽约文艺名人,包括赛珍珠和阿瑟·米勒皆慕名而来。

智慧小语

想想盖伦·璧森的一生，其实残酷的命运并不可怕，它虽然在一定的时候能阻碍我们的发展，但是却也在为我们的人生铺路。

历经挫折的炼乳

金玉良言

失败的滋味不好受，但我们必须去品尝，在品尝了多次失败之后，你肯定会品出成功的滋味的。

羊皮卷故事

盖亚·博通早年埋头发明创造，他先是发明了脱水肉饼干，但却未给他带来多少好处，相反，却使他在经济上陷入窘境。有了失败的教训后，他又经过两年反反复复的试验，终于又制成了新产品——炼乳，并决定把它推向市场。博通的第一步是要寻找专利保护。

博通发明的炼乳，是一种纯净、新鲜的牛奶，牛奶中的大部分水分在低温中利用真空抽掉。但是，博通为他的制造方式寻求专利时，得到的答复是产品缺乏新意，并且，专利局官员告诉他，在批准的专利申请存档中已经有数十种"脱水乳"的专利权，其中包括一种限制其他人"以任何已知方法脱水"的申请。博通并不甘心，又一次提出申请。但他的第二次申请又再度被驳回，因为专利官员判定"真空脱水"并非是必要的过程，博通只是被认为制作态度比较谨慎而已。第三次申请仍被拒绝，理由是博通未能证明"从母牛身上挤出的新牛奶在露天地方脱水与其他的制作方式的目的不一致。虽然三次申请，三次被驳回，但这并未把博通击倒。他对专利仍然穷追不舍，因为他坚信他的创造。他的第四次申请终于被批准了。

然而，虽然有了专利权，推销新产品也不是一帆风顺的。博通的工厂是由一家车店改造的，租金便宜，刚开业时，博通每天花费 8 个小时在厂里指导炼乳的生产，监督生产程序，检查卫生清洁情况。由于附近有纯正、营养丰富的牛奶供应，因而炼乳的成本很低。

于是，博通小心地挑选了一位社区领袖做他的第一位顾客，因为这位社区领袖对炼乳的意见会有助于巩固新公司及其新产品在该地区的地位，而且这位社区领袖对产品也表示了赞赏。但是，当时当地的顾客习惯食用把掺有水分的牛奶放入一些发酵品，进行蒸馏得到的乳制品，他们觉得炼乳稀奇古怪，对它有疑心，所以，很少有人问津。出师屡屡不利，甚至到了山穷水尽的地步——博通的两位合伙人都失去了信心，第一家炼乳厂被迫关闭了。

在失败面前，该亚·博通破釜沉舟，又建起了新厂，也许是他的努力感动了上帝，他的第二次尝试终于获得了成功。他的公司在他逝世时，已根深蒂固，并成为美国具有领导地位的炼乳公司。博通的创业奋斗奠定了现代牛奶工业生产的基石。

智慧小语

不经历风雨怎么能见彩虹，不经历失败怎么会成功？把失败当作成功的铺路石吧，成功其实并不遥远。

罗森沃德和他的服装店

金玉良言

失败之后，我们要做的就是找到失败的原因。

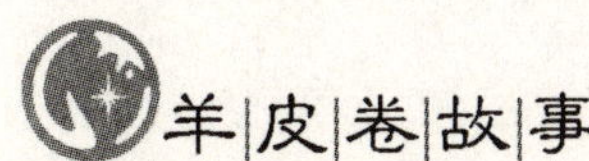

羊皮卷故事

罗森沃德是美国最大的百货公司西尔斯—娄巴克公司的最大股东，他也是美国20世纪商界的风云人物。然而，这个做服装生意起家的富翁却也经历了许多创业时的失败与艰辛。

罗森沃德1862年出生在德国的一个犹太人家庭，少年时随家人移居美国，定居在伊利诺伊州，斯普林菲尔德市。

罗森沃德的家境不大好，为了维持生活，中学毕业后，他就在纽约的服装店当跑腿，做些杂工。罗森沃德从年幼时就受犹太人的教育影响，骨子里有一种艰苦奋斗的精神。他确信凡人都有出头之日，一个人只要选定了目标，然后坚持不懈地往目标迈进，胜利一定会酬报有心人的。罗森沃德本着这种信念，十分卖力地赚了几百块钱。

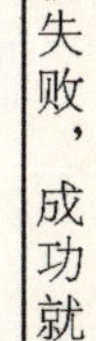

“我要当一个服装老板。”这是罗森沃德的奋斗目标。为了实现这个目标，他除了在工作中留心学习和注意动态外，把全部的业余时间都用于学习商业知识，找有关的书刊阅读。到1884年，他自以为有些经验和小本金了，决定自己开设服装店。可是，起初他的商店门可罗雀，生意极不佳，经营了一年多，就把多年辛苦积蓄的一点血汗钱全部亏光了，商店只好关门，罗森沃德垂头丧气地离开纽约向伊利诺伊州而去。

痛定思痛，罗森沃德反复思考自己失败的原因。最后，他找到了缘由：服装是人们的生活必需品，但又是一种装饰品，两者兼顾才能满足各种用户的需求。而自己经营的服装没有自己的特色，也没有任何新意，再加上自己的商店没有销售渠道，那注定是要失败的。针对自己出师不利的原因，罗森沃德决心改进，他毫不气馁，继续学习和研究服装的经营办法。他一边到服装设计学校去学习，一边进行服装市场的考察，对世界各国的时装进行了专门研究。一年后，他对服装设计很有心得，对市场行情也看得较为清楚。于是，他决定重整旗鼓，向朋友借来几百美元，先在芝加哥开设一间只有10多平方米的服装加工店，他的服装店除了展出他亲自设计的新款服装样品外，还可以根据顾客的需求对已定型的款式进行改进，甚至完全按顾客的口述要求重新设计。因为他的服装设计款式多，再加其灵活经营，很快就博得了客户的欣赏，生意十分兴旺。两年后，他把自己的服装加工店扩大了数十倍，改为服装公司，大批量生产各种时装。

从此以后，他财源广进，名声鹊起。

智慧小语

失败了，就说明你的做法有问题，不妨改变一下做法，我们离成功就更近一步了。

当生活抛弃了你

●金玉良言

苦难可以把我们打趴下，但不能打败我们，只要我们不抛弃生活。

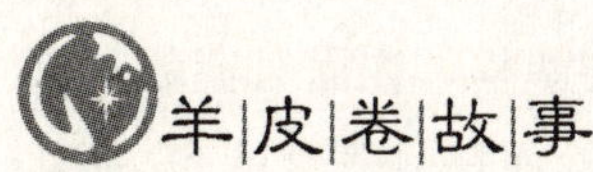

马修是个忙碌的妇产科医师，他的事业如日中天，虽然这不是一个抛头露面的职业，但他还是成为了一个远近闻名的人物，这简直就是一个奇迹。

但是上帝有时也会开一些恶意的玩笑。在一场滑雪中，灾难发生了，他失去了右手，这就是说，他不能再从事现在的职业了。“未来和右手，一起在滑雪坡上摔得粉碎。”马修悲伤地说，“没有了右手，我失去了人生目标。我的父母都是医师，我继承了他们的遗志，我热爱我的职业，我不想改做其他的工作，也没有从事其他职业的能力和兴致。但我现在已经完了，我不再有前途，不再有快乐，不再有梦想。”

上帝的恶作剧仍在继续，马修的太太又被诊断出子宫癌，必须马上手术。马修说：“我想逃离现实，我想放弃一切，但为了三个还在求学的孩子，还有我亲爱的太太，我无法逃避。”他不得不把眼光瞄准医学以外的行业，试图寻找一个值得一干的工作，但是他很失望。他已经是个老大不小的人了，没有把握去掌握一门新技术。

“法医这个职业我略有兴趣，但要进入这个领域，我也不得不花上好几年的时间去学习。”马修说，“但我太太需要我的照顾，我的孩子需要我抚养，我没有时间和精力潜心学习。我知道一个癌症患者的痛苦，我宁愿这种痛苦由我来承担。”

朋友们给他介绍了许多工作，他自己也在书上和杂志上、网络上寻找，但是他无法找到让自己称心如意的工作。

就这样过了好长一段时间，他的太太身体逐渐好转，马修带她到巴哈马度了几天假。他们在海滩上深情地交谈，像初恋时一样沉浸在美景中。奇迹发生了，上帝在给了他足够的考验后，终于给了他重新崛起的机会。马修只觉得心血来潮，进入了长久的思考，他知道自己这辈子实在离不开医学，唯一能两全其美的办法就是——教书。

于是上帝又给他安排了一场巧遇，马修遇到了以前教他的教授，教授对这个杰出的学生记忆犹新，也很同情他现在的遭遇。两周后，这位教授打电话给马修，告诉他在妇产科正好有个副教授的位置，问他是否有兴趣。马修整个人都愣住了，他没想到他

的祈祷这么快就应验了，于是不假思索地接受了这个工作。

马修是一个尽职尽责的教师，而且有丰富的临床经验，他很快喜欢上了自己的新职业，并从教导学生中得到了成就感，这种感觉丝毫不比当初他做医生时的感觉逊色。“当我看到我的学生毕业、进入社会时，就好像过去看到新生儿诞生那么高兴，从事热爱的工作，真让人非常心满意足。”

智慧小语

噩梦不会长久地存在，雨过之后必然又是一个大好晴天。上帝的考验也不是要让人得到无谓的痛苦。而是要让人们在痛苦中更能感觉生活的幸福。在面对突如其来的打击时，有的人只会哭泣，或者放弃长期以来的理想和事业，而一旦噩梦醒来，那就后悔莫及了。

走出绝境的高尔文

●金玉良言

要成功，首先要有屡败屡战的勇气。

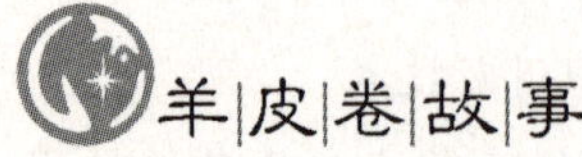

羊皮卷故事

保罗·高尔文是个身强力壮的爱尔兰农家子弟，充满进取精神。13岁时，他见别的孩子在火车站月台上卖爆米花，他不由被这个行当吸引了，也一头闯了进去。

但是他不懂得，早已占住地盘的孩子们并不欢迎有人来竞争，为了让他懂得这个道理，他们抢走了他的爆米花，把它们全部扔在街上。

第一次世界大战以后，高尔文从部队复员回家，他在威斯康星办起了一家电池公司。可是无论他怎么卖劲儿折腾，产品依然打不开销路。有一天，高尔文离开厂房去吃午餐，回来只见大门上了锁。公司被查封了，高尔文甚至不能再进去取出他挂在衣架上的大衣。

1926年他又跟人合伙做起收音机生意来。当时，全美国估计有3000台收音机，预计两年后将扩大100倍。但这些收音机都是用电池做能源的。于是他们想发明一种灯丝电源整流器来代替电池。

想法本来不错，但产品还是打不开销路，眼看着生意一天天走下坡路，他们似乎又要停业关门了。此时高尔文通过邮购销售的办法招揽了大批客户。他手里一有了钱，就办起了专门制造整流器和交流电真空管收音机的公司。可是不到3年，高尔文依然破了产。

这时他已陷入绝境，只剩下最后一个挣扎的机会了。当时他一心想把收音机装到汽车上，但有许多技术上的困难有待克服。到1930年底，他的制造厂账面上已净欠374万美元。在一个周末的晚上，他回到家中，妻子正等着他拿钱来买食物、交房租，可他摸遍全身只有24块钱，而且全是赊来的。

然而，高尔文并没有停止奋斗，经过多年的不懈努力，高尔文终于成了腰缠万贯的富翁。他盖起的豪华住宅，就是用他的第一部汽车收音机的牌子命名的。

智慧小语

只要不停止奋斗，你就没有失败，因为失败都是一时的。

蛇屋惊魂

●金玉良言

恐惧往往来自内心，不要自己吓倒自己。

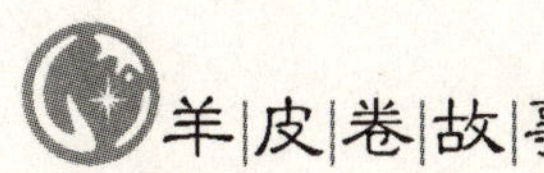

弗洛姆是美国一位著名的心理学家。一天，几个学生向他请教："心态对一个人会产生什么样的影响呢？"

他微微一笑，什么也不说，就把他们带到一间黑暗的房子里。在他的带领下，学生们很快就穿过了这间伸手不见五指的神秘房间。接着，弗洛姆打开房间里的一盏灯，在这昏黄如烛的灯光下，学生们才看清楚房间的布置，不禁吓出一身冷汗。原来，这间房子的地面就是一个很深很大的水池。池子里蠕动着各种毒蛇，包括一条大蟒蛇和三条眼镜蛇，有好几条毒蛇高高地昂着头，朝他们吐着信子。就在这个蛇池的上方，搭着一座木桥，他们刚才就是从这座木桥上走过来的。

弗洛姆看着他们，问："现在，你们还愿意再走过这座桥吗？"大家你看我，我看你，

都不作声。

过了片刻，终于有三个学生犹犹豫豫地站了出来。其中一个学生一上去就异常小心地挪动着双脚，速度比第一次慢了好多倍；另一个学生战战兢兢地踩在小木桥上，身子不由自主地颤抖着，才走到一半，就挺不住了；第三个学生干脆弯下身来，慢慢地趴在小桥上爬了过去。

“啪”，弗洛姆又打开了房内另外几盏灯，强烈的灯光一下子把整个房间照耀得如同白昼。学生们揉揉眼睛再仔细看，才发现在小木桥的下方装着一道网，只是因为网线的颜色极暗淡，他们刚才谁都没有看出来。弗洛姆大声问：“你们当中还有谁愿意现在就通过这座小桥呢？”

学生们没有作声。

“你们为什么不愿意呢？”弗洛姆问道。

“这张安全网质量可靠吗？”学生心有余悸地反问道。

弗洛姆笑了：“我可以解答你们的疑问了，这座桥本来不难走，可是桥下的毒蛇对你们造成了心理威慑，于是，你们就失去了平静的心态，乱了方寸，慌了手脚，表现出各种程度的胆怯——心态对行为当然是有影响的啊。”

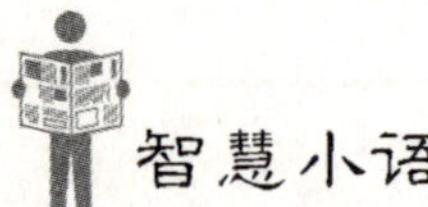

不看不知道，一看吓一跳。所以，我们在做事时首先不要想到失败有多么可怕，不妨想想成功的时刻是多么激动人心。

冷饮店变“热店”

金玉良言

如果你有心去成功，那么成功就在你身边。

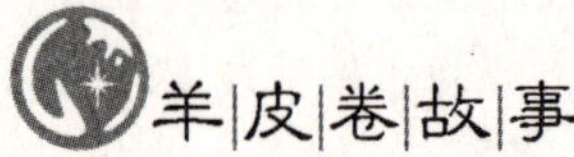

1927 年 6 月，美国有一个穷困潦倒的年轻人带着他的新婚妻子来到旧金山谋生，他们在这里开起了一家冷饮店。事实上，这个店只是在一家面包店隔开了一角而已，根本不能算是店，只不过是个冷饮摊，而且只卖汽水。

后来因为全球经济衰退，没多久，他们的冷饮店就被迫关门了。但他们并没有就此放弃而离开这里，随即他们把冷饮摊摆在了店外的十字路口旁，不久年轻人发现这里来来往往的人很多，不管将来是做什么生意，那个冷饮店的位置都是很理想的，所以尽管关门歇业了，他还是照样付房租。

有一天当他收摊回来的时候，看到隔壁面包店的生意好过往常，受此启发，他与爱妻商量决定开一家快餐店。他推出的热食品有辣椒红豆、墨西哥薄饼、夹烤肉三明治等，再加上年轻人用心写成的广告标语一渲染，更显得奇妙无比，这正迎合了人们好奇的心理。

此外，他还以强调"热"来表现特色。他煮了一大锅玉米汤，不时地掀锅盖，让热气从锅里涌出来，缭绕在店面上空，给人一种热气腾腾的感觉。尤其在冬天，这一招特别吸引人。

同时，这种小店，炉灶跟店面连在一起，他把炉灶做成白色的，妻子则穿着时髦的衣服，围了条白色围裙，站在炉边烤肉。

在夫妇两人齐心合力的经营下，小吃店的生意有了很大起色。年轻人一看发展的时机来临了，便立即着手准备扩展的计划，他让妻子亲自主持训练厨师，他自己则一有空闲就到外面去勘察地点，以备将来增设分店。

这时候的美国经济仍在阴霾的笼罩之下，豪华的餐厅，一家接一家地倒闭，而大众化的小吃店，在饮食业却一枝独秀。再加上年轻人经营的小吃店别具特色，生意就更加兴隆了，到了 1932 年，年轻人所经营的小吃店已增加到 7 家。

经过近 30 年的奋斗，年轻人拥有了大小餐馆近千家，员工 3 万多人，年营业额达 4 亿美元，创造这一奇迹的就是离世界 500 强企业只有一步之遥的梅瑞特公司的创办人约翰·梅瑞特。

智慧小语

守住身边的机会，利用能利用的所有条件，那么你就把成功抓在手里了。

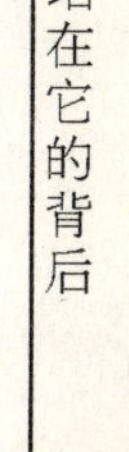

1009 次拒绝之后

●金玉良言

只要功夫深，铁棒磨成针；只要不怕被拒绝，总会遇到不拒绝你的人。

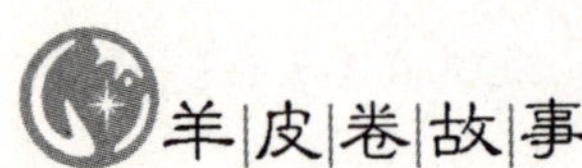

桑德斯上校在年龄高达 65 岁时仍身无分文且孑然一身，当他拿到生平第一张救济金支票时，金额只有 105 美元，内心实在是极度沮丧。他不怪这个社会，也未写信去骂国会，只是心平气和地自问：“到底我对人们能做出何种贡献呢？我有什么可以回馈的呢？”随之，他便思量起自己的所有，试图找出可为之处。

头一个浮上他心头的答案是：“很好，我拥有一份人人都喜欢的炸鸡秘方，不知道餐馆要不要？我这么做是否划算？”随即他又想到：“我真是笨得可以，卖掉这份秘方所赚的钱还不够我付房租呢！如果餐馆生意因此提升的话，那又该如何呢？如果上门的顾客增加，且指名要吃炸鸡，或许餐馆会让我从中提成也说不定。”

好点子不是人人都会有的，但桑德斯上校就跟大多数人不一样，他不但会想，而且还知道怎样付诸行动。随之，他便挨家挨户地敲，把想法告诉每家餐馆：“我有一份上好的炸鸡秘方，如果你能采用，相信生意一定能够提升，而我希望能从增加的营业额里拿到提成。”

很多人都当面嘲笑他：“得了吧，老家伙，若是有这么好的秘方，你干嘛还穿着这么可笑的白色服装？”这些话是否让桑德斯上校打退堂鼓呢？丝毫没有。因为他还拥有天字第一号的成功秘诀，我们称其为“能力法则”，意思是指“不懈地拿出行动”：每当你做什么事时，必得从其中好好学习，找出下次能做好的更好方法。桑德斯上校确实奉行了这条法则，从不为前一家餐馆的拒绝而懊恼，反倒用心修正说词，以更有效的方法去说服下一家餐馆。

桑德斯上校的点子最终被接受，你可知他先前被拒绝了多少次吗？整整 1009 次之后，他才听到第一声“同意”。在过去两年的时间里，他驾着自己那辆又旧又破的老爷车，足迹遍及美国每一个角落。困了就和衣睡在后座，醒来逢人便诉说他的那些点子。他为人示范所炸的鸡肉，经常就是果腹的餐点。历经 1009 次的拒绝，整整两年的时间，有多少人还能够锲而不舍地继续下去呢？真是少之又少了。也无怪乎世上只有一个桑德斯上校，我们相信很难有几个人能受得了20次拒绝，更别说100次或1000次的拒绝——然而这也就是成功的可贵之处。

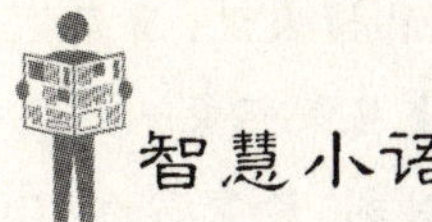

智慧小语

如果你好好审视历史上那些成大功、立大业的人物就会发现，他们都有一个共同的特点，不轻易因被“拒绝”所打败而退却，不达成他们的理想、目标、心愿，就绝不罢休。

米穆的冠军之路

●金玉良言

一分耕耘，一分收获。

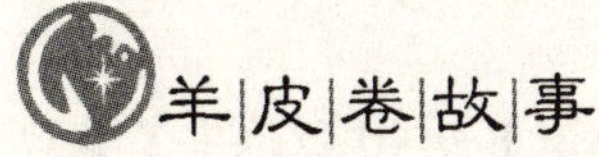

羊皮卷故事

米穆出生在一个相当贫穷的家庭。从孩提时代起，他就非常喜欢运动。

可是，家里很穷，他甚至连饭都吃不饱。这对任何一个喜欢运动的人来说都是颇为难堪的。

例如踢足球，米穆就是光着脚踢的。他没有鞋子。他母亲好不容易为他买了双草底帆布鞋，为的是让他去学校念书穿的。如果米穆的父亲看见他穿着这双鞋子踢足球，就会狠狠地揍他一顿，因为父亲不想让他把鞋很快穿破。

11岁半时，米穆已经有了小学毕业文凭，而且评语很好。他母亲对他说：“终于有文凭了，这太好了！”可怜的妈妈去为他申请助学金。但是，遭到了拒绝！

这是多么不公正啊！他们不给米穆助学金，却把助学金给了比他富有得多的殖民者的孩子们。鉴于这种不公道，米穆心里想：“我是不属于这个国家的，我要走。可去哪里呢？”米穆知道，自己的祖国就是法国。他热爱法国，他想了解它。但怎么去了解呢？因为他太穷了，没有钱念书，于是米穆就当了咖啡馆里的跑堂。他每天要一直工作到深夜，但还是坚持锻炼长跑。为了能进行锻炼，米穆每天早上五点钟就得起来，累得他脚跟都发炎脓肿了。

总之，为了有碗饭吃，米穆是没有多少功夫去训练的。但是，他还是咬紧牙关报名

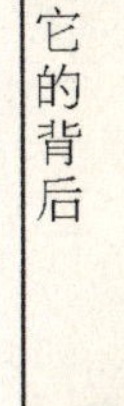

参加了法国田径冠军赛。米穆仅仅进行了一个半月的训练。他先是参加了1万米冠军赛,可是只得了第三名。第二天,他决定再参加5000米比赛。幸运的是,他得了第二名。就这样,米穆被选中并被带进了伦敦奥林匹克运动会。这对米穆来说,简直是不可思议的事情!他在当时甚至还不知道什么是奥林匹克运动会,也从来想象不到奥运会是如此宏伟壮观。全世界好像都凝缩在那里了!不过,在这个时刻,最重要的是,他知道自己是代表法国参赛的。米穆参加了对他来说是有历史意义的1万米决赛。他当时仅仅希望能取得一个好名次,因为伦敦那天的天气异常的热,很像暴风雨的前夕。

比赛开始了。米穆并不模仿任何人。同伴们一个接一个地落在他的后面。他得了第四名,随后是第三名。很快,他发现,只有捷克著名的长跑运动员扎托倍一个人跑在他前面进行冲刺。米穆终于得了第二名。

米穆就是这样为法国也为自己争夺到了第一枚世界银牌的。然而,最使米穆感到难受的,还是当时法国的体育报刊的新闻记者。他们在第二天早上就在边打听边嚷嚷:"那个跑了第二名的家伙是谁呀?啊,准是一个北非人。天气那么热!他就是因为天热而得到第二名的!"瞧瞧,多令人心酸!米穆感到欣慰的是,在伦敦奥运会4年以后,他又被选中代表法国去赫尔基参加第十五届奥运会。在那里,他打破了1万米的法国纪录,并在被称之为"5000米世纪决赛"的比赛中,再一次为法国赢得了一枚银牌。

随后,在墨尔本奥运会上,米穆参加了跑马拉松比赛。他以1分40秒跑完了最后的400米,终于成了奥运会冠军!他不用再去咖啡馆当跑堂了。

可是,米穆却说:"我喜欢咖啡,喜欢那种香醇,也喜欢那种苦涩……"

智慧小语

谁能想到咖啡厅跑堂的人能成为世界冠军,可是他不仅在咖啡厅里跑,抽空还在马路上猛跑,结果不仅跑出了银牌,还跑上了冠军的宝座,就是因为他能坚持不懈地去跑。

真正丢脸的不是失败

●金玉良言

没有失败，就别怕失败后的耻辱，因为失败并不丢人。

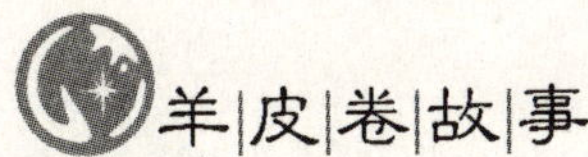

他貌不惊人，毕业于一所名不见经传的地方院校，而且只有大专学历，可是在满满一屋子来自各名牌大学、有着硕士博士头衔的应聘者中，他的表现却是与众不同的。

尽管他很自信，可是面试官还是很快掂出了他的分量：他在专业能力方面并不能胜任这个职位。他的求职申请被拒绝了。这位应聘者在得知自己已被淘汰出局后，脸上露出了一点儿失望和尴尬的神情。可是他并没有马上离开，而是起身对面试官说：“请问您能否给我一张名片？”

面试官冷冷地看着他，从心底里对这种死缠烂打的求职者缺乏好感。

“虽然我无法成为贵公司的员工，但我们也许能够成为朋友。”他说。

“哦？你这么想？”

“任何朋友都是从陌生人开始的。如果有一天你找不到打网球的搭档，可以找我。”

面试官看了他一会儿后，掏出了名片。

面试官确实经常为找不到伴儿打网球而烦恼，后来他俩成了朋友，他也被录用了。

有一天，面试官问他：“你不觉得你当日所提出的要求有点过分吗？要知道，你只是一个来找工作的人，你凭什么会那样说？如果我根本不理会你，那么你怎么下台？”

“其实人最怕的不是失败本身，而是失败以后的尴尬。很多人不敢去做一些本来也许可以做成的事，就是害怕丢脸。可是真正丢脸的不是失败，而是不敢想象失败，其实很多事情都是从尴尬开始的，包括交朋友。”

智慧小语

怯懦的心理总会使自己想做的事情因为主观原因而得不到实现，从而也会使自己和成功擦肩而过。所以，不要害怕任何的失败和尴尬。

描绘失败的漫画家

金玉良言

永远不要嘲笑失败者，即使在他们失败了无数次以后。

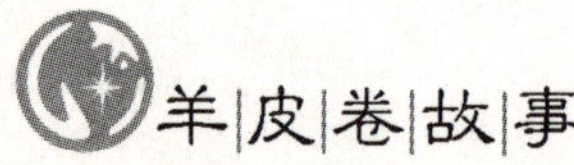

羊皮卷故事

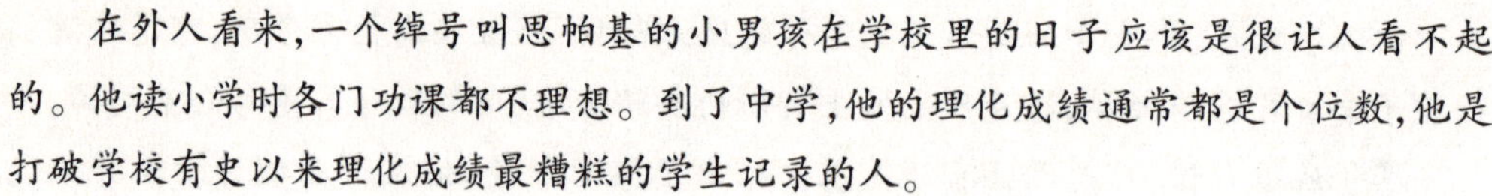

在外人看来，一个绰号叫思帕基的小男孩在学校里的日子应该是很让人看不起的。他读小学时各门功课都不理想。到了中学，他的理化成绩通常都是个位数，他是打破学校有史以来理化成绩最糟糕的学生记录的人。

思帕基在拉丁语、数学以及英语等科目上的表现同样惨不忍睹，体育也不见得好到哪里去。虽然他参加了学校的篮球队，但在赛季唯一一次重要的比赛中，他输得一塌糊涂。

在他的成长时期，思帕基笨嘴笨舌，社交场合很少见到他的踪影。这并不是说其他人都不喜欢他或讨厌他。事实是，在人家眼里，他这个人压根儿就是个隐形人。如果有哪位同学在学校外主动向他问候一声，他简直会受宠若惊，兴奋不已。

思帕基真是个无药可救的失败者。每个认识他的人都知道这一点，他本人也很清楚，然而，他对自己的表现似乎并不十分在乎。从小到大，他只对一件事情——画画感兴趣。

思帕基一直深信自己拥有不凡的绘画才能，并为自己的作品深感自豪。但是，除了他本人以外，他的那些涂鸦之作从来入不了别人的法眼。上中学时，他向校外的一家杂志社投寄了几幅漫画，但最终一幅也没被采纳。尽管有多次被退稿的痛苦经历，思帕基从未对自己的绘画才能失去信心，他决心今后成为一名职业的漫画家。

中学毕业那年，思帕基向著名的迪斯尼公司写了一封自荐信。该公司让他把自己的漫画作品寄来看看，同时规定了漫画的主题。于是，斯帕奇开始为自己的前途奋斗。他投入了巨大的精力与非常多的时间，以一丝不苟的态度完成了许多幅漫画。然而，漫画作品寄出后却杳无音讯，最终迪斯尼公司没有录用他——思帕基再一次遭遇了失败。

生活对思帕基来说简直是黑夜。四处碰壁之时，他尝试着用画笔来描绘自己平淡无奇的人生经历。他以漫画语言讲述了自己灰暗的童年、不争气的青少年时光——一个学业糟糕的不及格生、一个屡遭退稿的所谓艺术家、一个无人注意的失败者。他的画也融入了自己对绘画的执着追求和对生活的真实体验。

出乎意料的是，思帕基所塑造的漫画角色居然一炮走红，连环漫画《花生》很快就风靡全世界。从他的画笔下走出了一个名叫查理·布朗的小男孩，这也是一名典型的失败者：他的风筝从来就没有飞起来过，他也从来没踢好过一场足球，他的朋友一向叫他“榆木疙瘩”。

熟悉思帕基的人都知道，这正是漫画作者本人——日后成为大名鼎鼎漫画家的查尔斯·舒尔茨——早年平庸生活的真实写照。

智慧小语

千万次失败并不能说明什么，你就把失败当作是自己的付出吧，因为你总会成功的。

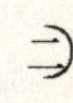

三
执著梦想，才能走得更远

梦想与现实

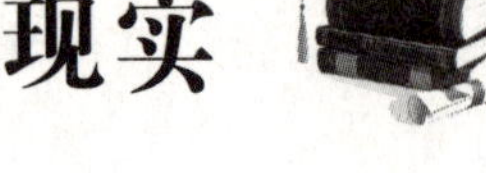

●金玉良言

梦想实现时，你是幸福的，别对自己的梦想渴求太多，只要你过得幸福，就说明你的梦想已经实现了。

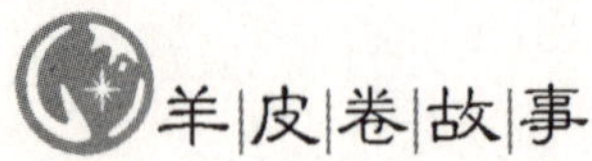

羊皮卷故事

从前有个小男孩住在山脚下的一幢大房子里。他喜欢动物、跑车和音乐。他爬树、游泳、踢球、喜欢漂亮女孩子。他过着幸福的生活，只是因为没有汽车，所以经常要搭别人的车。

一天男孩对上帝说："我想了很久，我知道自己长大后需要什么。"

"你需要什么？"上帝问。

"我要住在一幢前面有门廊的大房子里，门前有两尊圣伯纳德的雕像，并有一个带后门的花园。我要娶一个高挑而美丽的女子为妻，她的性情温和，长着一头黑黑的长发，有一双蓝色的眼睛，会弹吉他，有着清亮的嗓音。

"我要有三个强壮的男孩，我们可以一起踢球。他们长大后，一个当科学家，一个做参议员，而最小的一个将是橄榄球队的四分卫。

"我要成为航海、登山的冒险家，并在途中救助他人。我要有一辆红色的法拉利汽车，而且永远不需要搭别人的车。"

"听起来真是个美妙的梦想,"上帝说,"希望你的梦想能够实现。"

后来,有一天踢球时,男孩磕坏了膝盖。从此,他再也不能登山、爬树,更不用说去航海了。因此他学了商业经营管理,而后经营医疗设备。

他娶了一位温柔美丽的女孩,长着黑黑、长长的头发,但她却不高,眼睛也不是蓝色的,而是褐色的。她不会弹吉他,甚至不会唱歌,却做得一手好菜。

因为要照顾生意,他住在市中心的高楼大厦里,从那儿可以看到蓝蓝的大海和闪烁的光。他的屋门前没有圣伯纳德的雕像,但他却养着一只长毛猫。

他有三个美丽的女儿,坐在轮椅中的小女儿是最可爱的一个。三个女儿都非常爱她们的父亲。她们虽然不能陪父亲踢球,但有时他们会一起去公园玩飞盘,而小女儿就坐在旁边的树下弹吉他,唱着动听而久萦于心的歌曲。

他过着富足、舒适的生活,但他却没有红色法拉利。

一天早上醒来,他记起了多年前自己的梦想。"我很难过",他对周围的人不停地诉说,抱怨他的梦想没能实现。他越说越难过,简直认为现在的这一切都是上帝同他开的玩笑。妻子、朋友们的劝说他一句也听不进去。

最后他终于悲伤得病倒住进了医院。一天夜里所有人都回了家,病房中只有护士。他看到了上帝,于是他对上帝说:"还记得我是个小男孩时,对你讲述过我的梦想吗?"

"那是个可爱的梦想。"上帝说。

"你为什么不让我实现我的梦想?"他问。

"你已经实现了。"上帝说,"只是我想让你惊喜一下,给了一些你没有想到的东西。我想你该注意到我给你的东西:一位温柔美丽的妻子,一份好工作,一处舒适的住所,三个可爱的女儿——这是个最佳的组合。"

"是的,"他打断了上帝的话,"但我以为你会把我真正希望得到的东西给我。"

"我也以为你会把我真正希望得到的东西给我。"上帝说。

"你希望得到什么?"他问。他从没想到上帝也会希望得到东西。

"我希望你能因为我给你的东西而快乐。"上帝说。

他在黑暗中静想了一夜。他决定要有一个新的梦想,他要让自己梦想的东西恰恰就是他已拥有的东西。

后来他康复出院,幸福地住在公寓中,欣赏着孩子们的悦耳的声音、妻子深褐色的眼睛以及可口的佳肴。晚上他注视着大海,心满意足地看着明明亮亮的万家灯火。

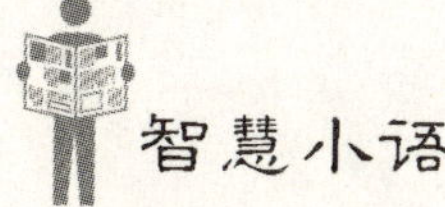

智慧小语

梦想和现实之间永远有距离和差异,这也许同你的努力程度有很大的关系,因为你的梦想永远领先现实一步。聪明者会把这些看作是上帝的一种赏赐。

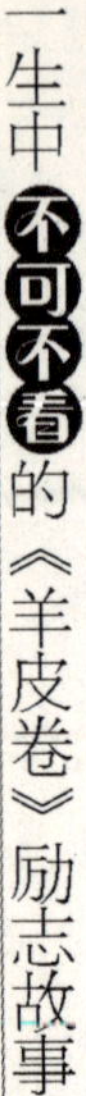

小男孩买梦

金玉良言

你有最美好的梦想，但如果你没有为梦想努力过，那梦想是不会实现的。

羊皮卷故事

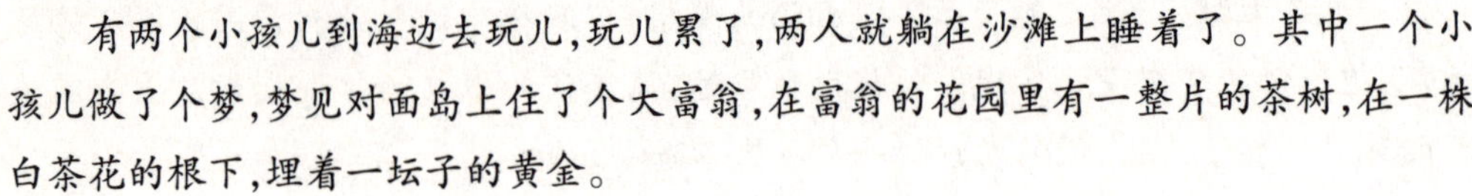

有两个小孩儿到海边去玩儿，玩儿累了，两人就躺在沙滩上睡着了。其中一个小孩儿做了个梦，梦见对面岛上住了个大富翁，在富翁的花园里有一整片的茶树，在一株白茶花的根下，埋着一坛子的黄金。

这个小孩儿就把梦告诉了另一个小孩儿，说完后，不禁叹息着："真可惜，这只是个梦！"

另一个小孩儿听了相当动容，从此他在心中埋下了逐梦的种子，他说："你把这个梦卖给我好吗？"

这个小孩儿买了梦以后，就往那座岛出发了。他千辛万苦才到达岛上，果然岛上住了一位富翁，于是他就自告奋勇地做了富翁的佣人。他发现，花园里有许多茶树，茶花一年一年地开，他也一年一年地把种茶花的土一遍一遍地翻。就这样，茶树愈长愈好，富翁也就对他愈来愈好。终于有一天，他在白茶根下翻着土，真的掘出了一坛黄金！

买梦的人回到了家乡，成了最富有的人；卖梦的人，虽然不停地在做梦，但他从未圆过梦，终究还是个穷光蛋。

智慧小语

好多梦想看起来遥不可及，但只要我们为了梦想付出百倍的努力，我们总有一天会成功。所以，我们不要轻易地出卖自己的梦想。

我要像尼克劳斯一样

金玉良言

梦想是一种信念，是不能用金钱来衡量的。

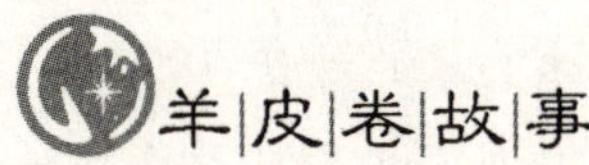

羊皮卷故事

他家很穷，住在贫民区的一所破房子里。他有七个兄弟姐妹，还有一个表妹和一个堂兄居住在他家里。他特别瘦，时常感冒发烧。他似乎缺乏学习的天赋，学习成绩是九个孩子中最差的。有一天，他看到介绍有史以来最伟大的高尔夫球运动员尼克劳斯的电视节目，他的心一下子被打动了："我要像尼克劳斯一样，当一个伟大的职业高尔夫球运动员！"

他要求父亲给他买高尔夫球和球杆。父亲说："孩子，我们家玩不起高尔夫球，那是富人们玩的东西。"他不依，吵着要。母亲抱着他，朝父亲喊："我相信他，他一定会成为优秀的高尔夫球手。"说完，母亲转过头，柔声地说："儿子，等你成为职业高尔夫球手后，就给妈妈买栋别墅，好吗？"他睁着那双大眼睛，朝母亲重重地点了点头。

父亲给他做了一个球杆，然后在家门口的空地上挖了几个洞。他每天都用捡来的球玩上一会儿。

升入中学后，他遇到了后来改变了他一生的体育老师里奇·费尔曼。费尔曼发现了这个黑人少年的天赋，于是建议他到高尔夫球俱乐部去练球，并帮他支付了1/3的费用。仅仅三个月，他就成了奥兰多市少年高尔夫球赛的冠军。

高中毕业后，他幸运地被斯坦福大学录取了。暑假期间，他的一个要好的同学来他家玩儿，说他哥哥所在的旅游公司有一艘豪华游轮正在招服务生，薪水很高，每周有500美元，问他是否有意去应聘。他动心了：家里仍然很贫穷，自己应该像个男人一样养家了。

过了几天，里奇·费尔曼来到他家，他已经帮他联系到了一家高尔夫球俱乐部，准备带他去报名。小伙子不好意思地告诉老师，他打算去工作了。里奇·费尔曼沉吟半

晌,然后问他:“我的孩子,你的梦想是什么?”

他愣了一下,似乎有些措手不及。过了好久,他红着脸嗫嚅道:“当一个像尼克劳斯一样的高尔夫球运动员,挣很多钱,给母亲买一栋漂亮的别墅。”

里奇·费尔曼听完,眼睛盯着他高声叫道:“你现在就去工作,那么,你的梦想呢?不错,你马上就可以每周挣500美元了,很了不起!但是,你的梦想就只值每周500美元吗?”

18岁的他被老师的话震惊了,他呆呆地坐在屋子里,心里反复默念着这句话。突然,曾经的梦想闪电般穿过脑海,热血瞬间流遍全身:“我的梦想是要成为像尼克劳斯一样伟大的高尔夫球运动员,我的梦想是要为母亲买一栋别墅!”

那个假期,他自觉地投入到了训练中。在当年的全美业余高尔夫球大奖赛上,他成为该项赛事最年轻的冠军。

三年后,他成了一名职业高尔夫球手。

他是迄今为止最伟大的高尔夫球运动员,他正创造着高尔夫球的神话:1999年,他成为世界排名第一的高尔夫球手;2002年,他成为自1972年尼克劳斯之后连续获得美国大量赛事和美国公开赛冠军的首位选手。从1996年出道至今,他总共获得了39个冠军。

如今,他以1亿美元的年收入成为世界上年收入最高的体育明星。

他一共给他的母亲买了六栋别墅,分别位于不同的地方。

你可能已经知道了他是谁,他就是“老虎”伍兹。

智慧小语

我们可能都有一个很美好远大的梦想,在实现梦想的过程中很可能会受到各种诱惑或者阻碍,但我们一定要坚信梦想能够实现,我们能摆脱这些不利因素对自身的影响。

坚持梦想的哈利

金玉良言

让梦想之根深植于自己的思想里，直到梦想实现。

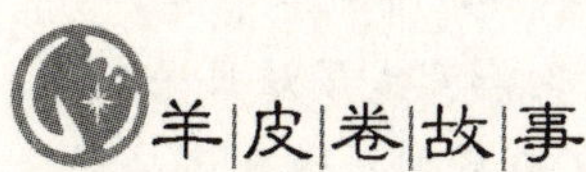

羊皮卷故事

亚历克斯·哈利（Alex Haler），美国著名黑人作家，他在1976年完成了长篇家史小说《根》，并于1977年获普利策特别奖，后来，该作品改编成电视连续剧，上演之后轰动全国。以下是哈利的自述：

“我曾经有过相当落魄的经历，从中我学会了忍耐与等待，并知道了成功是要付出代价的。

“许多年轻人对我说他们想当作家。当作家和写文章是两码事。大多数年轻人希望从事写作只是为了追名逐利，他们无法长期守着一台打字机，与孤独和寂寞奋力搏斗。我告诉他们：‘你们只是想发表作品，而不是想当作家。’

“写作是一项孤独的、艰苦而得不偿失的工作。无数的文字工作者中，只有极少数能获得幸运女神的垂青，而大多数人，一辈子都将默默无闻。

“当年，我毅然离开了工作了二十年的海岸警卫队。我决心成为一名自由作家，但我对前途没有一点儿把握。我来到纽约，住在格林威治村的公寓大楼内的一间储藏室里。那里阴暗潮湿，没有浴室。我买了一台旧打字机，开始了艰苦的创作，然而过了一年，我一无所成。

“推销一篇作品非常难，所挣的钱刚够糊口。在那段时光里，希望渺茫得就像幻影，每个渴望成功的人，大概都有同样的经历和感受。

“有一天，我接到一个电话。他是我在三藩市海岸警卫队的一个老朋友，是我的债主，现在他来向我讨债了。

“‘伙计，等我下次卖出了文章，再还你钱吧！’我回答说。

“‘我有一个好的提议，哈利，’他说，‘我们需要一位公共资料管理员，年薪是六千美元，你来吧，这对你有好处！’

“六千美元在1960年是一笔大数目！我能用它还清债务，再买一座不错的房子和一辆旧车，我还可以一边工作，一边坚持写作。真是一个诱惑啊！

"但我坚决地回答:'不,谢谢你,我还能坚持,我一定要写下去。'

"我开始出售一些文章。我写一些针砭时弊的作品寄给报社,例如民权、美国黑人和非洲黑人等。这个时候,我总会想到童年时和奶奶在一起的日子,她经常给我讲黑奴的故事。这些故事都是美国黑人心中灰色的记忆,人们只把它们深深地埋在心底。

"有一天,我和《读者文摘》的编辑们一起吃午饭,不经意间说起了这些故事,我还告诉他们,我想写一部家族史,从我们的老祖宗被贩卖到美国开始写。午饭后,我得到了一份合同,他们付给我九年的生活费用,让我专心从事研究与写作。

"这个过程是漫长而艰苦的,一直到1976年,这部呕心沥血的作品——《根》终于发表了。因为它,我获得了几乎是空前的声誉与成功,生活的幻影变成了炫目的光环。

"很久以后,当我整理箱子时,我无意中翻到一个盒子,里面是我在格林威治村的一些东西,包括两瓶沙丁鱼罐头、十五美分硬币,还有一个钱包。往事立即像潮水一般撞击着我的心扉,我彷佛又看到了那间阴冷、潮湿的陋室和那台破旧的打字机。

"我告诫自己,这些也是我'根'的一部分,我永远不能忘记。"

智慧小语

哈利实现梦想的过程是非常艰难的,只要稍一松懈或者是稍稍经不住诱惑,他的梦想就会成为泡影,但他坚持住了,所以他成功了。

梦想的价值

●金玉良言

我们应该树立远大的理想,而且不要在眼前利益的诱惑下放弃自己的梦想。

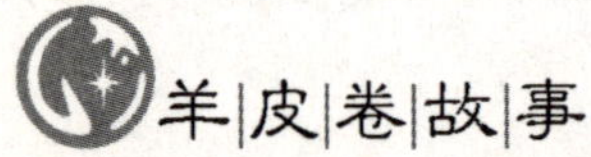

羊皮卷故事

亨利从小家里就很穷,但是家里却充满了爱和关心。所以,他是快乐而有朝气的。他知道,不管一个人有多穷,他们仍然可以做自己的梦。

他的梦想就是运动。在他16岁的时候,他就能够压碎一只棒球,能够以每小时90英里的速度扔出一个快球,并且撞在棒球场上移动着的任何一件东西上。他的高中教练是奥利·贾维斯，他不但相信亨利，而且还教亨利怎样自己相信自己。他让亨利知道：拥有梦想和足够的自信，会使自己的生活有怎样的不同。贾维斯教练对他所做的一件特殊的事情，永远地改变了他的生活。

那是在亨利从低年级升入高年级的那个夏天，一个朋友推荐他去做一份暑期工。这是一个意味着他的口袋里会有钱的机会，有钱可以和女孩子约会，当然，有钱还可以买一辆新自行车和新衣服，还意味着为他的母亲买一座房子的储蓄的开始。这份夏日的工作对他是极具诱惑力的，这使他高兴得跳了起来。接着，他意识到如果他去做这份工作，他就必须放弃暑假的棒球运动，那意味着他必须得告诉贾维斯教练他不能去打球了。他害怕这一点，当他把这件事告诉贾维斯教练的时候，教练真的像他预料的一样生气了。

“你还有你一生的时间可以去工作，”教练说，“但是，你练球的日子是有限的，你根本浪费不起！”

亨利低着头站在他面前，努力地想向他解释，为了那个替妈妈买一座房子和口袋里有钱的梦想，即使让教练对他失望，他也认为是值得的。

“孩子，你做这份工作能挣多少钱?”教练问道。

“每小时3.25美元。”

教练继续问道：“你认为，一个梦想就值一小时3.25美元吗?”简单得不能再简单了，它赤裸裸地摆在亨利的面前，让他看到了立刻想得到的某些东西和树立一个目标之间的不同

那年暑假，亨利全身心地投入到运动中去，同一年，他被匹兹堡海盗队挑选去做队员，并与他们签订了一份价值2万美元的契约。后来，他在亚利桑那州的州立大学里获得了棒球奖学金。那使得他获得了接受教育的机会；在全美国的后卫球员中，他两次被公众认可，并且在美国国家棒球联盟队队员的挑选赛中，他排在了第七名。

1984年，亨利与丹佛的野马队签署了170万美元的合同。他终于为他的母亲买了一座房子，实现了他的梦想。

智慧小语

我们在坚持自己的梦想过程中可能会受到各种诱惑，可无论诱惑有多么大，我们都不能忘记自己的梦想，因为梦想的诱惑力对你应该是最大的，我们既然真的想实现自己的梦想，首先就要建立梦想对自己的诱惑力。

把梦想装在脑子里

●金玉良言

只要不让年轻时的梦想随岁月飘逝，成功总有一天会出现在你的面前。

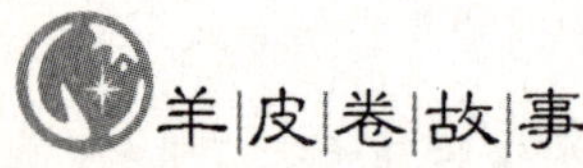

羊皮卷故事

有个叫布罗迪的英国教师，在整理阁楼上的旧物时，发现了一叠练习册，它们是皮特金中学B(2)班三十一位孩子的春季作文，题目叫《未来我是________》。他本以为这些东西在德军空袭伦敦时被炸飞了，没想到它们竟安然地躺在自己的家里，并且一躺就是二十五年。

布罗迪随便翻了几本，很快被孩子们千奇百怪的自我设计迷住了。比如，有个叫彼得的学生说，未来的他是海军大臣，因为有一次他在海中游泳，喝了三升海水，都没被淹死。还有一个孩子说，自己将来必定是法国总统，因为他能背出二十五个法国城市的名字，而同班的其他同学最多的只能背出七个；最让人称奇的是一个叫戴维的盲学生，他认为，将来他必定是英国的一位内阁大臣，因为在英国还没有一个盲人进入过内阁。三十一个孩子都在作文中描绘了自己的未来，有当驯狗师的；有当领航员的；有做王妃的……五花八门，千奇百怪。

布罗迪读着这些作文，突然有一种冲动——何不把这些本子重新发到同学们的手中，让他们看看现在的自己是否实现了二十五年前的梦想。

当地一家报纸得知他这一想法后，为他发了一则启事。没几天，书信像雪片般向布罗迪飞来。他们中间有商人、学者及政府官员，更多的是普通人。他们都表示，很想知道儿时的梦想，并且很想得到那本作文簿，布罗迪按地址一一给他们寄去。

一年后，布罗迪身边仅剩下一个作文本没人索要。他想，这个叫戴维的孩子也许死了。毕竟二十五年了，二十五年间是什么事都会发生的。

就在布罗迪准备把这个本子送给一家私人收藏馆时，他收到内阁教育大臣布伦克特的一封信。他在信中说："那个叫戴维的就是我，感谢您还为我们保存着儿时的梦想，不过我已经不需要那个本子了，因为从那时起，我的梦想就一直在我的脑子里，我没有一天放弃过。二十五年过去了，我已经实现了那个梦想。今天，我还想通过这封信告诉我其他的三十位同学，只要不让年轻时的梦想随岁月飘逝，成功总有一天会出现在你的面前。”

布伦克特的这封信后来被发表在《太阳报》上，因为他作为英国第一位盲人大臣，用自己的行动证明了一个真理：假如谁能把十五岁时想当总统的愿望保持二十五年，那么他现在一定已经是总统了。

智慧小语

每个人都曾有过远大的理想，但是随着时光流逝，实现起来却并不容易。除了一部分复杂的社会原因外，更重要的是他自己无法坚持到底。

梦想皆有神助

金玉良言

梦想是人生中不可或缺的动力，有了它，你就有了奋斗不息的勇气。

羊皮卷故事

他是一位匈牙利木材商的儿子，由于从小生得呆笨，人们都喊他“木头”，他也确实名副其实。9 岁之前，除了因遵守秩序在学校里获得过一枚玩具螺丝钉外，并没有获得过什么奖励。

12 岁时，他做了一个梦，梦到有位国王给他颁奖，因为他的作品被诺贝尔看上了。当时，他很想把这个梦告诉谁，但又怕被人嘲笑，最后，他只告诉了妈妈。

妈妈说：“假如这真是你的梦，你就有出息了！我曾听说，当上帝把一个不可能的梦，放在谁的心中时，就是真心想帮助谁完成的。”

男孩从来没有听说过梦想和上帝还有这层关系，妈妈说完，他就信以为真了。他想，他真是天下最幸福的人！世界那么大，上帝却一下子就选中了他，为了不辜负上帝的期望，从此他真的喜欢上了写作。

“倘若我经得起考验，上帝会来帮助我的！”他怀着这样的信念开始了他的写作生涯。3 年过去了，上帝没有来；又有 3 年过去了，上帝还是没有来。

就在他期盼上帝前来帮助的时候，希特勒的部队却先来了。他作为犹太人，被送进了集中营。在那里，数百万人失去了生命，而他却靠着“生存就是顺从”的信念活了

下来。

“我又可以从事我梦想的职业了！”他怀着这种心情走出奥斯维辛集中营。

1965年，他终于写出了他的第一部小说《无法选择的命运》；1975年，他又写出他的另一部小说《退稿》。接着他又写出一系列作品。

就在他不再关心上帝是否会帮助他时，瑞典皇家文学院宣布：把2002年的诺贝尔文学奖授予匈牙利作家凯尔泰斯·伊姆雷。他听到后，大吃一惊，因为这正是他的名字。当人们让这位名不见经传的作家谈一谈他获奖后的感受时，他说：“没有什么感受，我只知道，当你说我就喜欢做这件事，多么困难我都不在乎时，上帝就会抽出身来帮助你。”

智慧小语

梦想皆有神助，上帝在眷顾伊姆雷的同时，也一直陪伴着你，坚持自己的梦想吧，上帝正看着你呢。

小男孩的埃及梦

金玉良言

有了梦想，你就可以创造奇迹。

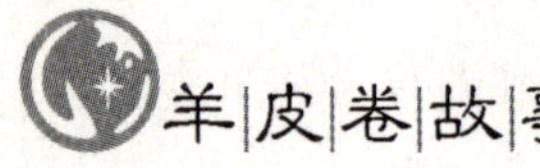

羊皮卷故事

有一个小男孩，考试考得了第一名，老师奖给他一本世界地图，他好高兴，跑回家就开始看这本世界地图。很不幸，这天轮到他为家人烧洗澡水，他就一边烧水，一边在灶边看地图，看到一张埃及地图，想到埃及很好，埃及有金字塔，有埃及艳后，有尼罗河，有法老王，有很多神秘的东西，心想长大以后如果有机会一定要去埃及。

他看得正入神的时候，突然有一个大人从浴室冲出来，胖胖的，围一条浴巾，用很大的声音跟他说：“你在干什么？”他抬头一看，原来是爸爸，他说：“我在看地图！”爸爸很生气，说：“火都熄了，看什么地图！”他说：“我在看埃及的地图。”他父亲跑过来“啪啪！”给了他两个耳光，然后说：“赶快生火！看什么埃及地图？”打完后，又踢了他屁股一脚，把他踢到火炉旁边去，用很严肃的表情跟他讲：“我给你保证！你这辈子不可能到那么遥远的地方去！赶快生火。”

他当时看着爸爸，呆住了，心想：“我爸爸怎么给我这么奇怪的保证，真的吗？我这一生真的不可能去埃及吗？”20 年后，他第一次出国就去了埃及，他的朋友都问他：“到埃及干什么？”那时候还没开放观光，出国很难的。他说：“因为我的生命不要被保证。”他就自己跑到了埃及旅行。

他在金字塔前面的台阶上，买了张明信片写信给爸爸。他感触很深地说：“亲爱的爸爸，我现在在埃及的金字塔前面给你写信，记得小时候，你打了我两个耳光，踢了我一脚，保证我不能到这么远的地方来，现在我就坐在这里给你写信。”他爸爸收到明信片时跟他妈妈说：“哦！这是哪一次打的，怎么那么有效？一巴掌打到埃及去了。”

智慧小语

有梦想就有希望，而且梦想可以使我们保持充沛的想象力和创造力。

五年后最想要的是什么

●金玉良言

当你对实现自己的梦醒感到迷茫时，不妨从你的目的地往回走，一直走到你的出发点，为自己设计出一整套完整的奋斗计划。

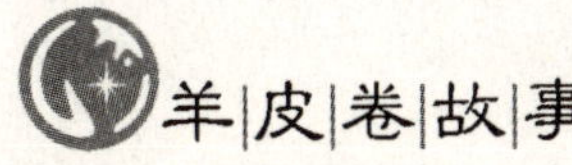

这个故事的主人公是休斯顿太空总署的太空梭实验室里的工作人员，他同时还在总署旁边的休斯顿大学主修电脑。纵然忙于学业、睡眠与工作，这几乎占据了他一天 24 小时的全部时间，但只要有多余的一分钟，他总是会把所有的精力放在他的音乐创作上。

写歌词不是他的专长，所以在这段日子里，他到处寻找一位善写歌词的搭档，与他一起合作创作。他认识了一位朋友，她的名字叫凡内芮。就是她在他事业的起步时，给了他最大的鼓励。

仅 19 岁的凡内芮在德州的诗词比赛中，不知得过多少奖牌。她的写作总是让他爱不释手。当时他们的确写了许多很好的作品，一直到今天，他仍然认为这些作品充

满了特色与创意。

一个星期六的周末,凡内芮又热情地邀请他至她家的牧场烤肉,她的家族是德州有名的石油大亨,拥有庞大的牧场。她的家庭虽然极为富有,但她的穿着、所开的车,与她谦诚待人的态度,更让他加倍地打从心底里佩服她。凡内芮知道他对音乐的执着。然而,面对那遥远的音乐界及整个美国陌生的唱片市场,他们一点渠道都没有。此时,他们两个人正在德州的乡下,他们哪知道下一步该如何走?突然间,她冒出了一句话:"想象你五年后在做什么?"

他愣了一下。

她转过身来,手指着他说:"嘿!告诉我,你心目中'最希望'五年后的你在做什么,你那个时候的生活是一个什么样子?"他还来不及回答,她又抢着说:"别急,你先仔细想想,完全想好后,再说出来。"他沉思了几分钟,开始告诉她:"第一,五年后,我希望能有一张唱片在市场上流行,而这张唱片很受欢迎,可以得到许多人的肯定;第二,我住在一个有很多很多音乐的地方,能天天与一些世界一流的乐师一起工作。"

凡内芮说:"你确定了吗?"

他慢腾腾地回答,而且拉了一个很长的"Yes"。

凡内芮接着说:"好,既然你确定了,我们就把这个目标倒算回来。如果第5年,你有一张唱片在市场上,那么你的第四年一定是要跟一家唱片公司签上合约。

"那么你的第三年一定是要有一个完整的作品,可以拿给很多很多的唱片公司听,对不对?

"那么你的第二年,一定要有很棒的作品开始录音了。

"那么你的第一年,就一定要把你所有要准备录音的作品全部编曲,排练就位,准备好。

"那么你的第六个月,就是要把那些没有完成的作品修饰好,然后让你自己可以逐一筛选。

"那么你的第一个月就是要把目前这几首曲子完工。

"那么你的第一个礼拜就是要先列出一整个清单,排出哪些曲子需要修改,哪些需要完工。

"好了,我们现在不就已经知道你下个星期一要做什么了吗?"凡内芮笑笑地说。

"喔,对了。你还说你五年后,要生活在一个有很多音乐的地方,然后与许多一流的乐师一起忙着工作,对吗?"她急忙地补充说。"如果,你的第五年已经在与这些人一起工作,那么你的第四年按道理来说应该有你自己的一个工作室或录音室。那么你的第三年,可能是先跟这个圈子里的人在一起工作。那么你的第二年,应该不是住在德州,而是已经住在纽约或是洛杉矶了。"

次年,他就辞掉了令许多人羡慕的太空总署的工作,离开了休士顿,搬到洛杉矶。

说也奇怪，不敢说是恰好五年，但大约可说是第六年，也就是1983年，他的唱片在亚洲开始畅销起来，他一天24小时几乎全都忙着与一些顶尖的音乐高手日出日落地一起工作。

智慧小语

你要经常问问自己你真正想要的是什么，如果你连自己要的是什么都不知道的话，那么你自己是迷茫的，别人也不知道如何帮助你，成功将是多么艰难。

把志向种在脑海里

金玉良言

要实现志向，你得有阶梯：第一级是决心，第二级是投入，第三级是自律，第四级是心态。

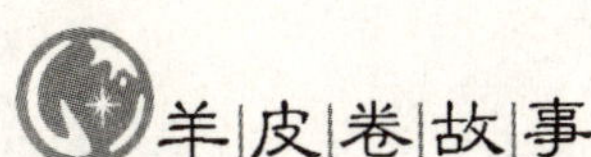

杰西·欧文斯曾被称为是“跑得最快的人”。他出生在克利夫兰一个“物资贫乏，精神富有”的家庭。

一天，一位知名运动员到杰西所在的学校给孩子们演讲，他叫查理·帕多克，曾经被体育记者称作是“活着的跑得最快的人”。

帕多克与孩子们交谈时说：“你们要做什么？说出来，然后相信上帝会帮助你实现的。”

小杰西看着帕多克，想道：“我要做像查理·帕多克这样的人。”

演讲结束后，在心中英雄的激励下，杰西跑到运动教练那儿说：“教练，我有一个志向！”

教练看着这个瘦得皮包骨似的黑皮肤男孩，问道：“你的志向是什么，孩子？”

“我要像帕多克先生一样，成为跑得最快的人。”

“杰西，有一个志向很好，但要实现志向，你得有阶梯。”教练语重心长地说，“第一级是决心，第二级是投入，第三级是自律，第四级是心态。”

杰西·欧文斯把自己的脚伸向第一级，在大脑里下了第一个决定：不管面对多么

大的挑战，决不放弃。其后，他投入到了艰苦的训练中，从未有一刻放松过自己，挫折、失败进一步激励了他的斗志。

后来，杰西·欧文斯果真成了100米跑得最快的人，在奥运会上获得了四枚金牌。

智慧小语

志向不是光说出来就行的，还要时刻记住自己的志向，时刻为自己的志向付出比常人更多的努力，最重要的是要坚持到底，最终才能实现自己的梦想。

管道的故事

●金玉良言

梦想看似很遥远，其实很近很近，只要你一直把它放在你心里。

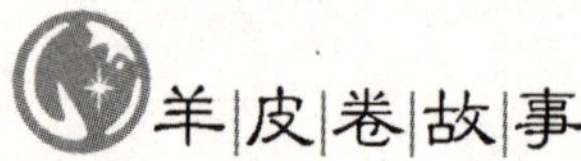

羊皮卷故事

1801年，有两位年轻人，一个叫柏波罗，一个叫布鲁诺，他们是堂兄弟，他们住在意大利中部的一个村子里。两位年轻人从小就是要好的伙伴。他们都有雄心勃勃的梦想。

他们常常没完没了地谈论，在某一天、通过某种方式，让自己可以成为村里最富有的人。他们都很聪明而且勤奋，他们所需要的只是机会。

有一天，机会来了。村里决定要雇两个人把附近河里的水运到村广场的蓄水池里去。村长把这份工作交给了柏波罗和布鲁诺负责。

两个人各抓起两只水桶奔向河边开始了他们辛勤的工作。当一天结束时，他们把村广场的蓄水池装满了。村长按每桶水一分钱付钱给他们薪水。

“我们的梦想终于实现了！”布鲁诺大喊着，“我简直不敢相信我们的好运气。”

但柏波罗却不是这样想的。

他的背又酸又痛，用来提那重重水桶的手也起了泡。他害怕每天早上起来都要去做同样的工作。于是他发誓要想出更好的办法，将河里的水运到村里去。

“布鲁诺，我有一个计划”，第二天早上，当他们抓起水桶往河边奔时柏波罗说道，“一桶水才一分钱的报酬，却要这样辛苦地来回提水，我们不如修一条管道将水从河里引进村里去吧。”

布鲁诺愣住了。

“一条管道？谁听说过这样的事?”布鲁诺大声地嚷道，“柏波罗，我们拥有一份很棒的工作。我一天可以提100桶水。按一分钱一桶水的话，一天就是一元钱！我已经是富人了！一个星期后，我就可以买双新鞋。一个月后，我就可以买一头牛。60个月后，我还可以盖一间新房子。我们有全镇最好的工作。我们这辈子都不用愁了！放弃你的管道幻想吧!”

柏波罗不是一个容易气馁的人，他耐心地向他最好的朋友解释这个计划。可惜的是这并不能改变布鲁诺的想法。于是柏波罗决定，即使自己一个人也要实现这个计划，他将一部分白天的时间用来提桶运水，用另一部分时间以及周末的时间来建造他的管道。他知道，要在像岩石般坚硬的土壤中挖出一条管道是多么艰难的事。因为它的薪酬是根据运水的桶数来支付的，他知道在开始的时候，自己的收入会下降。他也知道，要等上一两年，它的管道才能产生可观的效益。但柏波罗坚信他的梦想会实现，于是他全力以赴地去做了。

不久，布鲁诺和其他村民就开始嘲笑柏波罗了，称他为“管道建造者柏波罗”。布鲁诺挣到的钱比柏波罗多一倍，并常向柏波罗炫耀他新买的东西。他买了一头毛驴，配上全新的皮鞍，拴在了他新盖的两层楼旁。

他还买了亮闪闪的新衣服，在饭馆里吃着可口的食物。村民尊敬地称他为布鲁诺先生。他常坐在酒吧里，掏钱请大家喝酒，而人们则为他所讲的笑话而格外地高声大笑。

当布鲁诺晚上和周末睡在吊床上悠然自得时，柏波罗却还在继续挖他的管道。头几个月里，柏波罗的努力没有多大进展。他工作得很辛苦——比布鲁诺的工作更辛苦，因为柏波罗晚上、周末也还在工作。

但柏波罗不断地提醒自己，实现明天的梦想是建立在今天的牺牲上面的。一天一天过去了，他继续地挖，一次只能挖1英寸。

“1英寸又1英寸……成为1英尺。”他一边挥动凿子，打进岩石般坚硬的土壤中，一边重复这句话。1英寸变成1英尺，然后10英尺……20英尺……100英尺……

“短期的痛苦带来长期的回报。”每天的工作完成后，筋疲力尽的柏波罗跌跌撞撞地回到他那简陋的小屋时，他总是这样提醒自己。他通过设定每天的目标来衡量自己的工作成效。他这样一直坚持下来，因为他知道，终有一天，回报将大大超过此时的付出。每当他入睡前，耳边尽是酒馆中村民的嘲笑声。“目光要牢牢地盯在回报上。”他一遍又一遍地重复这句话。

就这样一天天、一月月地过去了。有一天，柏波罗意识到他的管道已经完成了一半了，这也意味着他只需提桶走一半的路程了。柏波罗把这多出的时间也用来建造管

道。终于,完工的日期越来越近了。

在他休息的时候,柏波罗看到他的老朋友布鲁诺还在费力地运水。布鲁诺的背驮得更厉害了,并由于长期的劳累,步伐也开始变慢了。布鲁诺显得很生气,闷闷不乐,一副为他自己注定一辈子要运水而愤恨的样子。

他在吊床上的时间减少了,却花更多的时间泡在酒吧里。当布鲁诺进来时,酒吧的老顾客们都窃窃私语:“提桶人布鲁诺来了。”当镇上的醉汉模仿布鲁诺弓腰驼背的姿势和他拖着脚走路的样子时,他们都咯咯地大笑。布鲁诺不再买酒请大家喝了,也不再讲笑话了。他宁愿独自坐在漆黑角落里,被一大堆空酒瓶所包围。

最后,柏波罗的重大时刻终于来到了——管道完工了!村民们簇拥着来看水从管道中流到水槽里!现在村子里有源源不断的新鲜水了。附近其他村子里的人也都纷纷地搬到这个村子中来了,于是这个村子就发展和繁荣起来了。

管道一完工,柏波罗便再也不用提水桶了。无论他是否工作,水都一直源源不断地流入。

他吃饭时,水在流入。他睡觉时,水在流入。当他周末去玩时,水还在流入。流入村子的水越多,流入柏波罗口袋里的钱也就越多。

智慧小语

现实中的好多人都像提桶人布鲁诺一样没有远见,你愿意做提桶人布鲁诺还是做管道建设者柏波罗?

拿破仑的梦想

金玉良言

无论你是何种身份,处在什么境地,都要有梦想。

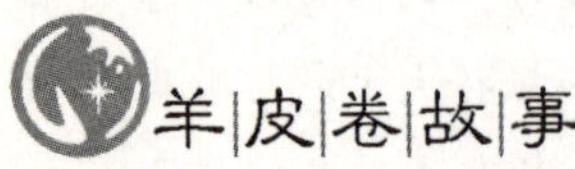

羊皮卷故事

拿破仑在学校读书时,简直是笨得出奇。不论是法语还是别的外语,他都不能正确地书写,成绩也一塌糊涂。

而且,少年的拿破仑还十分任性、野蛮。在拿破仑的自传中,他这样写道:“我是一个固执、鲁莽、不认输、谁也管不了的孩子。我使家里所有人都感到恐惧。受害最大的是我的哥哥,我打他,骂他,在他未睡醒时,我又像狼一样疯狂地向他扑去。"

不仅如此,拿破仑还袭击比他大的孩子,脸色苍白、体质羸弱的拿破仑却常让他的对手不寒而栗。

他家里的人都骂他是蠢材,而人们都叫他"小恶棍"。

可是,在这个遭人白眼的孩子的心中,有一种巨大的力量正悄悄地滋长着,成为他后来的梦想。

他朦胧地意识到自己的与众不同,然而他还未真正地认识它。而且,他心中有一种狂妄而任性的想法:要主宰一些东西,做领导者。凡是自己想要的东西,都要归自己所有。

一天天长大的拿破仑开始更成熟地关注自己。他常沉溺于同龄人无法想象的冥思苦想中,他又疯狂地迷恋着各种复杂的计算,他已学会了用冷静而彻底的理智很好地控制自己的行动。

他惊奇地发现自己表现出来的出色的思考力,第一次真正地认识了自己。

他的行动变得果敢而敏捷,富于抗争精神。

一种崭新的渴望点燃了他生命的热情,终有一天,他明白无误地告诉自己:"是的,我具有最出色的军事家的素质。权力就是我要得到的东西!"

清醒的自我意识一旦形成,便发挥出巨大的推动作用。拿破仑在成功之路上连战连捷,势如破竹。

35 岁时,他登上了法国皇帝的宝座。

智慧小语

即使你的力量是多么的渺小,你自身条件是多么的不利,你所处的环境是多么的恶劣,只要有梦想,你就有了战胜一切的雄心壮志,你将会爆发出不断让自己前进的力量。

四
把握机遇，才能铸就成功的人生

一只老鼠成就一生

金玉良言

不会抓住机遇的人只会充当猫的角色去屠杀老鼠，抓住了机遇，过街耗子都看起来是那么的可爱。

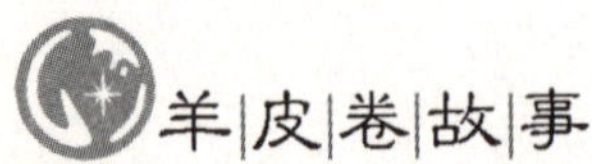

羊皮卷故事

一对穷困潦倒的年轻夫妇来到公园，坐在长椅上思考出路。因为付不起房租，他们被房东赶了出来。"今后该怎么办呢？"两人左思右想均无良策。

这时，从他们简陋的行李里忽然伸出一只小脑袋，那是他们平时最喜欢逗弄的一只小老鼠。想不到这只小东西竟跑进他们唯一的行李里面，跟着一起搬出了公寓。

小老鼠滑稽的面孔、迷人的眼睛、可爱的样子，逗得夫妻俩暂时忘记了现实的烦恼。

太阳开始西下，夜幕即将降临。这时，年轻人忽然想到了一个前所未有的创意，他惊喜地嚷道："对啦，世界上像我们这样穷困潦倒的人一定很多，让这些可怜的人们，也看看小老鼠的可爱面孔吧！"

他的眼前出现一幕幕动人的奇景：小老鼠们为了填饱肚子辛勤劳动，为了战胜更大的敌人团结互助，它们甚至快活地跳舞，甜蜜地恋爱……

这位年轻的画家就是后来美国最负盛名的人物之一，才华横溢的沃尔特·迪斯尼。穷困潦倒中的迪斯尼充分运用想象力，创造了活泼可爱的“Mickey Mouse”。自大、爱恶作剧的，又热心解决问题的米老鼠成了美国经济大萧条时期的精神象征。

1923年，迪斯尼和他的哥哥罗恩凑了3200美元重新创业，成立“迪斯尼兄弟动画制作公司”，这就是今天迪斯尼娱乐帝国的真正开始。1929～1932年，有100多万美国儿童加入“米奇俱乐部”，在当年的经济大萧条中，给美国儿童带来了无穷快乐。

1934年，迪斯尼将童话故事《白雪公主》改编制作成动画电影。当时，几乎所有人都反对他，因为要花费50万美元，这在当时是一个天文数字！迪斯尼坚定地聘请了300多位艺术家来帮他完成这项“不可能完成的任务”。1937年12月21日，《白雪公主》问世，给迪斯尼带来的是一个家喻户晓的卡通人物和10倍于投入的投资回报率。

迪斯尼不断挑战的劲头被很好地继承下来。1955年，迪斯尼把动画片所运用的色彩、刺激、魔幻等表现手法与游乐园的功能相结合，推出了世界上第一个现代意义上的主题公园——洛杉矶迪斯尼乐园。1971年迪斯尼公司又在美国本土建成了占地130平方公里，由七个风格迥异的主题公园、六个高尔夫俱乐部和六个主题酒店组成的“奥兰多迪斯尼世界”。1983年和1992年，迪斯尼以出卖专利等方式，分别在日本东京、法国巴黎建成了两个大型的迪斯尼主题公园。至此，迪斯尼成为世界上主题公园行业内巨无霸级的跨国公司。

智慧小语

上帝给谁的都不会太多，只给了沃尔特一只老鼠，但他成功了。

胆小的灵魂

●金玉良言

把最好的机遇放在胆小鬼面前，他都会把这机遇拒之门外。

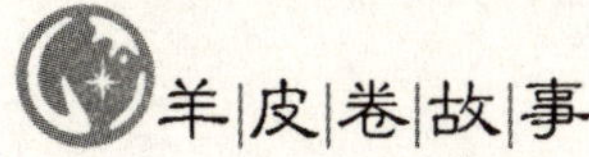

一天，一个灵魂对上帝说：“您派给我一个最好的形象，我将永远崇拜你。”

上帝仁慈地回答：“好，你准备做人吧，以世界上最好的形象。”

灵魂问：“做人有风险吗？”

“有，激烈的竞争、成败、贫富以及勾心斗角、残杀、诽谤、夭折、瘟疫……”

“另换一个吧。”

“那就做马吧！”

“做马有风险吗？”

“有，受鞭打，被宰杀……”

“唉，请再换一个吧。”

“老虎？”

“老虎！老虎是兽中王，它一定没有风险。”

“不，老虎也有风险，经常被人猎杀，快要灭绝了。”

“啊，上帝，我不想当动物了，植物总可以吧。”

“植物也有风险，树要被砍伐，有毒的草被制成药物，无毒的草人兽食之……”

“啊，恕我斗胆，看来只有上帝您没有风险了，我就留在您身边吧？”

上帝哼了一声：“我也有风险，人世间难免有冤情，我也难免被人责问，时时不安。”说着，顺手扯过一张鼠皮，包囊了这个灵魂，将它推下界来：“去吧，你就做它吧。”

这个灵魂只能做一只老鼠，每天依靠闪躲度日。可是这样的人生又有什么价值呢？

智慧小语

有意义的人生，就要做有意义的事。要做有意义的事，就必须具备冒险精神，勇敢地面对人生征途中的一些暗河险滩，只有这样我们才能实现自身价值，达到更高的境界。

一场火烧掉了所有的错误

●金玉良言

挫折往往也会成为机遇，只要我们用正确的心态去对待挫折。

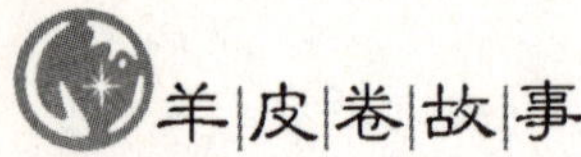

1914年，已发明电灯的伟大发明家——爱迪生，拥有一个规模十分庞大的实验室。

在这个设备完善的实验室中，爱迪生每天仍旧孜孜不倦地努力开发各项新产品。

很不幸的是，在某一个夜里，这所实验室突然发生大火。由于实验室中积存的化学物品众多，火势一发不可收拾。

当时消防队调集了所有的消防车，加上爱迪生实验室中所有工作人员的努力抢救，以及所有邻居及热心人士都赶来帮忙，可仍然无法阻止大火的蔓延。

正当众人放弃了救火的工作，眼睁睁地看着大火将要彻底毁掉爱迪生努力了一辈子的成果时，爱迪生犹如大梦初醒一般，急促地要他的儿子回去叫家里所有的人，马上赶到火灾现场来。

爱迪生的儿子不解地问："火势已然不可收拾，就算全家人赶到，亦是无济于事，又何必多此一举。"

爱迪生望着火场，正色道："赶快叫他们来看，这真是一场百年难得一见的超级大火！"

隔天，在冒着余烟的实验室废墟中，爱迪生充满自信地告诉他的儿子以及所有工作的人员："经历昨晚的一场大火，感谢上帝，将我们过去所有的错误，都一次烧尽了。我们将要在这块土地上，建造一座更完善、更先进的实验室！"

智慧小语

遇到灾难时，我们最好不要悲观、失望、一蹶不振。我们要做的就是鼓起从头再来的勇气，找到更高的起点，为自己创造更好的机遇。

上帝的烛台

金玉良言

机遇是不会受人呼来唤去的，有时候需要我们耐心等待，并为之付出不懈努力。

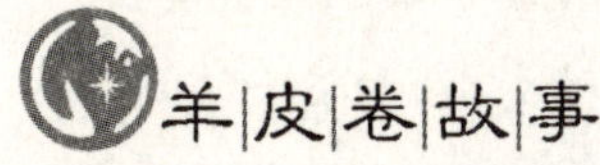

羊皮卷故事

上帝要从一些小孩儿里面挑选几个出来让他们成为天使。

他来到人间，给小孩儿一人一个神奇的烛台，叫他们保持烛台光亮，一尘不染，说只有这样烛光才会一直不灭。等过些日子后，他再来取回烛台，如果谁的烛台上的烛

光没有灭的话，谁就能够成为天使。

孩子们很高兴，每天都小心又仔细地将烛台擦得很干净，他们期待着成为天使。日子很快过去了，已经两个多月了，上帝还是未出现。除了少数没有耐心的孩子的烛台灭了，大多数孩子的烛光仍然明亮。

有人说上帝会在第100天时到来。到了这天，孩子们早就怀着激动的心情期待着上帝的到来。可是，一直等到天黑，上帝也未出现。很多孩子都说上帝是骗子，生气地把烛台扔进了树林里、水沟里。

又过了两个月，上帝还是没有来过。孩子们每天在一起游戏、玩耍，不再去管烛台了。可是有一个被他们称为"笨笨"的小孩，依然坚持每天把烛台擦拭得干干净净。

在第200天的时候，上帝来了，他来收回烛台并把天使带到天庭。其他的小孩儿又希望变成天使，纷纷找出烛台来，可是，无论如何也点不燃了。而"笨笨"的烛光一直未灭，所以只有她长出了一对洁白的翅膀，成为了一位美丽的小天使。

智慧小语

我们不仅要有美好的愿望，还要实实在在地为愿望付出努力，要有不达目标誓不罢休的毅力，只有这样，机遇才会眷顾你，成功最终会属于你。

低地的价值

●金玉良言

把想象的春天铺开，是成功的秘诀。

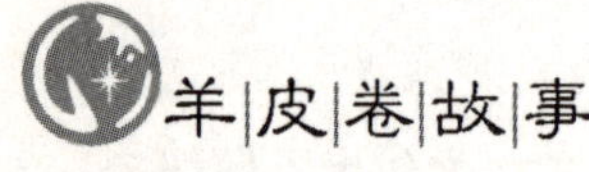

羊皮卷故事

加州海岸的一座城市中，所有适合建筑的土地在不断的开发中都已经被卖出，并予以利用，城市的地皮价不断飙升着。面对城市一边满是陡峭小山，和另一边因为地势太低而每天都要被倒流的海水淹没一次的土地，一些开发商常常无奈地连连感慨。

一天，一名叫杰克的普通职员到这个海岸来度假，他欣喜若狂地立刻预购了那些因为山势太陡而无法使用，以及那些因为地势太低每天都要被海水淹没一次而无法使用的低地。因为这些土地都被认为没有太大的价值，所以预购的价格很低。然后，杰克用了几吨炸药，把那些陡峭的小山炸成松土，再利用几台推土机把泥土推平，原来的山坡地就成了很漂亮的建筑用地。同时，他又雇用了一些车子把多余的泥土倒在那些低地上，使低地超过水平面，那些低地也变成了漂亮的建筑用地……很快，建筑商蜂拥而至，争相抢购这些建筑用地。当这些建筑用地都出售后，杰克从一名普通职员变成了富商。

智慧小语

天上不会掉馅饼，墨守成规也干不了大事，机会都是自己创造的，所以，开动脑筋吧，打破常规思维的限制，才能更好地把握机会。

成功的投机者摩根

金玉良言

掌握准确的情报信息，让你更容易抓住机遇。

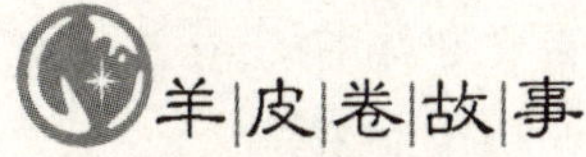

在摩根创业初期，一位名叫克查姆的小伙子拜访摩根："有一桩黄金买卖，想不想干！"

摩根说："为什么不想？说说看！"

克查姆和盘托出了自己的计划："通过皮鲍狄公司和摩根商行共同付款的方式，秘密买下四五百万的黄金，然后，将买到的黄金的一半汇往伦敦的皮鲍狄，剩下一半你留着。一旦将皮鲍狄黄金汇款之事宣扬出去，而查理斯敦港的北军又战败，黄金价格肯定会暴涨。那时候，你就可以堂而皇之地抛售手中的黄金，大赚一笔了！"

摩根听后大喜，于是他们就依计而行。

果不出所料，"黄金非涨价不可"的舆论到处传开，出现了抢购黄金的风潮，金价猛涨。摩根见时机已到，把手中黄金全部售出，在这次金价暴涨中赚到了一大笔钱。在接下来的黄金投机中，摩根发现了一个秘密：因为当时正值美国内战时期，如果南军在战争中占上风，金价就会上涨；北军占上风，金价就会下跌。

为了更好地把握军事情报，摩根敏锐的眼光注意到电报这种新式"武器"。克查

姆对摩根的决策十分赞赏。

商行招聘了一位叫史密斯的青年，负责商行的电报通讯工作。史密斯曾当过北方陆军部队电报局接线生，史密斯的好友文尼尔上校是北军格兰特将军的电报秘书。摩根通过文尼尔、史密斯很容易而且准确地掌握了战争的情报。“新式武器”使摩根如虎添翼，受益匪浅。1862 年 10 月 28 日，南方军队撤退仅几分钟，摩根就从史密斯的电报室中得到了消息。过一会儿又一份电文传来：“选举后的 11 月 5 日，林肯总统决定由班塞特接替马克利兰的将军之职。”克查姆大喜过望：“形势大好！卖了！又可以捞一笔！”摩根抛售黄金，又赚到一大笔钱。

后来摩根又收到皮鲍狄的来电：“林肯总统和斯瓦特国务卿已通过驻英大使亚当斯向英国政府提出了最后通牒，要求停止为南军供应炮舰。你要特别注意华尔街的动向。”摩根收到电报后，令史密斯向华盛顿方面查询，密切注视华尔街的动向，史密斯又传来新的情报：“林肯总统已下决心，如果英国继续向南军提供炮舰，那么将与英国断绝外交关系。”

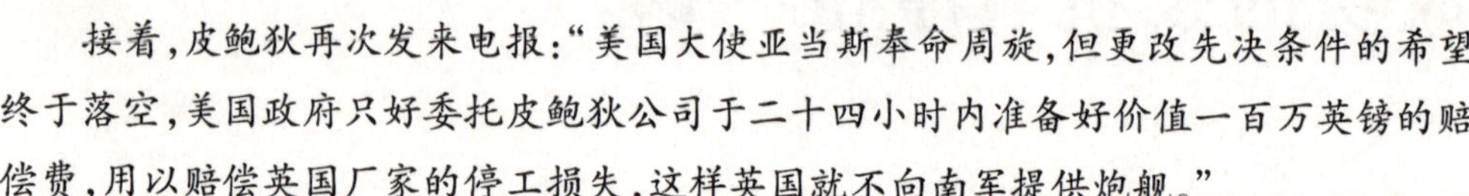

接着，皮鲍狄再次发来电报：“美国大使亚当斯奉命周旋，但更改先决条件的希望终于落空，美国政府只好委托皮鲍狄公司于二十四小时内准备好价值一百万英镑的赔偿费，用以赔偿英国厂家的停工损失，这样英国就不向南军提供炮舰。”

摩根得此绝密消息兴奋异常，拍案叫绝：“天赐良机啊！买进黄金。”他立即大量买进黄金，次日皮鲍狄果断地大量买进黄金，金价暴涨，摩根趁机抬价，又全部抛出黄金，他再度发了一笔横财。

十年以后，摩根成为华尔街最大的金融寡头。他可以让白宫甘拜下风，让总统俯首称臣。从此时一直到他去世的那段时间，美国人习惯称之为“摩根时代”。

智慧小语

投机倒把为好多人所不齿，但我们在这里就是要告诉大家一个关于把握机遇的方法——情报。情报不仅仅在战争中实用，在我们的学习和工作中照样实用。只要你掌握了第一手信息，让你能看清形势，这样，你就能化被动为主动，获得更多的成功机会。

危机有时候也是转机

●金玉良言

在危机中寻找转机，在危机之后，为自己寻找更好的出路。

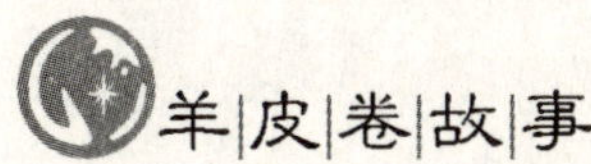

羊皮卷故事

在美国的亚拉巴马州恩特镇的公共广场上矗立着一座高大的纪念碑。在碑身的正面有这样一行金色的大字：深深感谢象鼻虫在繁荣经济方面所做的贡献。象鼻虫是何物？它是北美地区棉花田里的一种害虫。为什么亚拉巴马人要为害虫立纪念碑呢？这要从一场灾难说起。

1910年，一场特大象鼻虫灾害狂潮般地席卷了亚拉巴马州的棉花田，虫子所到之处，棉花毁于一旦。那是一幅无比惊心动魄的惨相，棉农们欲哭无泪。灾后当然要重建。亚拉巴马州是美国主要的产棉区，那里的人们世世代代都种棉花。可现在，象鼻虫灾害使人们认识到仅仅种棉花是不行了。如果仅仅种棉花，一旦爆发了象鼻虫灾害，一年的收成就都没了。

于是，人们开始在棉花田里套种玉米、大豆、烟叶等农作物，尽管棉花田里还有象鼻虫，但根本不足为患，少量的农药就可消灭它们。棉花和其他农作物的长势都很好，结果，种多种农作物的经济效益比单纯种棉花要高4倍。从此，亚拉巴马州的人们再也不单单在田地里种植棉花了，而是在种植棉花的同时，大量种植一些其他的农作物。亚拉巴马州的经济从此走上了繁荣之路，人们的生活也变得越来越好。

亚拉巴马州的人们认为经济的繁荣应该归功于那场象鼻虫灾害，是象鼻虫使他们学会了在棉花田里套种别的农作物。为此，亚拉巴马州政府决定，在当初象鼻虫害的始发地恩特镇建立一座纪念碑，以感谢象鼻虫在繁荣经济方面所作出的贡献。

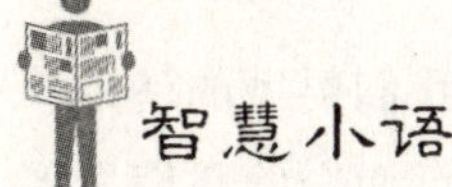

智慧小语

灾难不仅仅只给我们带来危害，还给我们带来经验教训，让我们知道怎么做是错的，知道怎么做才能达到最好的效果。

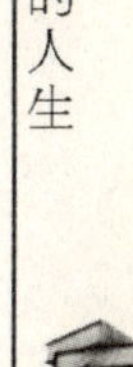

挫折中也有机会

●**金玉良言**

挫折是老天给我们上的生动的一课，从挫折中，我们能学到好多东西。

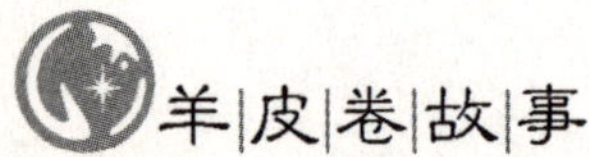

杰福斯是英国的牧童，他的工作是每天把羊群赶到牧场，并监视羊群不得越过牧场的铁丝到相邻的菜园里吃菜。

有一天，小杰福斯在牧场上不知不觉睡着了。不知过了多久，他被一阵怒骂声惊醒了。只见老板怒目圆睁，大声吼道："你这个没用的东西，菜园被羊群搅得一塌糊涂，你还在这里睡大觉！"

小杰福斯吓得面如土色，不敢回话。

这件事发生后，机灵的小杰福斯就想，怎样才能使羊群不再越过铁丝栅栏呢？他发现，那片有玫瑰花的地方，并没有更牢固的栅栏，但羊群从不过去，因为羊群怕玫瑰花的刺。"有了，"小杰福斯高兴地跳了起来，"如果在铁丝上加上一些刺，就可以挡住羊群了。"

于是，他先将铁丝剪成5厘米左右的小段，然后把它结在铁丝栅栏上当刺。结好之后，他再放羊的时候，发现羊群起初也试图越过铁丝栅栏网去菜园，但每次都因被刺疼而惊恐地缩了回来。被多次刺疼之后，羊群再也不敢越过栅栏了。

小杰福斯成功了。

半年后，他申请了这项专利，并获批准。后来，这种带刺的铁丝网便风行世界了。

别怕挫折，至少，我们不要把挫折当作一件坏事，遇到挫折了，我们要做的就是从挫折中吸取经验教训，从中获得灵感，激发我们的潜能，这样，挫折反而会给我们发展自我创造机会，引导我们走向成功。

创造条件买房子

●金玉良言

没有什么是不可能的，只要我们勇于根据现有条件为自己争取更多的机会。

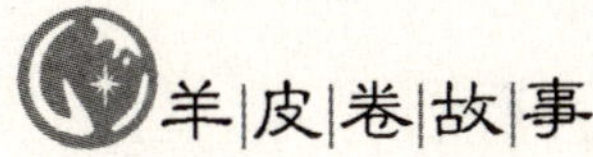

杰米先生是个普通的年轻人，大约二十几岁，有太太和小孩，收入并不多。

他们全家住在一间小公寓里，夫妇两人都渴望有一套自己的新房子。他们希望有较大的活动空间、比较干净的环境、小孩有地方玩，同时也增添一份产业。

买房子的确很难，必须有钱支付分期付款的头款才行。有一天，当他签发下个月的房租支票时，突然很不耐烦，因为房租跟新房子每月的分期付款差不多。

杰米跟太太说："下个礼拜我们就去买一套新房子，你看怎样？"

"你怎么突然想到这个？"她问，"开玩笑！我们哪有能力！可能连首款都付不起！"

但是他已经下定决心："跟我们一样想买一套新房子的夫妇大约有几十万，其中只有一半能如愿以偿，一定是什么事情才使他们打消了这个念头。我们一定要想办法买一套房子。虽然我现在远不知道怎么凑钱，可是一定要想办法。"

下个礼拜他们真的找到了一套两人都喜欢的房子，朴素大方又实用，首付款是1200美元。现在的问题是如何凑够1200美元。他知道无法从银行借到这笔钱，因为这样会妨害他的信用，使他无法获得一项关于销售款项的抵押借款。

可是皇天不负有心人，他突然有了一个灵感，为什么不直接找承包商谈谈，向他私人贷款呢？他真的这么做了。承包商起先很冷淡，由于他一再坚持，承包商终于同意了。他同意杰米把1200美元的借款分12个月偿还，平均每月交还100美元，利息另外计算。

现在他要做的是，每个月凑出100美元。夫妇两个想尽办法，一个月可以省下25美元，还有75美元要另外设法筹措。

这时杰米又想到另一个点子。第二天早上他直接跟老板解释这件事，他的老板也很高兴他要买房子了。

杰米说："彼恩先生，你看，为了买房子，我每个月要多赚75元才行。我知道，当

你认为我值得加薪时一定会加，可是我现在很想多赚一点钱。公司有没有一些事情需要在周末做好，你能不能答应我在周末加班去做这些事呢？”

老板对于他的诚恳和雄心非常感动，真的找出许多事情可以让他在周末工作十个小时，他们因此欢欢喜喜地搬进了新房子里。

智慧小语

世上无难事，只怕有心人。只要你肯为自己创造条件去争取机会，你肯定能够达到自己的目的。并且在你为自己创造条件时，你也是在为自己积累更多的机会。

别对机遇关上大门

●金玉良言

关上了机遇的大门，也就关上了提高自己、获得进步的大门。

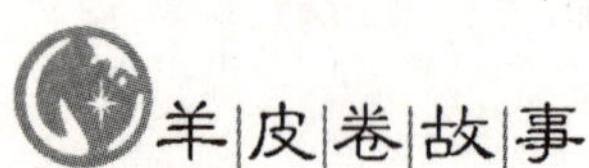

故事讲的是一名医生，已经是一名职业医生了，但是为了更上一层楼，他决定当个整容大夫。他找到一位有名的整容医生。

“我能看你做手术吗？”他问整容医生。

“明天，”整容医生说：“早八点，行吗？”

整容医生不敢肯定“早八点”是不是让他不高兴了，但他猜，多少有一点。不过这个医生还是点点头。“我一定到，”他说，“早八点。”

他的确守信，早上八点到了。看过整容医生做手术，他想：感觉奇妙极了，真是大开眼界。他想当整容医生的学生，而整容医生也答应教他。

他又来了几次，啧啧夸赞，坦言整形手术怎么让他无比惊叹，如获至宝。他还说这个机遇真是太好了，要是学会了，他也可以当整形医生了。

整容医生很高兴他有这么高昂的热情。

可是有天早上他没露面。

第二天早上他又缺席了。

好几天之后，整容医生走进办公室，看到他在那儿。

“你去哪儿了?”整容医生问。

“我睡过头了几次,”他回答说,还有点懵懂不醒,“我一觉醒来,一看时间,已经迟到了,就没来。”

“你这么学可不行。”整容医生还是很温和地说。

“我知道。对了,你有没有下午的手术。我真的起不来,下午对我更方便一些。”

“对不起,我总在早上做手术。病人刚醒,我得找对病人最好的时间。”

“哦——”他说。

然后整容医生就再也没有见到他的踪迹。

智慧小语

尽管他对整形手术有很大的兴趣,这对他来说是个很有创意的机会。可他没有坚持,就因为早上起不了床,他把向自己敞开的机遇大门给关上了。他没有资格成功,因为他按自己的方式拒绝了成功。

机遇眷顾有心人

●金玉良言

有远见的人能看到更多的机遇,而且更容易被机遇撞见。

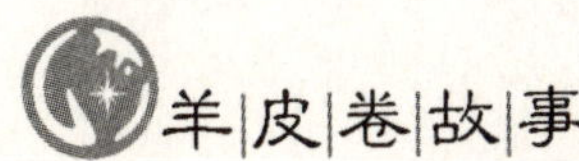

埃迪和尼克几乎同时受雇于一家超级市场。起初大家都一样,从最底层干起。可很快埃迪就受到总经理的青睐,一再被提升,从领班升到部门经理。尼克却如被人遗忘了一般,始终在最底层混。终于有一天尼克忍无可忍地向总经理提出辞呈,他认为自己辛勤工作而得不到提拔,是不公平的。

总经理耐心地听着,他了解这个小伙子,工作肯吃苦,但好像缺少了点什么。“缺什么呢?一言两语说不清楚,说清楚了他也不服,看来……”他忽然有了一个主意。

“尼克先生”,总经理说,“您马上到集市上去,看看今天有什么卖的。”尼克不久回来说,刚才集市上仅有一个农民拉了车土豆在卖。“一车大约多少公斤?”总经理问。尼克又跑去,回来说有10袋。

“价格是多少?”尼克再次跑到集市上。

总经理望着跑得气喘吁吁的他说:“请休息一会儿吧,看埃迪是如何做的。”

说完,他叫来埃迪对他说:“埃迪先生,你立刻到集市上去,看看今天有什么卖的。”

埃迪不久从集市回来了,汇报说到现在为止只有一个农民在卖土豆,有10袋,价格适中,质量很不错,他带回几个让经理看。这个农民过一会儿还将弄几筐西红柿出售。据他看,价格还公道,可以进一些货。这种价格的西红柿总经理也许会要,因此他不仅带回了几个西红柿作样品,而且把那个农民带来了,他现在正在外面等着回话呢!

智慧小语

在现实生活中多想几步,也就是远见卓识,这将给你的生活和工作带来极大的好处。

一美元买一辆豪华汽车

●金玉良言

只要你善于抓住机遇,没有什么是不可能的。

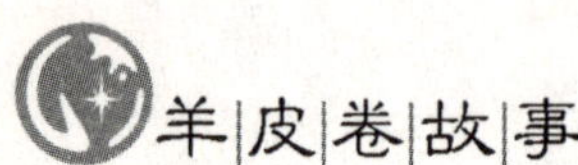

羊皮卷故事

美国的一家报纸上登了一则广告:“一美元购买一辆豪华汽车。”

菲力德看到这则广告半信半疑:“今天不是愚人节啊!”但是,他还是揣着一美元,按报纸上提供的地址找了去。

在一栋非常漂亮的别墅前面,菲力德按响了门铃。

一位高贵的少妇为他打开门,问明来意后,少妇把菲力德领到车库里,指着一辆崭新的豪华轿车说:“喏,就是它。”

菲力德脑子里闪过的第一个念头就是:“是坏车。”他说:“太太,我可以试试吗?”

“当然可以!”于是菲力德开着车兜了一圈,一切正常。

“这辆轿车不是赃物吧?”菲力德要求验看车照,少妇拿给他看了。于是菲力德付了一美元。当他开车要离开的时候,仍百思不得其解。他说:“太太,您能告诉我这是为什么吗?”

少妇叹了一口气:“唉,实话跟您说吧。这是我丈夫的遗物。他把所有的遗产都留给了我,只有这辆轿车,是属于他那个情妇的。但是,他在遗嘱里把这辆车的拍卖权交给了我,所卖款项交给他的情妇——于是,我决定卖掉它,一美元即可。”

菲力德恍然大悟,他开着轿车高高兴兴地回家了,路上,菲力德碰到了他的朋友汤姆。汤姆好奇地问起轿车的来历。等菲力德说完,汤姆一下子瘫在了地上:“啊,上帝!一周前我就看到这则广告了!”

智慧小语

大千世界,无奇不有,我们不要不相信奇迹,奇迹很可能就会降临到你的身上,就看你敢不敢去尝试了。

寻找身边的钻石

●金玉良言

舍近求远者往往首先放弃了眼前最好的东西,到头来什么也得不到。

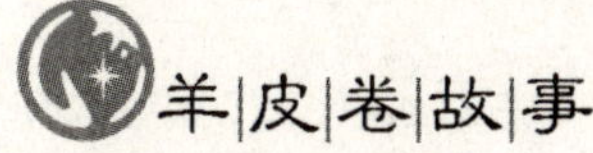

印度流传着一位生活殷实的农夫阿利·哈费特的故事。

一天,一位老者拜访阿利·哈费特,老者说道:“倘若您能得到拇指大的钻石,就能买下附近全部的土地;倘若能得到钻石矿,还能够让自己的儿子坐上王位。”

钻石的价值深深地印在了阿利·哈费特的心里。从此,他感到对什么都不满足了。

那天晚上,他彻夜未眠。第二天一早,他便叫起那位老者,请他指教在哪里能够找到钻石。老者想打消他那些念头,但无奈阿利·哈费特听不进去,执迷不悟,仍死皮赖脸地缠他。最后,他只好告诉他:“您得到很高很高的山里去寻找淌着白沙的河。倘若能够找到,白沙里一定埋着钻石。”于是,阿利·哈费特变卖了自己所有的地产,让家人寄住在街坊家里,自己出去寻找钻石。但他走啊走,始终没有找到要找的宝藏。他终于失望,在西班牙尽头的大海边投海死了。可是,这故事并没有结束。一天,买了

阿利·哈费特的房子的人，把骆驼牵进后院，想让骆驼喝水。后院里有条小河。骆驼把鼻子凑到河里时，新房主发现沙中有块发着奇光的东西。他立即去挖，挖出一块闪闪发光的石头，他把石头带回家，放在炉架上。

过了些时候，那位老者又来拜访这家人，进门就发现炉架上那块闪着光的石头，不由地奔跑上前。

“这是钻石!”他惊奇地嚷道，“阿利·哈费特回来了!”

“不！阿利·哈费特还没有回来。这块石头是我在后院小河里发现的。”新房主答道。

“不！您在骗我。”老者不相信，“我走进这房间，就知道这是钻石啊。别看我有些唠唠叨叨，但我还是认得出这是块真正的钻石!”

于是，两人跑出房间，到那条小河边挖掘起来，接着便露出了比第一块更有光泽的石头，而且以后又从这块土地上挖掘出许多钻石。献给维多利亚女王的那块有名的钻石也是出自那里，净重达100克拉。

智慧小语

生活中并不是缺少美，而是缺少发现美的意识，其实好多珍贵的宝石就在我们身边，我们要做的就是用心去搜寻它们。

偷来的智慧

●金玉良言

偷来别人的智慧，也是一种智慧。

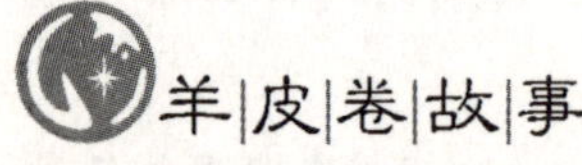

羊皮卷故事

特奥的父母不幸辞世，给他和哥哥卡尔留下了一个小小的杂货店。微薄的资金，简陋的设施，他们靠出售一些罐头和汽水之类的食品，勉强度日。

兄弟俩不甘于这种穷苦的状况，一直寻找发财的机会。

有一天，卡尔问弟弟：“为什么同样的商店，有的赚钱，有的只能像我们这样惨淡经营呢?”

特奥回答说："我觉得是我们经营得有问题，如果经营得好，小本生意也可以赚钱的。"

"可是，如何才能经营得好呢？"于是，他们决定经常去其他店看一看。

一天，他们来到一家"消费商店"，这家商店顾客盈门，生意红火，引起了兄弟俩的注意。他们走到商店外面，看到门外有一则醒目的告示上写着："凡来本店购物的顾客，请保存发票，年底凭发票可免费领取价值发票总额3%的商品。"

他们把这份告示看了又看，终于明白这家商店生意兴隆的原因了。原来顾客就是贪图那"3%"的免费商品。

他们回到自己的店里后，立即贴了一个醒目的告示："本店自即日起，全部商品让利3%，本店保证所售商品为全市最低价，顾客发现不是全市最低价，本店可以退回差价，并给予奖励。"

就是凭借这种"偷"来的智慧，他们兄弟俩的商店迅速扩张成为世界上最大的连锁商店之一。

智慧小语

我们成长的过程，就是一个学习的过程，学习他人好的方面，并为自己所用，我们会站得很高，因为我们站在巨人的肩上。

五
勇于创新，才能成就了不起的你

了不起的想法

●金玉良言

真正具有创造性的想法本身就是一件无价之宝，能为你带来源源不断的财富。

羊|皮|卷|故|事

奥斯本就是一个满脑子都是创造性想法的人，可以说，他把自己的创造性想法发挥到了极致。

1938 年，25 岁的奥斯本失业了，只有高中程度的奥斯本想当个记者，可是，转念再想想，自己没有受过这方面的教育，怎么行呢？

奥斯本是一名性格好强的人，他终于还是去应聘了。

报刊主编问他："在办报方面你有什么经验？"

奥斯本作了实事求是的自我介绍后附加了一句，"不过，我写了篇文章。"

主编接过读罢，摇摇头说："年轻人，你的文章不怎么样，甚至还有不少语法、逻辑与修辞上的毛病……"

听到这里，奥斯本的头"轰"地响起来，但是，他咬紧牙关听下去。

主编又说："可是，有独到的东西，是的，有独到的见解。这很可贵，这个独到的东西是创造。凭这一点，我愿意试用你三个月。"

主编握住了奥斯本的手，临行还叮咛："好好干吧！"

狂喜的奥斯本反复体会主编的话，原来创造性有那么重要。他又反复读自己的文章，像严厉的法官那样解剖自己："知识不够，却充满神思遐想，这大概就是创造性吧！"

他模模糊糊地意识到人的价值在于创造，他决心要做一个有创造性的人。他还拟定：自到报社上班之日起，就天天提一条创造性的建议。

整整一个星期日，他都在研究主编给他的一大叠报纸，又买回其他各种报刊进行比较，于是，众多的构想产生了。

星期一他去上班了，这是他第一天到报社，他竟迫不及待地冲进主编的办公室急匆匆地大声说："主编先生，我有一个想法。"

主编瞪大眼睛看着面前的奥斯本，听他一口气说完"想法"后给惊住了。

原来奥斯本说："看来，广告是报纸的生命线，我们又无法与各大报纸竞争大广告；而小工厂、小商店做不起大广告，他们又急于想把自己的产品或商品告诉更多的人，我们何不创造分类广告，收费低廉以满足这一层次的工商业者的需要呢？"

这就是现在报纸广泛采用的一条一条的分类广告。当主编弄清楚奥斯本的"想法"后，高兴地称赞说："好啊！好啊！真是一个了不起的想法！"

奥斯本坚持发挥自己"神思遐想"的长处，坚持天天提一条创造性的建议。仅仅两年，就使这张小报发展壮大起来，成为一个实力雄厚的报业托拉斯。他本人也由于获得众多专利，成为拥有巨资股份的副董事长。正当他的事业走向高峰的时候，他做出了令人惊奇的决定：辞职。原来他根据自己创造所获的心得，又研究了许多发明家的创造思路，他决意辞去职务，潜心探索。终于在1941年，他写出并出版了《思维的方法》一书，第一次在世界上阐述创造发明的思路与方法，从此一门新的学科——"创造学"诞生了。

智慧小语

要想成为了不起的人，就必须要有了不起的想法，有了这种想法，你才能干了不起的事，做一个了不起的人。

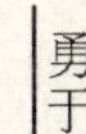

父子的精彩表演

金玉良言

放弃在好多时候能为你创造意想不到的价值。

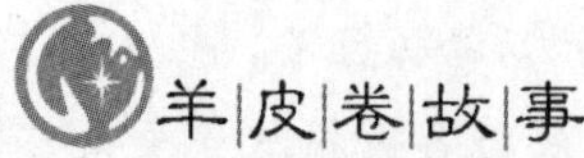

羊皮卷故事

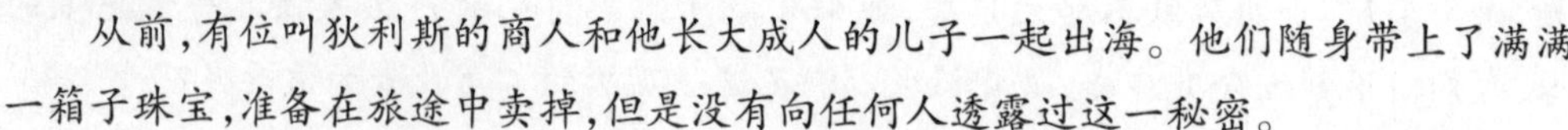

从前,有位叫狄利斯的商人和他长大成人的儿子一起出海。他们随身带上了满满一箱子珠宝,准备在旅途中卖掉,但是没有向任何人透露过这一秘密。

一天,狄利斯偶然听到了水手们在交头接耳。原来,他们已经发现了他的珠宝,并且正在策划着谋害他们父子俩,掠走这些珠宝。

狄利斯听了之后吓得要命,他在自己的小屋内踱来踱去,试图想出个摆脱困境的办法。儿子问他出了什么事情,于是狄利斯把刚才听到的话告诉了他。

儿子劝父亲不要慌张,会想出好办法的。突然,狄利斯想出了一个好办法,对着儿子的耳朵悄悄说了几句,儿子心领神会。

过了一会儿,狄利斯怒气冲冲地冲上了甲板。“你这个笨蛋儿子!”他叫喊道,“你从来不听我的忠告!”

当父子俩开始互相谩骂的时候,水手们好奇地聚集到周围。然后狄利斯冲向他的小屋,拖出了他的珠宝箱。“忘恩负义的儿子!”狄利斯尖叫道,“我宁肯死于贫困也不会让你继承我的财富!”说完这些话,他打开了珠宝箱,水手们看到这么多的珠宝时都倒吸了口凉气。狄利斯又冲向了栏杆,在别人阻拦他之前将他的宝物全都投入了大海。

过了一会儿,狄利斯父子俩都目不转睛地注视着那只空箱子,然后两人躺在一起,为他们所干的事而哭泣不止。后来,当他们单独一起待在小屋时,狄利斯说:“我们只能这样做,孩子,再也没有其他的办法可以救我们的命了!”

“是的”,儿子答道,“您这个法子是最棒的了。”

轮船驶进了码头后,狄利斯同他的儿子匆匆忙忙地赶到了城市的地方法官那里。他们指控了水手们的海盗行为,说水手们犯了企图谋杀罪,法官逮捕了那些水手。法官问水手们是否看到狄利斯把他的珠宝投入了大海,水手们都一致说看到过。于是法官判决他们都有罪。法官问道:“什么人会弃掉他一生的积蓄而不顾呢,只有当他面

临危险时才会这样去做吧?”水手们哑口无言,只得赔偿了狄丽斯的珠宝。法官因此饶了他们的性命。

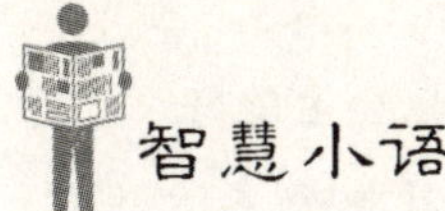

智慧小语

在人生的旅途中,学会放弃往往也是一件好事,牺牲眼前的利益是为了获得更大的收获,因为放弃也是一种智慧。

让死神转个方向

●金玉良言

有时候,只需要变换一下方向,问题便可迎刃而解。

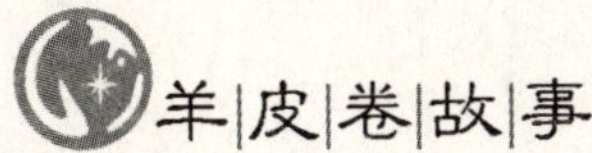

羊|皮|卷|故|事

死神在一场瘟疫中累倒了,他靠在路边休息,一个好心的青年跑来安慰他。

“老先生! 您是不是生病了,要不要我送您去就医?”年轻人问。

死神笑了起来,轻蔑地说:“医生? 医生能医病,不能医死,我就是死神,我比医生厉害多了。”

青年说:“那我就帮不了您,您休息一下再继续您的工作吧!”

“慢着!”死神叫住青年,“看你善良老实,我就收你为徒弟吧!”

青年说:“不! 不! 不! 我可不稀罕当什么死神,如果要当,我宁可当医生呢!”

死神说:“如果你愿意当我的徒弟,我就教你行医。”

青年答应了,便拜在死神门下,成为死神的徒弟。

死神教他非常厉害的点穴手法,只要在病人身上的穴道处点几下,病就治好了。

死神说:“你现在可以去行医了,但是有一条戒律不可以违犯。当你治疗垂死的病人,我会站在病人的床边,如果你看见我站在病人的脚旁,你可以把他的病治好;如果你看见我站在病人头那一边,就表示那人的大限已到,不用治了。假如,你看到我站在病人的头那一边,而你还把他治好,就要拿你的命来抵。”

青年一直遵守死神的戒律,也治好了很多人,成为当代的名医。

有一天,公主生病了,群医束手无策,国王便颁布一个命令:如果有人能把公主治

好，就传位给他，并把公主许配给他。

青年在远方听到了消息，就跑到皇宫为公主治病，当他走进公主的房间时，非常吃惊，公主的美丽使他倾心，但公主的头旁边却站着死神。

青年对国王说："大王！请叫人把公主的床换一个方向，我就能把公主治好。"

国王派人把公主的床换了方向，死神变成站在床尾，青年很快就把公主治好了。原来，有时候，只需要变换一下方向，问题便可迎刃而解。

从此，青年娶了公主，继承了王位，过着幸福快乐的生活。

智慧小语

这个青年只用稍稍把床换了个位置的办法，就斗败了死神，就是因为他能适时变通，能打破常规，找到了适当的解决问题的方法。可见，世界上没有解决不了的问题，当一个方法行不通时，我们不妨换个角度去思考问题，总会豁然开朗。

从小事中激发创意

●金玉良言

一个细小的问题能够成就一个人辉煌的人生。

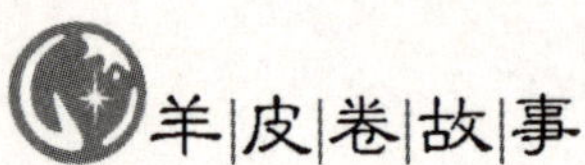

这是松下幸之助创业之初的一段小故事：

松下是由生产电插头起家的，由于插头的性能不好，产品的销路大受影响，不多久，他就陷入三餐难继的困境。

一天，他身心俱疲地独自走在路上。

一对姐弟的谈话，引起了他的注意。

姐姐正在烫衣服，弟弟想读书却无法开灯（那时候的插头只有一个，用它烫衣服就不能开灯，两者不能同时使用）。

弟弟吵着说："姐姐，您不快一点儿开灯，叫我怎么看书呀？"

姐姐哄着他说："好了，好了，我就快烫好了。"

"老是说快烫好了，已经过了30分钟了。"

姐姐和弟弟为了用电，一直吵个不停。

松下幸之助想："只有一根电线，有人烫衣服，就无法开灯看书，反过来说，有人看书，就无法烫衣服，这不是太不方便了吗？何不想出同时可以两用的插头呢？"

他认真研究这个问题，不久，他就想出了两用插头的构造。

试用品问世之后，很快就卖光了，订货的人越来越多，简直是供不应求。他只好增加工人，也扩建了工厂。松下幸之助的事业，就此走上轨道，逐年发展，利润大增。

原来一个细小的问题也可以成就一个人辉煌的人生。

智慧小语

生活中我们常常会遇到各种各样的问题，有创造力的人往往在遇到这些问题时不会退缩。遇到问题并不可怕，可怕的是畏惧问题或者是回避问题。发挥创造力，从各个方面寻找解决问题的突破口，也许这个问题就会成为我们获得巨大成功的契机。

聪明的画师

金玉良言

善于抓住问题的关键点，是聪明人的做事技巧。

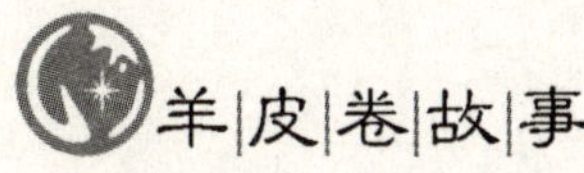

羊皮卷故事

传说，古时候有一个国王长得十分丑陋，他的一只眼睛瞎了，一条腿还瘸着。

然而，有一天，国王竟召集全国的画师来为他画像。并发话说：谁画得令他满意有赏，不满意的就要被杀头。

这中间有一个画师想："国王的威严谁敢冒犯！尽管国王长相丑陋，我还是给他画张漂亮的吧。"于是，他画了一张画像呈献给国王。画上的国王不瞎不瘸不丑，威严无比。谁知国王一看勃然大怒道："善于弄虚作假、阿谀奉承的人一定是个有野心的小人，留着何益，拉出去斩首！"这个画师被杀了。

这时，第二个画师想："既然画虚假的画像国王恼怒，那么我就给他如实画像吧。"第二个画师又画了一张画像呈献给国王，只见画像上的国王瞎着一眼，瘸着一条腿，又老又丑，没一点儿一国之主的威严形象。国王一看怒火中烧，大喝道："胆敢丑化国

王,冒犯天威,此等狂妄之徒,留之何益,拉出去斩首!”第二个画师也被杀了。

画师们见此情景,个个吓得魂不附体,哪个还敢冒险为国王画像?但如果不画肯定是不行的,照样会被杀头的。正在众画师为难之时,人丛中闪出一个人来,他双手呈上一幅画像给国王。

国王一看这幅画像,不禁连连称叹,赞不绝口,并将画像赐给群臣观赏。

这是一幅国王狩猎图。只见国王一条腿站在地上,一条腿蹬在一树墩上,睁着一只眼,闭着一只眼,正在引弓瞄准。这幅画,真是太妙了,百官惊叹不已。画师们更是啧啧连声,自叹不如。国王赐给这个画师千两黄金作为奖赏。

智慧小语

生活常常会给我们出好多难题,好多难题看似难于上青天,但是,只要我们冷静思考,抓住问题的关键,找准突破口,就会得到意想不到的结果。

鞋的由来

●金玉良言

智慧是力量,推动社会文明的不断发展。

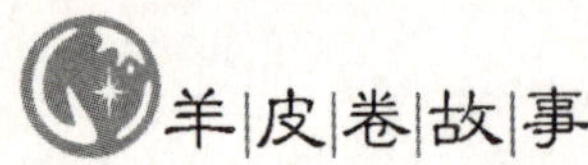

这是几千年前的事了。

那时,有一个国家,因为鞋子还没有产生,所以人们都赤着脚,即使在冰天雪地也不例外。国王喜欢打猎,但是进出都骑马,从来不徒步行走。

有一回他在打猎时偶尔走了一段路,可是真倒霉,他的脚让一根刺扎了。他痛得“哇哇”直叫,把身边的侍从大骂了一顿。第二天,他向一个大臣下令:一星期之内,必须把城里的大街小巷统统铺上毛皮。如果不能如期完工,就要把大臣绞死。

一听到国王的命令,那个大臣十分惊讶。可是国王的命令怎么能不执行呢?他只得全力照办。

大臣向自己的下属官吏下达命令,官吏们又向下面的工匠下达命令。很快,往街上铺毛皮的工作就开始了,声势十分浩大。

铺着铺着就出现了问题，所有的毛皮很快就用完了。于是，不得不每天宰杀牲口。一连杀了成千上万的牲口，可是铺好的街道还不到百分之一。

离限期只有两天了，急得大臣消瘦了许多。大臣有一个女儿，非常聪明。她对父亲说："这件事由我来办。"她向父亲讨了两块皮，按照脚的模样做了两只皮口袋。

第二天，姑娘来到王宫，先向国王请安，然后说："大王，您下达的任务，我们都完成了。您把这两只皮口袋穿在脚上，走到哪儿都行。别说小刺，就是钉子也扎不到您的脚上！"

国王把两只皮口袋穿在脚上，然后在地上走了走。他为姑娘的聪明而感到惊奇，穿上这两只口袋走路舒服极了。

国王下令把铺在街上的毛皮全部揭起来，用它们做了成千上万双鞋子。

大臣的女儿不但得到了国王的奖赏，而且受到全国老百姓的尊敬。自此后，人们开始穿鞋子，并想出了不同的样式。

智慧小语

鞋是我们必不可少的日常生活用品，也许没有人会想到鞋的发明也经过了一个如此艰难的过程。创造力是发明的前提条件。两种不同的方法，只因所站的角度不同，便产生了截然不同的两种效果。可见，只要开动脑筋，一切都不是那么困难。

其实成功离我们很近很近

金玉良言

成功，不仅可以从不朽的伟人那里学到；也许，它就在我们鼻子下面……

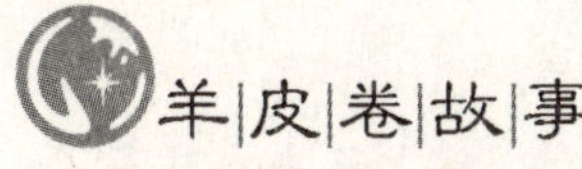

羊皮卷故事

在很远很远的地方，印度河的一个什么地方住着一个古波斯人，名字叫作阿里·海菲。海菲有个很大的农场，还有果园、良田、花园，钱多得想干什么就干什么。而更重要的是，他还是个富裕而又满足的人。他满足，因为自己有钱；富裕也因为自己满足。一天，一个东方的智者——佛教长老来拜访海菲这个波斯老农。长老坐在火边，给海菲讲这个世界是怎么形成的。长老说："最开始，我们的世界只不过是一团雾。

大神把手指伸进了这团雾里，慢慢用手开始搅动这团雾，搅动的速度越来越快，最后大神把这团雾搅成了一个固体的火球。这团火球在宇宙里上下穿梭，转来转去，越转越快，一路转下去，冲过了许多其他雾团，逐渐把湿气扫荡没了，直到一场洪水浇在火球炙热的表面，冷却后形成了外壳。

"接着，火球中心的火焰喷出了外壳，拱起了山脉、山冈、河谷、平原、草原，这就是我们今天的世界。这团内部熔岩喷发出来以后，冷却快的，就形成了大理石；再慢一点的，形成了铜；再慢的，形成了银子；更慢的，凝结成的是金子；金子之后，凝结成的是钻石，一切就这么形成了。"

长老说："钻石是一粒凝固的太阳。"现在看来，即便从非常科学的角度考虑，这种说法也是很有道理的。长老告诉海菲，要是海菲能有大拇指那么大的一颗钻石，就能买下一个国家。要是有一个钻石矿，那就可以凭自己的富可敌国的财势把子孙们都扶上王位。

海菲听完了钻石的故事，总想它们怎么怎么值钱，结果可糟了。那晚，海菲睡觉的时候已经变得赤贫如洗。他的贫穷，不是因为他失去了什么，而是因为他失去了满足感；他不满足了是因为他怕自己贫穷。他说："我要，我要自己的钻石矿。"于是，他整晚都未能入睡。

一大早，海菲找到长老。依照我的经验，谁要是一大早把长老吵醒了，长老准没好脾气。海菲把长老摇醒了，对他说："快告诉我，哪儿能找到钻石？"

"钻石？你还要钻石干什么？"

"干什么?！我想非常非常有钱。"

"好吧，那就赶快去找吧。你该干的就是去找啊！你去找，就会找到。"

"可是我不知道上哪儿去找啊？"

"哦，你要是想找的话，就得在高山之间流淌的白沙河去找，从那些白沙子里肯定会找到钻石的。"

"我不信，哪有这样的河？"

"当然有了，而且还很多呢！还等什么呀，你该做的就是去找哇，你找就会找到的。"

海菲说："那我去了。"

于是，海菲卖掉了农场，揣着积攒的钱，把家托付给邻居看管，就上路去找钻石了。他搜寻的征程从月亮山开始（换了我也会这么干），然后又径直去了巴勒斯坦，之后又浪迹到欧洲。最后钱都花光了，海菲已是衣衫褴褛，孤苦伶仃，贫病交加。终于，海菲站在西班牙巴塞罗那湾，听任大浪打来，冲上赫丘利神殿的柱子，也听任大浪卷走自己。可怜的海菲受到重创，悲伤忧愁，奄奄一息，终于没能抵挡住可怕的诱惑，纵身跃入了汹涌冲来的浪潮，沉入那起着泡沫的海底，再也没有一丝生命的迹象浮出水面。

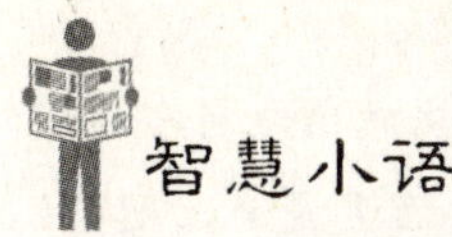

智慧小语

我们许多人花费了一辈子时间都在寻找成功，而实际上成功常常离我们很近很近，只要一伸手就能摸到它。

“汉罗”的广告

金玉良言

开动脑筋，你可以让最不起眼的东西成为宝贝。

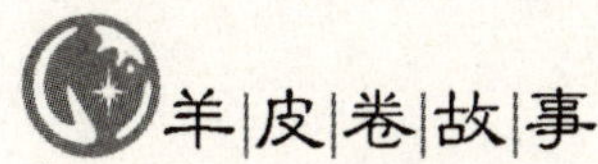

羊皮卷故事

“汉罗”啤酒的名字在欧洲，乃至整个西方世界都享有很高的知名度。可谁能想到，“汉罗”啤酒厂曾经差点倒闭。那么，究竟是什么使“汉罗”啤酒厂从困境走向辉煌的呢？

说到“汉罗”啤酒的成功和神奇，就必须要说到该啤酒厂的销售总监林德尔先生，他刚到“汉罗”啤酒厂的时候，是一名普通的销售员。

当时，由于啤酒厂的资金运转十分困难，没有钱做广告，使啤酒厂的品牌无法确立，由此形成恶性循环。

林德尔看到企业的这种状况，心中十分焦急。他不希望自己深爱着的工厂面临倒闭，也不希望自己这样默默无闻地做一辈子普通人，他想要成就一番事业。于是，他开始绞尽脑汁地思考，怎样才能做一个既省钱又有效的广告。

一天他来到了布鲁塞尔市中心的于连广场，看到广场中心撒尿的小英雄于连的铜像，他若有所思。他看到广场上的很多人都用喝空的矿泉水瓶去接小英雄于连的铜像里“尿”出来的自来水，然后用来往脸上或手上淋，有些小孩子还用来互相泼洒，还有些人甚至直接用来喝。

广场上人们这些不经意的行为在刹那之间激发了林德尔的灵感，他想到了一个既省钱又有影响力的绝妙创意。他想到了用啤酒来代替自来水从小英雄于连的铜像中“尿”出的想法，他的想法很快得到了厂长的支持。结果第二天，广场上的铜像中就“尿”出了色泽金黄的“汉罗”啤酒。广场上的人们争相品尝，很快广场上就涌来了更

多的人，电视台和报纸也争相报道此事。

就这样，“汉罗”啤酒厂没花一分钱的广告费，只是用一些啤酒就成功地在当地树立起了自己的品牌。而且随着电视、报纸等媒体的报道，“汉罗”啤酒更是声名远播。而林德尔则用他充满智慧的头脑成为了比利时著名的销售专家。

智慧小语

林德尔的成功看起来是一念之间的事，可是大多数人却没他这样的念头。如果你缺少这“一念”，那么在平时就要多留心了。

静坐冥想

●金玉良言

只要功夫深，铁棒磨成针，集中注意力对一个人的学习和工作是非常有意义的。

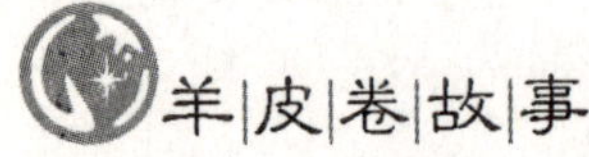

羊皮卷故事

有一位记者曾带着介绍信前往盖茨博士的实验室去见他。当记者到达时，盖茨博士的秘书告诉他说：“很抱歉，这时候你不能打扰盖茨博士。”

“要过多久才能见到他呢？”记者问。

“我不知道，恐怕要三小时。”她回答。

“请你告诉我为什么不能打扰他好吗？”

她迟疑了一下，然后说：“他正在静坐冥想。”

记者又问：“那是什么意思啊，静坐冥想？”

她笑了一下说：“最好还是请盖茨博士自己来解释吧。我真的不知道要多久，如果你愿意等，我们很欢迎；如果你想以后再来，我可以给你留个口信，看看能不能帮你约一个时间。”

记者决定要等。当盖茨博士终于走进房间里时，他的秘书把记者介绍给他，记者开玩笑地把他秘书所说的话告诉了盖茨博士，盖茨博士在看过介绍信以后高兴地说：“你想不想看看我静坐冥想的地方，并且了解我怎么做？”

于是盖茨博士领记者进了一间隔音的屋子里，这个房间里唯一的家具是一张简朴的桌子和一把椅子，桌子上放着几本白纸簿，几支铅笔以及一个台灯。

在他们谈话中，盖茨博士说他遇到困难而百思不解时，就会走进这个房间来，关上房门坐下，熄灭灯光，让全部心思进入深沉的集中状态。他就这样运用“集中注意力”的方法，要求自己潜意识给他一个解答，不论什么都可以。有时候，灵感似乎迟迟不来；有时候似乎一下子就涌进他的脑海；有些时候，至少得花上两小时的时间才出现。等到念头开始澄明清晰起来时，他立即开灯把它记下。

埃玛·盖茨博士曾经把别的发明家努力过却没有成功的发明重新研究，使它尽善尽美，因而获得了200多种专利权。

智慧小语

只有集中注意力才能适合自己创造性思维的发挥，静坐冥思确实是一种集中注意力的有效方法。

一支铅笔有无数种用法

●金玉良言

人类一思考，上帝就笑了。

羊皮卷故事

纽约市里士满区有一所穷人学校，它是贝纳特牧师在经济大萧条时期创办的。1983年，一位名叫普热罗夫的捷克籍法学博士，在做毕业论文时发现，50年来，该校出来的学生在纽约警察局的犯罪记录最低。

为延长在美国的居住期，他突发奇想，上书纽约市市长布隆伯格，要求得到一笔市长基金，以便就这一课题深入开展调查。当时布隆伯格正因纽约的犯罪率居高不下受到选民的责备，于是很快就同意了普热罗夫的请求，给他提供了1.5万美元的经费。

普热罗夫凭借这笔钱，展开了漫长的调查活动。从80岁的老人到7岁的学童，从贝纳特牧师的亲属到在校的老师，总之，凡是在该校学习和工作过的人，只要能打听到他们的住址或信箱，他都要给他们寄去一份调查表，问：“圣·贝纳特学院教会了你什么？”

在将近6年的时间里，他共收到3756份答卷。在这些答卷中有74%的人回答，他们知道了一枝铅笔有多少种用途。

普热罗夫本来的目的，并不是真的想搞清楚这些没有进过监狱的人到底在该校学了些什么，他的真实意图是以此拖延在美国的时间，以便找一份与法学有关的工作。然而，当他看到这份奇怪的答案时，再也顾不了那么多了，决定马上进行研究，哪怕报告出来后被立即赶回捷克。

普热罗夫首先走访了纽约市最大的一家皮货商店的老板，老板说："是的，贝纳特牧师教会了我们一枝铅笔有多少种用途。我们入学的第一篇作文就是这个题目。当初，我认为铅笔只有一种用途，那就是写字。谁知铅笔不仅能用来写字，必要时还能用来做尺子画线，还能作为礼品送人表示友爱；能当商品出售获得利润；铅笔的芯磨成粉后可作润滑粉；演出时也可临时用于化妆；削下的木屑可以做成装饰画；一枝铅笔按相等的比例锯成若干份，可以做成一副象棋，可以当作玩具的轮子；在野外有险情时，铅笔抽掉芯还能被当作吸管用来喝石缝中的水；在遇到坏人时，削尖的铅笔还能作为自卫的武器……总之，一枝铅笔有无数种用途。

"贝纳特牧师让我们这些穷人的孩子明白，有着眼睛、鼻子、耳朵、大脑和手脚的人更是有无数种用途，并且任何一种用途都足以使我们生存下去。我原来是个电车司机，后来失业了。现在，你看，我是一位皮货商。"

普热罗夫后来又采访了一些圣·贝纳特学院毕业的学生，发现无论贵贱，他们都有一份职业，并且都生活得非常乐观。而且，他们都能列出一枝铅笔至少20种的用途。

普热罗夫再也按捺不住这一调查给他带来的兴奋。调查一结束，他就放弃了在美国寻找律师工作的想法，匆匆赶回国内。目前，他是捷克最大的一家网络公司的总裁。2000年圣诞之夜，他通过E-mail给纽约市政厅发了一份调研报告：《醒着的世界及它的休眠状态》，算是对前任市长的报答。

智慧小语

一支小小的铅笔就有这么多的用法，可见思维的力量是多么强大，只要我们肯开动脑子，我们会发现这个世界原来是这么美妙。

六 行动起来，奇迹因你而生

“我不能先生”的葬礼

●金玉良言

“我不能”只是一个不怎么高明的谎言，只有做了才能断定你能还是不能。

羊|皮|卷|故|事

唐娜是密歇根州一个小镇上的小学老师。

那天，她给学生们上了一节生动的课。她让学生们在纸上写出自己不能做到的事。所有的学生都全神贯注地埋头在纸上写着。一个十岁的女孩，她在纸上写道：“我无法把球踢过第二道底线”“我不会做三位数以上的除法”“我不知道如何让黛比喜欢我”等等。她已经写完了半张纸，但她却丝毫没有停下来的意思，认真地继续写着。

每个学生都很认真地在纸上写下一些句子，述说着他们做不到的事情。

唐娜老师也正忙着在纸上写着她不能做到的事情，像“我不知道如何才能让约翰的母亲来参加家长会”“除了体罚之外，我却不能耐心劝说艾伦”等等。

大约过了十分钟，大部分学生已经写满了一整张纸，开始写第二页了。

“同学们，写完一张纸就行了，不要再写了。”这时，唐娜用她那习惯的语调宣布了这项活动的结束。学生们按照她的指示把写满了他们认为自己做不到的事情的纸对折好，然后按顺序依次来到老师的讲台前，把纸投进一个空的鞋盒里。

等所有学生的纸都投完以后，唐娜老师把自己的纸也投进去。然后，她把盒子盖上，夹在腋下，领着学生走出教室，沿走廊向前走。走着走着，队伍停了下来。唐娜走进杂物室，找了一把铁锹。然后，她一只手拿着鞋盒，另一只手拿着铁锹，带着大家来到运动场最边远的角落里，开始挖起坑来。

学生们你一锹我一锹地轮流挖着，10 分钟后，一个 3 尺深的洞就挖好了。他们把盒子放进去，然后又用泥土把盒子完全覆盖上。这样，每个人的所有“不能做到”的事情都被深深地埋在了这个墓穴里，埋在了 3 英尺深的泥土下面。

这时，唐娜老师注视着围绕在这块小小的“墓地”周围的 31 个十多岁的孩子们，神情严肃地说：“孩子们，现在请你们手拉着手，低下头，我们准备默哀。”

学生们很快地互相拉着手，在“墓地”周围围成了一个圆圈，然后都低下头来静静地等待着。

“朋友们，今天我很荣幸能够邀请到你们前来参加‘我不能先生’的葬礼。”唐娜老师庄重地念着悼词，“‘我不能先生’在世的时候，曾经与我们的生命朝夕相处，您影响着、改变着我们每一个人的生活，有时甚至比任何人对我们的影响都要深刻得多。您的名字几乎每天都要出现在各种场合，比如学校、市政府、议会，甚至白宫。当然，这对于我们来说是非常不幸的。

“现在，我们已经把您安葬在了这里，并且为您放下了墓碑，刻了墓志铭。希望您能够安息。同时，我们更希望您的兄弟姊妹‘我可以’‘我愿意’，还有‘我立刻就去做’等等能够继承您的事业。虽然他们不如您的名气大，没有您的影响力强，但是他们会对我们每一个人、对全世界产生更加积极的影响。

“愿‘我不能先生’安息吧，也祝愿我们每一个人都能够振奋精神，勇往直前！阿门！”

接下来，唐娜老师带着学生又回到了教室。大家一起吃着饼干、爆米花，喝着果汁，庆祝他们越过了“我不能”这个心结。作为庆祝的一部分，唐娜老师还用纸剪成一个墓碑，上面写着“我不能”，中间则写上“安息吧”，下面写着这天的日期。

唐娜老师把这个纸墓碑挂在教室里。每当有学生无意地说出：“我不能……”这句话的时候，她只要指着这个象征死亡的标志，孩子们便会想起“我不能先生”已经死了，进而去想出积极的解决方法。

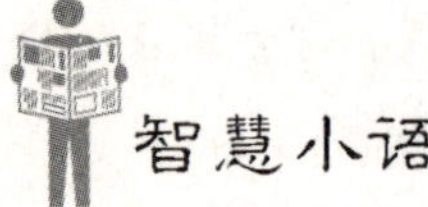

智慧小语

埋葬自己身上的那个“我不能先生”吧，就当它早已死去，我们接下来要做的就是和“我愿意”“我可以”等“先生”、“小姐”做朋友。

没人会带你

立即着手设定计划，并使愿望成真。

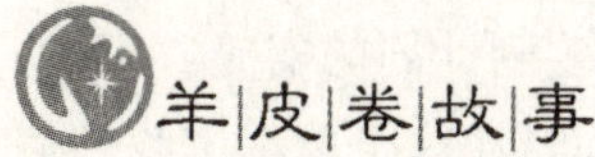

潜能激励专家魏特利曾经说过这样一句话："在开发潜能时，没有人会带你去钓鱼。"

魏特利有幸在年少时，便学会了自立自强。他父亲那时身在国外，当魏特利 9 岁时，在他家附近，有一个陆军炮兵团，驻扎的士兵和他成了好友，以消磨无聊的闲暇时间。他们常常送魏特利一些军中纪念品，像陆军伪装钢盔、枪带及军用水壶，魏特利则以糖果、杂志，或邀请他们来家中吃便饭作为回赠。

魏特利最难忘怀那一天，他回忆道：

"那天我的一位士兵朋友说：'星期天上午五点，我带你到船上钓鱼。'我雀跃不已，高兴地回答：'哇哈！我好想去。我甚至从未靠近过一艘船，我总是梦想有一天我能在船上钓鱼。哦，太感谢你了！我要告诉我妈妈，下星期六请你过来吃晚饭。'

"周六晚上我兴奋地和衣上床，为了确保不会迟到，我还穿着网球鞋。我在床上无法入眠，幻想着海中的石斑鱼和梭鱼在天花板上游来游去。清晨三点，我爬出卧房窗口，备好渔具箱，另外带着备用的鱼钩及鱼线，将钓竿上的轴上好油。带了两份花生酱和果酱三明治。四点整，我就准备出发了。钓竿、渔具箱、午餐及满腔热情，一切就绪——坐在我家门外的路边，摸黑等待，等着我的士兵朋友出现。

"但他失约了。

"那可能就是我一生中，学会要自立自强的关键时刻。

"我没有因此对人的真诚产生怀疑或自怜自悲，也没有爬回床上生闷气或懊恼不已，然后向母亲、兄弟姐妹及朋友诉苦，说那家伙没来，失约了。相反的，我跑到附近汽车戏院空地上的售货摊，花光我帮人除草所赚的钱，买了那艘上星期在那儿看过的单人橡胶救生艇。中午时分，我才将橡皮艇吹满气，我把它顶在头上，里面放着钓鱼的用具，活像个原始狩猎人。我摇着桨，滑入水中，假装我将启动一艘豪华大邮轮，航向海洋。我钓到了一些鱼，享受了我的三明治，用军用水壶喝了些果汁，这是我一生中最美

妙的日子之一。那真是生命中的一大高潮。”

魏特利经常回忆那天的光景，沉思所学到的经验，即使是在9岁那样稚嫩的年纪，他也学到了宝贵的一课：“首先学到的是，只要鱼儿上钩，世上便没有任何值得烦心的事了。而那天下午，鱼儿的确上钩了！其次，士兵朋友教给我，光有好的意图并不够。士兵朋友要带我去，也想着要带我去，但他并未赴约。对我而言，那天去钓鱼是最大的希望，于是我立即着手制订计划，并使愿望成真。”

智慧小语

有计划很好，并不是计划内的每一个因素的缺少都会影响到计划的实施。所以，我们要完成计划就要马上行动，按照自己的方案实施行动，别管在这个过程中我们遇到什么困难。

墨西哥渔夫

金玉良言

任何事情，过程都比结果重要。

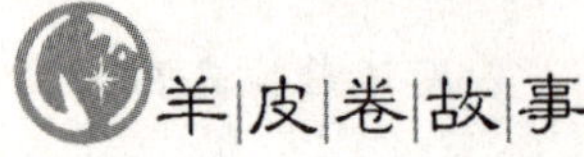

有一个美国商人坐在墨西哥海边一个小渔村的码头上，看着一个墨西哥渔夫划着一艘小船靠岸。小船上有好几尾大黄鳍鲔鱼，这个美国商人对墨西哥渔夫能捕到这么高档的鱼恭维了一番，还问要多长时间才能抓这么多。墨西哥渔夫说，才费了一会儿工夫就抓到了。

美国人再问：“你为什么不待久一点儿，好多抓一些鱼？”

墨西哥渔夫觉得不以为然：“这些鱼已经足够我们一家人生活所需啦！”

美国人又问：“那么你一天剩下那么多时间都在干什么？”

墨西哥渔夫解释：“我呀？我每天睡到自然醒，出海抓几条鱼，回来后跟孩子们玩一玩，再跟老婆睡个午觉，黄昏时晃到村子里喝点儿小酒，跟哥儿们弹吉他，我的日子可过得充实又忙碌呢！”

美国人不以为然，帮他出主意。他说：“我是美国哈佛大学企管硕士，可以帮你忙！你应该每天多花一些时间去抓鱼，到时候你就有钱去买条强大点儿的船。自然你就可以抓更多的鱼，再买更多的渔船。然后你就可以拥有一个渔船队。到时候你就不必把鱼卖给鱼贩子，而是直接卖给加工厂。然后你可以自己开一家罐头工厂。如此你就可以控制整个生产、加工、处理和行销。然后你就可以离开这个小渔村，搬到墨西哥城，再搬到洛杉矶，最后搬到纽约，在那里经营你不断扩充的企业。”

墨西哥渔夫问：“这要花多少时间呢？”

美国人回答：“15到20年。”

“然后呢？”

美国人大笑着说：“然后你就可以在家当皇帝了，时机一到，你就可以宣布股票上市把你的公司股份卖给投资大众。到时候你就发啦！你可以几亿几亿地赚！”

“然后呢？”

美国人说：“到那个时候你就可以退位了！你可以搬到海边的小渔村去住。每天睡到自然醒，出海随便抓几条鱼，跟孩子们玩一玩，跟老婆睡个午觉，黄昏时，晃到村子里喝点小酒，跟哥们儿玩玩吉他！”

墨西哥渔夫疑惑地说：“我现在不就是这样了吗？”

智慧小语

人生是一个过程，并不是一个结果。生命在于每一天都丰富多彩，而不是机械重复，不要因为追求最终结果而忽略了生命过程中的美景，所以，从现在开始努力吧，让我们把看似平淡的生活变得更加丰富多彩。

万能求职法

金玉良言

不要问自己能得到多少，应该问自己付出了多少努力。

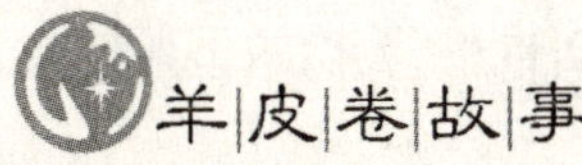

羊皮卷故事

若干年前，有一位青年来到美国西部，他想当一名新闻记者，但因初次前来，人地生疏，无从着手，只好写信去请教报界很有影响的柯里蒙先生。不久他接到了柯里蒙

先生的回信,信中说:"只要你愿意依照我的话去做,我可以在报界为你谋得一席职位。现在请告诉我:你想进哪一家报馆?这家报馆在什么地方?"

青年接到回信后,当然兴奋异常,连忙再寄一封信,说明他所盼望进去的报馆的名称和地址,同时诚恳地表明自己愿意听从他的指示。不久他就接到了第二封回信,信中说:

"只要你肯暂时只尽义务,不要薪水,随便你到哪家报馆,人家都不会拒绝你;至于薪水,你可不必性急。你去对报馆的人说,你近来失业觉得很无聊,现在很想找个工作,藉以充实生活,但可先不收取酬金。这样一来,无论对方是否迫切需要,总不至于一口拒绝。

"获得机会之后,就要主动找事去做,时间一长,同事们渐渐地都觉得少不了你,这时你再从各方面去采访新闻,把所得到的消息交给编辑部;如果其中有他们需要的新闻,当然会替你陆续发表出来,这样你就可以渐渐升到正式外勤记者或编辑的位置。大家渐渐看重你,至此你便不愁没有薪水了。你的名字和成绩将会被同事和朋友们传开,这样你迟早会获得一份薪水相当的工作。

"不久,你收到了其他报馆的招聘书,你可以拿给主编先生看,告诉他那家报馆要给你多少月薪,如果这边也肯出同样的薪水,你愿意仍旧留在这里工作下去。那时也许其他报馆会再提高你的薪水,但如果那数目与这边相差不多,你最好还是在老地方做下去。毕竟你在此干的时间较长,人熟事顺了。"

起初,这位青年对柯里蒙的这个方法有些怀疑,但他仍然照着去做。不久,他果然进了一家报馆的编辑部;不到一个月,又接到另外一家报馆的聘书,答应每月给他多少薪水,这边报馆知道后,就答应照那数目加倍给他,于是他仍然为原来的报馆服务。这样继续做了四年,在这四年内,又两次接到其他报馆的聘书,他也因此被加了两次薪水。现在他已是那家报馆的主编了。

此外,又有五位青年,也去请教柯里蒙先生,他们也得到了同样的指教,并找到了他们所盼望的工作。其中有一位现在是美国一家名望极大的日报主编,这位主编先生在二十年前,不过是一个极平常的人,自从用了柯里蒙所指示的方法进了那家报馆后,地位日渐上升,终于实现了他的梦想。

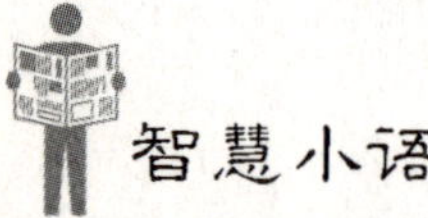

智慧小语

是金子总会发光。只要你具备了优良的素质,同时又踏实肯干,人们不会忽视你的存在。

为时不晚

●**金玉良言**

为什么你不敢将理想付诸行动呢？是因为觉得为时已晚，还是害怕失败？

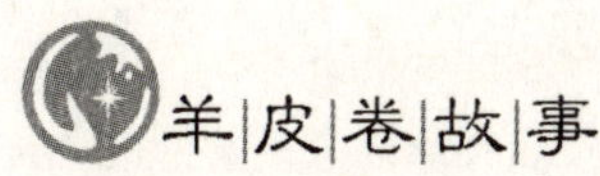

昨天当我牵着小狗莎莎在海滩上散步时，遇见一对来自西部的退休夫妇。他们对俄勒冈海岸赞不绝口。

“这片海滩多令人神往啊！”老妇人说道：“可惜我们十年前没下决心在这儿买一幢别墅。”

“现在你觉得太晚了？”我问道。

“是啊，那时买会便宜得多呢！”

我不知他们是宁愿守着一块并不喜爱的地方生活，还是会尝试一下冒险与挑战。如果我和他们很熟的话，一定会劝他们勇敢地去尝试。

曾有人说过：“多数人是在失望中聊以终生的。”可是在期盼中度过一生，岂非更有意义？你所需付出的仅是对生活态度有意识的改变。曾见过多少人感慨“要是早点……生活就会大不同了！”并大谈他本来会怎么怎么改变生活的，然而他们最擅长的却是空谈。

多年来我一直参加各类比赛，以此作为消遣，也曾建议朋友们去尝试，因为从中能获得意想不到的乐趣。当一位朋友看到我获得的第四架宝丽来相机时，她感叹道：“哎，可惜我永远不属于那类会成功的人。”

我建议：“为什么不改变一下你对生活的态度呢？有时候必须尝试去做，并坚信自己会成功。”

这个女友以前从不给我打长途电话。上周的一天，我突然接到她的电话：“你猜怎么了？”她冲着话筒嚷道：“我下决心改变自己的态度，所以看到比赛通知就立即报了名，并相信一定能赢！”说到这儿，她激动得有些气喘：“他们通知我获奖了，所以我破费打长途告诉你——你的生活哲理真灵。”我欣慰地笑了。

你是否注意到失败者总乐于与失败者为伍，他们由此得到宽慰。我的看法是如果你想成功，去追寻成功人士的足迹吧！

我在课堂上一直鼓励学生们去追求自己的梦想，对任何事情都要充满热情。最重要的是拥有对生活的信念。

智慧小语

当觉得自己能做的时候，就开始用心去做，马上开始做吧，别等到老了不能做时才后悔。

安普斯特的成功经历

金玉良言

达成目标的唯一方法是，定出目标，不断努力，直到完成为止。

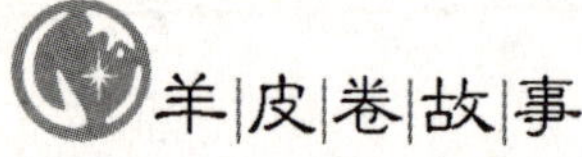

知名的广告人华利·安普斯特，他的创意得过无数奖项，他本人曾荣获许多头衔。他在《推销员哪里去了》一书中写道：“推销员是一门实用的艺术。”

“如果你没有东西可以推销，”安普斯特说，“应该量一量自己的脉搏——可能停了。”

安普斯特回忆道：“我从六岁开始当推销员，在芝加哥的街头卖报纸。这份工作并不轻松。那些年纪和个头都比我大的男孩子，把那个热闹的街角视为他们的地盘，时常对我威胁挑衅。

在那里我体会出拿破仑·希尔最喜欢说的话：‘挫折之中必定蕴藏着成功的契机。’我必须化阻力为动力，和那些大孩子几番交手之后，我觉得有更好的方式可以卖报纸。附近有一家餐厅，我走进去兜售报纸。店主发现之后，立刻把我赶了出来，但是我已经卖了三份报纸了，趁店主不注意时，我又进去卖报纸，一位和气的客人欣赏我的坚决，给了我十分钱小费。第三次我又进去，客人告诉店主没有关系。于是我留在里面卖完了所有的报纸。

第二天我又回到餐厅，店主又把我赶出门外。但是我不断地跑进去，他气坏了。后来我们成为了好朋友，我经常在他的餐厅卖报纸。

我从那次的经验得知，只要打定主意卖出一定数量，一定可以做到。达成目标的唯一方法是，定出目标，不断努力，直到完成为止。这宝贵的一课让我一生受用无穷。

我运用同样的方法，在保险业开创了一片天空。我在偶然的机会中开始推销意外险。在我上高中之前，母亲当掉了她仅有的两颗钻石，在底特律开了一家保险经纪公司，我在芝加哥念高中，整个暑假跟着她跑业务，培养并且训练自己的销售技巧。

第一次独自拜访客户，我的目标是戴姆银行大楼，逐一到各办公室推销保险。我很紧张，以前卖报纸时我要求自己，若是决定做一件事，没有完成就不要回来，我用同样的信念鼓励自己。

不断有人给我忠告或是鼓励，加上我自己的经验，我逐渐找出了一套使自己立于不败之地的方法。"

智慧小语

只要认定一个目标，就要持之以恒地加以实现，很多人因此获得了成功。而一切领域所有的重大成就无不与坚韧的品质有关。成功更多依赖的是人的恒心与忍耐力，而不是天赋与才华。布尔沃说："恒心与忍耐力是征服者的灵魂，它是人类反抗命运、个人反抗世界、灵魂反抗物质的最有力支持。"

小锤的威力

●金玉良言

在成功的道路上，如果你没有耐心去等待成功的到来，那么，你只好用一生的耐心去面对失败

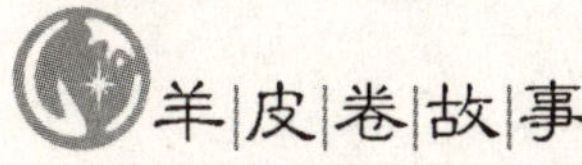

全国著名的推销大师，即将告别他的推销生涯，应行业协会和社会各界的邀请，他将在该城中最大的体育馆，做告别职业生涯的演说。

那天，会场座无虚席，人们在热切地、焦急地等待着那位当代最伟大的推销员做精彩的演讲。大幕徐徐拉开，舞台的正中央吊着一个巨大的铁球，为了这个铁球，台上搭起了高大的铁架。

一位老者在人们热烈的掌声中走了出来，站在铁架的一边。他穿着一身红色的运

动服，脚下是一双白色胶鞋。

人们惊奇地望着他，不知道他要做出什么举动。

这时两位工作人员抬着一个大铁锤，放在老者的面前。主持人这时对观众讲："请两位身体强壮的人到台上来。"好多年轻人站起来，转眼间已有两名动作快的跑到了台上。

老人这时开口和他们讲规则，请他们用这个大铁锤，去敲打那个吊着的铁球，直到把它荡起来。

一个年轻人抢着拿起铁锤，拉开架势，抡起大锤，全力向那吊着的铁球砸去，一声震耳的响声，那吊球动也没动。他就用大铁锤接二连三地砸向吊球，很快他就气喘吁吁了。

另一个人也不示弱，接过大铁锤把吊球打得叮当响，可是铁球仍旧一动不动。

台下逐渐没了呐喊声，观众好像认定那是没用的，就等着老人做出什么解释。

会场恢复了平静，老人从上衣口袋里掏出一个小锤，然后认真地面对着那个巨大的铁球。他用小锤对着铁球"咚"地敲了一下，然后停顿一下，再一次用小锤"咚"地敲了一下。人们奇怪地看着，老人就那样持续不断地敲着。

10 分钟过去了，20 分钟过去了，会场早已开始骚动起来，有的人干脆叫骂起来，人们用各种声音和动作发泄着他们的不满。老人仍然一小锤一小锤不停地工作着，他好像根本没有听见人们在喊叫什么，人们开始愤然离去，会场上出现了大块大块的空缺。留下来的人们好像也喊累了，会场渐渐地安静下来。

大概在老人进行到 40 分钟的时候，坐在前面的一个妇女突然尖叫了一声："球动了！"霎时间会场立即鸦雀无声，人们聚精会神地看着那个铁球。那球以很小的幅度摆动了起来，不仔细看很难察觉到。老人仍旧一小锤一小锤地敲着，人们好像都听到了那小锤敲打吊球的声响。吊球在老人一锤一锤地敲打中越荡越高，它拉动着那个铁架子"哐、哐"作响，它的巨大威力强烈地震撼着在场的每一个人。终于场上爆发出一阵阵热烈的掌声，在掌声中，老人转过身来，慢慢地把那把小锤揣进兜里。

老人开口讲话了，他只说了一句话："在成功的道路上，如果你没有耐心去等待成功的到来，那么，你只好用一生的耐心去面对失败。"

智慧小语

将简单的事情重复做，这就要我们有耐心去做，事情虽然简单，但我们在一步步地接近我们的目标，同时，我们也在磨炼着自己的意志。

荒地变花园

● 金玉良言

一次行动胜过千言万语，强于任何美好幻想。

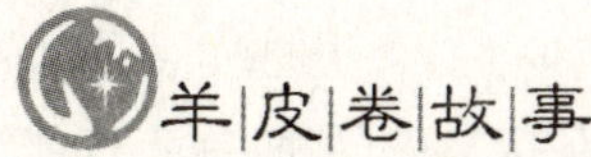

10年前，有一个农民住在城郊，他不喜欢说话，但爱看书，给人的印象总是有点儿木讷忧郁。另外，他还有一个在当时农村算不上什么优点的爱好——种花养草，因而周围的人总是有意无意地嘲笑他，说他的命苦，没生在好地方、好人家。但他对此都是充耳不闻，该怎样还是怎样。

有一天，他走进了正在改造的市区里，随意游转。他发现在市政府的一侧有一块长满杂草的荒地。他站在那里看了半天，不由自主地说："唉，太可惜了，这要是整成花园，该有多好呀！"不想他的话音刚落，就有人在他身后搭话："你想得不错，能详细说说怎么个干法吗？"

他转身看到一个中年人正朝着自己笑，还有个年轻人站在他身边。年轻人走上前说："这是新来的市长。"他朝市长看了看说："如果你同意，我可以把这块荒地改成花园。"市长说："市里事情太多了，恐怕一时顾不上投这个资。"他却说："我不要钱，修成后由我来看管就行。"市长想了一下，有点儿感动地点了点头答道："我同意。"他让秘书将此事通知有关部门。他首先清走了垃圾，铲除了杂草，接着是平整荒地，围扎栅栏，并让人写了个牌子："百万花园"，因为他的小名叫"百万"。

一个农民自费修花园的消息不胫而走，不但招来了许多市民围观，也招来了电视台和报社的记者。当记者问他为什么要这么做时，他只是埋头干活，对记者的提问一句不答。越这样，记者就越感兴趣。于是他和他的"百万花园"成了这个城市的焦点。

不久，不少人由原来的瞧稀罕、看热闹而开始伸出援助之手。有人送来了树苗，有人送来了花种，附近一所中学的学生们放学后还来参加义务劳动。更有一家花圃，送来了玫瑰、蔷薇的插枝。另有一家木制品公司的老总听到消息后，表示要向"百万花园"免费提供长椅等设施。

几个月后，原来杂草丛生、垃圾遍地的荒地，变成了一座美丽的花园：木栅栏上披满了蔷薇的藤蔓，玫瑰花也开了。绿茵茵的草地，鹅卵石小径连接着一排排白色的木

椅。人们走进去，可以自由地散步和休息……他笑了，但依旧寡言。这一年他已经42岁了。

后来，他并没有做“百万花园”的看管人，而是去了另外的一些城市。有的是被请去的，也有的是他自己去的。当然，他不是去做报告，而是去设计花园。因为他通过长期的学习和努力，已成为一个具有种种传奇色彩的园艺设计师。在许多城市的园林设计图上，都留下了他的名字。但令他最挂念、最骄傲和满意的，还是“百万花园”，那是他改变自己生存方式和生存意义的一个开始，这也是他持之以恒的精神的见证。

智慧小语

勤于动手是好样的，能够持之以恒地去做一件事更是一种优良的品质，你不仅能够做好自己的事，你的精神肯定也能感动千千万万的人。

困惑的经理

金玉良言

没有行动，就不会出成果；立刻行动，快速创造效益。

羊皮卷故事

曾有一位40出头的经理人员苦恼地来见心理专家拿破仑·希尔。这个经理负责一个大规模的零售部门。他很苦恼地解释说：“我怕会失去工作，我有预感我离开这家公司的日子不远了。”

“为什么呢？”

“因为统计资料对我不利。我这个部门的销售业绩比去年降低了7%，这实在是太糟糕了，特别是全公司的销售额增加了65%。最近，商品部经理把我叫去，责备我跟不上公司的进度。”

“我从未有过这样的感觉。”他继续说，“我已经丧失掌握的能力了，我的助理也感觉出来了，其他的主管也觉察到我正在走下坡路。好像一个快淹死的人，旁边站着一群旁观者等着我没顶。”

“我猜我是无能为力了，我很害怕，但是我仍希望有转机。”

拿破仑·希尔反问他:“只是希望能够吗?”接着希尔停了一下,没等他回答又接着问:“为什么不采取行动来支持你的希望呢?”

“请继续说下去。”这个经理说。

“有两种行动似乎可行。第一,今天下午就想办法将那些销售数字提高,这是必须采取的措施。你的营业额下降一定有原因,把原因找出来。你可能需要一次廉价大清仓,好买进一些新颖的货物,或者重新布置柜台的陈列;你的销售员可能也需要更多的热忱,我并不能准确指出提高营业额的方法,但是总会有方法的。最好能私下与你的商品经理商谈一下。也许他正打算把你开除,但假如你告诉他你的构想,并征求他的意见,他一定会给你一些时间让你去实施你的措施。只要他们知道你能找出解决问题的办法,他们是不会做划不来的事情的。”

希尔继续说:“还要使你的助理打起精神,你自己也不能再像一个快淹死的人,要让你周围的人都知道你还活得好好的。”

这时这位泪丧的经理的眼中又露出了勇气。然后他问道:“刚才你说有两项行动,第二项是什么呢?”。

“第二项行动是为了保险起见,去留意更好的工作机会。我并不认为在你采取积极的改进措施、提高销售额后,工作不会保不住。但是骑驴找马,比失业了再找工作容易十倍。”

一段时间后这位一度遭受挫折的经理打电话给希尔:“我们上次见过以后,我就努力去改进。最重要的步骤就是改变我的推销员。我以前都是一周开一次会,现在是每天早上开会。我真的使推销员们又充满了干劲儿,大概是看我有心改革,他们也愿意更努力。”

智慧小语

遇到困难时,首先应该抛弃的是苦恼,首先应该想到的是如何解决问题,首先应该相信的就是自己的实力。

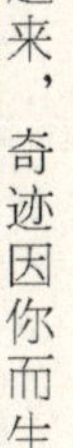

七
积极乐观，才能赢得一切

愚蠢的国王

金玉良言

无主见、无想法的人往往是别人思想的傀儡，他们的命运大多是悲剧性的。

羊皮卷故事

在一个遥远的国度里，一个愚蠢而又肥胖的国王统治着这个国家，但他有一个很机灵很狡猾的臣子。国王非常宠信这位大臣，主子与奴才一唱一和，互相配合。大臣一有机会，就千方百计地让国王看看他有多么聪明。因此，没过多久，国王就一步也离不开他了。

国王常常对大臣说："你得答应永远不离开我。"

大臣总是回答说："不会，永远不会，国王陛下。不管您到哪儿，不管是在人间、天上，还是地狱，我都永远在您身旁。"

国王听了，心里那个高兴劲儿，就甭提了。

有一天傍晚，国王沿着小河散步，大臣照例陪伴着他。在他们回宫的路上，忽然听到附近森林里的狐狸在大声嗥叫。国王觉得很奇怪，他回过头来问大臣："怎么有那么多狐狸在大声嗥叫？当它们知道我那尊贵的耳朵能够听到它们的声音时，为什么它们还这样大声呀?”

大臣回答说:“陛下,您知道,今年冬天天气特别冷,狐狸没有暖和的衣服,它们在求您赏给它们一些毯子。”

“啊,原来如此,”国王说,“你这人多么聪明呀!你能听懂狐狸的话,真是了不起。可是,为什么它们没有毯子呢?”

“管这事的官儿没有尽到责任。”大臣回答道,因为他和这个官员有仇。“太可耻啦!这个官儿竟敢贪污我们亲爱的狐狸的毯子?好吧,用条毯子把他裹起来,把他扔到海里去,然后买一百条毯子送给我们的狐狸朋友。”国王命令道。

大臣立刻去执行国王的命令。但他只执行了前一半——把官员扔进大海。他到国库去领了买毯子的钱,可是没有去买毯子,他把钱放进了自己腰包里。

第二天傍晚,国王又听到狐狸大声嗥叫。他奇怪地问:“它们怎么啦?为什么又叫了?”

“陛下,它们在向您致谢呢。”大臣微笑着回答。

“妙极了!”国王说,“我相信别的国王决不会有一个像你这样聪明的大臣的。我的朋友,答应我,你永远不要离开我。”

大臣请他放心,说:“陛下,我永远不会离开您,不管您在天上,还是在地下,我都陪伴着您。”

国王心中十分高兴,但他并没有高兴多久。突然间,从森林里冲出一头公猪,国王从来没有见过公猪,他好奇地说道:“天哪!这是个什么动物啊?”

大臣当然知道这是什么,但他沉着地回答:“陛下,这是您的一头象。象倌没有好好地喂养它,所以成了这副模样。”

国王听了,勃然大怒。他立刻下令把象倌处死,又命大臣去国库领钱,给“大象”买饲料。需要多少,就领多少,要让它吃饱、变胖。用不着说,大臣从国库那里支取了一大笔钱,但全都放进了自己的腰包。

一个月过去了,一天傍晚,国王和大臣散步回来,又碰见那头公猪。国王觉得很奇怪,他问大臣说:“这就是我们见过的那头挨饿的大象吗?它怎么一点儿也没有长胖?”

大臣咧开大嘴,笑得把智齿都露出来了:“陛下,那头大象现在胖得跟您一样。这是一只老鼠。这家伙每天都偷吃御厨房的东西,所以长得这么大。看来,厨子实在太不尽职了。”

国王愚蠢的圆脸蛋儿被气得像红辣椒一样。他两眼圆睁,抱怨说:“你看,这多么糟糕,由于厨子不尽职,我的好东西都让老鼠偷吃了!”他立刻下令,厨子做完这顿晚饭后,就把他吊死。

太阳快下山时,厨子悄悄地来到大臣家里,送了他很多钱,并且答应,如果大臣能

救他，从此以后，国王吃的好菜每样都送他一份。

大臣一听，心中非常高兴，他对厨子说：“你不用发愁，这事包在我身上。”

到了半夜，卫队正要在国王面前把厨子吊死，大臣跑来大声喊道：“不要动手，不要动手！”

他对国王解释说：“陛下，我刚刚查过历书，历书上写得明白，今天半夜是一个好时辰。在这个时辰吊死的人都可以上天堂。陛下，如果现在把厨子处死，那就不是惩罚他，而是奖赏他了。我们为什么要送一个坏蛋上天堂呢？”

出乎大臣意料之外，国王高兴得跳了起来，他说：“好，太好啦！我早就想上天堂啦。你们不要吊死他，你们来吊死我，好让我马上看到天堂……不过等一等，”他转过身对大臣说，“亲爱的朋友，你经常说，不管我到哪儿，你都会陪着我。现在我要到天上去了，你来给我带路。刽子手，先把他吊死。”

惊惶失措的大臣还没有来得及说一句话，卫兵就把他的脑袋套进了绞索，刽子手把他高高地吊在空中。命令执行得如此干脆利落，使国王十分满意。

刽子手吊死了大臣，就转过身来把国王也吊死了。

他们有没有看见天堂？唔，这我可不知道。

智慧小语

无主见的人遇事总爱依赖别人，没有判断鉴别的能力，最后就像故事中的国王一样，落得一个悲惨的下场。

用忙碌赶走忧虑

●金玉良言

我太忙了，没有时间去忧虑。

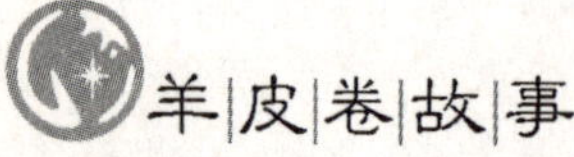

羊|皮|卷|故|事

有个叫马利安·道格拉斯的人，他的家庭曾遭遇两次不幸。第一次，他失去了五岁的女儿，一个他很钟爱的孩子。他和妻子都以为自己无法承受住这个打击。更不幸的是，“十月后，我们又有了另外一个女儿，而她仅仅活了五天。”

这位父亲几乎承受不了这接二连三的打击,他说:“我睡不着,吃不下,无法休息或放松,精神受到致命的打击,信心丧失殆尽。吃安眠药和旅行都没有用。我的身体好像被夹在一把大钳子里,而这把钳子愈夹愈紧。

“不过,感谢上帝,我还有一个四岁的儿子,他教给我们解决问题的方法。一天下午,我呆坐在那里为自己难过时,他问我:‘爸爸,你能不能给我造一条船?’我实在没兴趣,可这个小家伙很缠人,我只得依着他。

“造那条玩具船大约花费了我三个小时,等做好时我才发现,这三个小时是我许多天来第一次感到放松的时刻。

“这一发现使我大梦初醒,使我几个月来第一次有精神去思考。我明白了,如果你忙着做费脑筋的工作,你就很难再去忧虑了。对我来说,造船就把我的忧虑整个冲垮了,所以我决定使自己不断地忙碌。第二天晚上,我巡视了每个房间,把所有该做的事情列在一张单子上。有好些小东西需要修理,比方说书架、楼梯、窗帘、门把、门锁、漏水的龙头等等。两个星期内,我列出了242件需要做的事情。

“从此,我使我的生活中充满了启发性的活动:每星期的两个晚上我到纽约市参加成人教育班,并参加了一些小镇上的活动。现在任校董事会主席。还协助红十字会和其他机构搞募捐活动,我现在忙得简直没有时间去忧虑。”由此例可见,用忙碌来赶走忧虑的确是一个好办法。

智慧小语

众人都想方设法赶走自己的忧虑情绪,很多人这样做到了。“没有时间去忧虑”,这是丘吉尔在战事紧张、每天要工作18个小时的时候说的话。当别人问他是否为自己肩负的重任而忧虑时,丘吉尔说:“我太忙了,没有时间去忧虑。”

皮克之死

● 金玉良言

贪婪是一个无情的恶魔，不仅能吞食我们的良知，而且还腐蚀着我们单纯的思想。

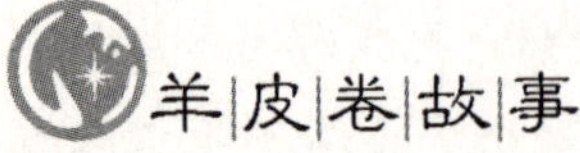

羊皮卷故事

皮克是个乞丐，可是他很快乐，别人为此很不理解，可是皮克说："我为什么不快乐呢？我每天都能讨到填饱肚子的食物，有时甚至还能得到一截香肠；我每次还有这座破庙可以挡风遮雨；我不为其他的人做工，我是自己的上帝。我为什么不快乐呢？"

可是有一天，皮克脸上的快乐突然消失了。因为，皮克那天在去破庙的路上捡到一个钱袋子，里面整整装了99块金币。那天晚上皮克是最快乐的。他说："我可以不做叫花子了，我有了99块金币！这够我吃一辈子啊！99块，哈！我得再数数。"皮克怕这是一个梦，他不敢睡觉。直到第二天太阳出来时他才相信这是真的。

第二天，皮克一直没有走出破庙，他要把这99块金币藏好，他一遍一遍地在心中叮嘱自己："这钱不能花，得攒着。"可是想着想着，他不禁冒出了这样的念头："要是拥有100块金币就好了。我要拥有100块金币。"从来没有什么理想的皮克现在开始有理想了。他还需要一块金币，这对一个叫花子来说，绝对是个非常远大的理想。

一直到了第三天，皮克才出去讨饭，不，他不再讨饭了，而是开始讨钱。中午他很饿，只讨了一点儿剩饭。下午，他很早就"收工"了。他得用更多的时间守着他的金币。

晚上他反复地数着他的金币，他开始忘记了饥饿。一连几天，皮克都是这样度过的。从那以后，皮克就再也没有吃饱过，同时也再没有快乐过。

讨钱越来越难了，一是因为别人宁愿给饭而不愿给钱，二是因为皮克用来讨钱的时间越来越少了，三是因为他讨钱时不再有快乐的神情，别人也不愿再施舍给他了。"皮克，你为什么不快乐了？""咱是叫花子，快乐个啥！"皮克越来越忧郁，越来越苦闷，也越来越瘦弱了。终于有一天，皮克病倒了。这一病皮克就几天没有起来。这几天里皮克就想着一件事：还差6分就100个金币了。

"皮克，你没有收到我的金币？"一天，一个富商找到破庙里生命垂危的皮克。"什么？"皮克惊问。"皮克，你的快乐，是你的快乐救了我。三年前。我在一次买卖中赔尽了家产。我正准备自杀，我见到了快乐的你，我明白了身无分文的人也能快乐地生活。后来，我就东山再起了，赚了很多钱。那一次，我带着99块金币出来游玩，见到你，就把钱丢在你要走的路上。可是你现在为什么还做叫花子呢？为什么不快乐呢？生了病为什么不拿钱去看医生呢？

"我想拥有100块金币。还差6分，就差6分。"富商从腰里取出一块金币给他。皮克接过钱，把钱装进袋子里，然后又全部倒出来，很细心地数——他终于有100块金币了，对了还多了94分。

皮克乐了，然后就昏倒了。这时一个游僧路过这里。见到昏倒的皮克，向富商问明了情况，便说："这下，完了！"

"怎么了？"

"因为他有99块金币的时候，就会希望有100块。这就是每个人都不可避免的贪欲，贪欲赶走了他的快乐。你要救他，你得向他索回那99块金币，这样他或许有救。现在，你反倒满足了他的欲望，重病的他就失去了支撑下去的动力。你开始时给他99块金币，使世界上少了一个快乐天使，你又给他一块金币，这就使世界上少了一个生命。"富商试了试皮克的鼻子，皮克果然已经停止了呼吸。

智慧小语

贪欲能够在一定程度上给你追求财富的动力，但它也在无形中偷走了你的快乐，甚至偷走你的生命，所以，我们要把握住贪欲的度。

劣势与优势

金玉良言

只要我们能正确地认识到自己的劣势，我们的劣势往往就能转化为优势。

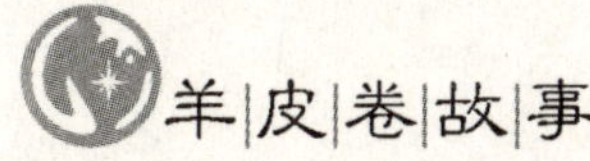

羊皮卷故事

有一个10岁的男孩，在一次车祸中失去了左臂，但是他很想学习柔道。

最终小男孩拜一位日本柔道大师做了师傅，开始学习柔道。他学得不错，可是练了三个月，师傅只教了他一招，小男孩有点弄不懂了。

他终于忍不住问师傅:“我是不是应该再学学其他招术?”

师傅回答说:“不错,你的确只会一招,但是只需要会这一招就足够了。”

小男孩并不是很明白,但他很相信师傅,于是继续照着练下去了。

几个月后,师傅第一次带小男孩去参加比赛。小男孩想都没有想到居然轻轻松松地赢了前两轮。第三轮稍稍有点难,但对手还是很快就变得有些急躁,连连进攻,小孩施展出自己的那一招,又赢了。就这样,小男孩迷迷糊糊地进入了决赛。

决赛的对手比小男孩高大、强壮许多,也似乎更有经验。有一度小男孩显得有点招架不住了,裁判担心小男孩会受伤,就叫了暂停,还打算就此终止比赛,然而师傅不答应,坚持说:“继续下去!”

比赛重新开始后,对手放松了戒备,小男孩立刻使出他的那一招,制服了对手,由此赢得了比赛,得了冠军。

在回家的路上,小男孩和师傅一起回顾每场比赛的每一个细节,小男孩鼓起勇气道出了心理的疑团:“师傅,我怎么就凭一招就赢得了冠军呢?”

师傅答道:“有两个原因:第一,你几乎完全掌握了柔道中最难的一招;第二,据我所知,对付这一招唯一的办法就是对手抓住你的左臂。”

智慧小语

我们要充分认识到自己的劣势,而不要惧怕自己的劣势,好多时候,只要你充分认识到自己的弱点,我们就会把弱点转化成为我们的强项。

成功的第一秘诀

金玉良言

不是因为有些事情难以做到,我们才失去自信,而是因为失去自信,有些事情才难以做到。

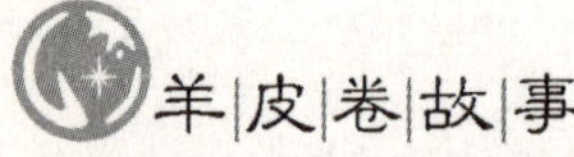

多年前的一个傍晚,一位叫亨利的青年移民站在河边发呆。那天是他 30 岁生日,可他不知道自己是否还有活下去的必要。因为亨利从小在福利院长大,身材矮小,长相也不漂亮，讲话又带着浓厚的法国乡下口音，所以他一直很瞧不起自己，认为自己是一个既丑又笨的乡巴佬，连最普通的工作都不敢去应聘，没有工作，也没有家。

就在亨利徘徊于生死之间的时候，与他一起在福利院长大的好朋友约翰兴冲冲地跑过来对他说："亨利，告诉你一个好消息！"

"好消息从来不属于我。"亨利一脸悲戚。

"不，我刚刚从收音机里听到一则消息，拿破仑曾经丢失了一个孙子。播音员描述的相貌特征，与你丝毫不差！"

"真的吗，我竟然是拿破仑的孙子？"亨利一下子精神大振。联想到爷爷以矮小的身材指挥千军万马，用带着泥土芳香的法语发出威严的命令，他顿时感到自己矮小的身材充满力量，讲话时的法国乡下口音也带着几分高贵和威严。

第二天一大早，亨利便满怀自信地来到一家大公司应聘。他竟然当即被录用了。

20 年后，已成为这家公司总裁的亨利，也查证了自己并非拿破仑的孙子，但这早已不重要了。

智慧小语

自卑是我们最大的敌人之一，我们要想战胜自卑感，就必须自信起来，自信能让你接纳自己，敢于发挥自己的长处，从而帮你排除各种障碍，使你的事业获得圆满的成功。

战胜眼前欲望

金玉良言

鱼与熊掌不可兼得，关键时候，我们必须做出选择。

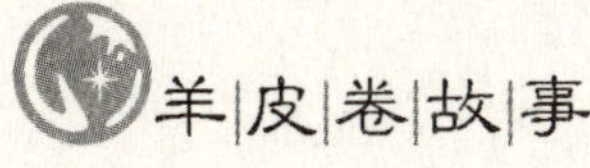

雷力德三世是 14 世纪时期统治当今比利时一带的君主，以身体肥胖而出名，雷力德三世的弟弟名叫爱德华。在他俩产生激烈矛盾后，弟弟成功发动了一场政变。爱德华将雷力德三世抓了起来，但没有处死他，而是在一个城堡里给他专门建了一个房间。爱德华向雷力德三世保证：只要他从那个房间走出去，他就能重新回到从前的位置。

这是一个什么样的房间呢？它有门有窗，而且门、窗从不上锁。问题是，雷力德三世体形过于肥胖，而那些门窗均是正常大小。如果雷力德三世要重获自由，登上王位，就必须节食减肥。

这一决定，对于拥护爱德华的人来说，过于宽大！对于拥护雷力德三世的人来说，爱德华太傻！因为只要雷力德三世顿顿少吃，不出几个月，就会走出那个房间！

然而，爱德华对其兄长的弱点太清楚不过了。他每天都打发人把各种各样的美味端给雷力德三世让他品尝。雷力德三世对各种美食一贯是来者不拒。一段时间下来，雷力德三世的体重不但未减，反而增加了不少。他变得越来越臃肿了。

当发现这一情况后，拥护雷力德三世的人恍然大悟，纷纷指责爱德华对其兄长太过残忍。爱德华笑着回答说："我哥哥不是一名囚犯。只要他愿意，他就可以离开那里，决定权在他手里。"

话没说错，爱德华没有囚禁他哥哥雷力德三世，可贪吃囚禁了雷力德三世。在那个房间，雷力德三世一待就是10年，直到弟弟爱德华战死后才被放出来。然而，雷力德三世的身体已经被自己多年的贪吃糟蹋得百病缠身，走出那个房间后不到一年就一命呜呼了。

雷力德三世不知道鱼与熊掌不可兼得吗？知道！雷力德三世不知道王位重于美味吗？知道！可他为什么没有实现思想与实践的统一呢？原因就是雷力德三世没有战胜眼前的欲望——贪吃。当美食端到他面前时，他已经顾不上那漫长的减肥和比较遥远的重获自由了。

智慧小语

对于每一个人来说，眼前的欲望确实难以战胜，因为它就在面前，并且诱惑力那样强！可再难，也要战胜！因为当眼前的利益与长远目标不能兼得时，孰重孰轻，不言自明。因小失大者，是地道的傻瓜！战胜眼前的欲望，是一个既熟悉又陌生、既平静又沉重的呼唤！

庸人自扰

●金玉良言

不要为一些毫无意义的事牵肠挂肚。

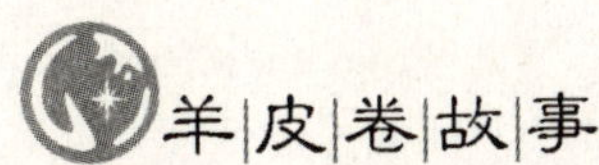

羊皮卷故事

有一个颇富戏剧性的故事，主人公叫罗勃·摩尔。

“1945 年 3 月，我在中南半岛附近 276 英尺深的海下，学到了一生中最重要的一课。当时，我正在一艘潜水艇上。我们从雷达上发现一支日军舰队——一艘驱逐护航舰、一艘油轮和一艘布雷舰朝我们这边开来，我们发射了 3 枚鱼雷，都没有击中。突然，那艘布雷舰直朝我们开来（一架日本飞机把我们的位置用无线电通知了它）。我们潜到 150 英尺深的地方，以免被它侦察到，同时做好应付深水炸弹的准备，还关闭了整个冷却系统和所有的发电机器。

“3 分钟后，天崩地裂。6 枚深水炸弹在四周炸开，把我们直压向海底 276 英尺的地方。深水炸弹不停地投下，整整 15 个小时，有十几二十个就在离我们 50 英尺左右的地方爆炸——若深水炸弹距离潜水艇不到 17 英尺的话，潜艇就会被炸出一个洞来。当时，我们奉命静躺在自己的床上，保持镇定。我吓得无法呼吸，不停地对自己说：‘这下死定了……’潜水艇的温度有摄氏 40 多度，可我却怕得全身发冷，一阵阵冒冷汗。15 个小时后，攻击停止了。显然那艘布雷舰用光了所有的炸弹后开走了。这 15 个小时，在我感觉好像有 1500 万年。我过去的生活一一在眼前出现，我记起了做过的所有的坏事和曾经担心过的一些很无聊的小事。我曾担忧过：没有钱买自己的房子，没有钱买车，没有钱给妻子买好衣服。下班回家后，常常和妻子为一点芝麻小事而吵架。我还为我额头上一个小疤——一次车祸留下的伤痕发过愁。

“多年之前，那些令人发愁的事，在深水炸弹威胁生命时，显得那么荒谬、渺小。我对自己发誓，如果我还有机会再看到太阳和星星的话，我永远不会再忧愁了。在这 15 个小时里，我从生活中学到的，比我在大学念四年书学到的还要多得多。”

智慧小语

的确是这样，生活中，令我们烦恼的往往只是一些毫无意义的小事。其实，为那些无关紧要的小事烦恼是完全没有必要的，经常为一些小事烦恼，没有任何意思，只是庸人自扰罢了。

可怕的诱惑

金玉良言

人如果有贪欲，就算是身在绿洲，心也会迷失于沙漠，毫无希望。

羊皮卷故事

从前，有两位很虔诚、很要好的教徒。为了坚定的信仰，他们决定一起到遥远的圣山去朝圣。两人背上行囊，风尘仆仆地上路了，饥餐渴饮，日行暮歇，他俩发誓："不到达圣山朝拜，绝不返家。"

两位教徒走啊走，两个多星期之后，他们在路上遇见一位年长的白发圣者。圣者看到他们如此虔诚地千里迢迢要前往圣山朝圣，就十分感动地告诉他们："这里距离圣山还有十天的路程，但是很遗憾，我在这十字路口就要和你们分手了，而在分手前，我要送给你们一件礼物！什么礼物呢？就是你们当中一个人先许愿，他的愿望一定会马上实现；而第二个人，就可以得到那愿望的两倍！"

此时，其中一位教徒心里一想："这太棒了，我已经知道我想要许什么愿了，但我不要先讲，因为如果我先许愿，我就吃亏了，他就可以有双倍的礼物！这样不公平，不行！"而另外一位教徒也自忖："我怎么可以先讲，让我的朋友获得加倍的礼物呢？"

于是，两位教徒就开始客气起来，"你先讲！""你比较年长，你先许愿吧！"

"不，应该你先许愿！"两位教徒彼此推来推去，客套地推辞一番后，两人就开始不耐烦起来，气氛也变了，"你干吗！你先讲啊！""为什么我先讲？我才不要呢！"

两人推到最后，其中一人生气了，大声说道："喂，你真是个不识相、不知好歹的人啊，你再不许愿的话，我就把你的狗腿打断、把你掐死！"

另外一人一听，没有想到他的朋友居然翻脸，竟然恐吓自己！于是他想，你这么无情无义，我也不必对你太有情有义！我没办法得到的东西，你也休想得到！于是，这一教徒干脆把心一横，狠心地说道："好，我先许愿！我希望……我的一只眼睛……瞎掉！"

很快，这位教徒的一只眼睛马上瞎掉了，而与他同行的好朋友，也立刻瞎掉了两只眼睛！于是他们再也不能到达圣山，也无心朝拜了。

智慧小语

两个要好的朋友，却因为一点诱惑而自相残杀，就算是有再美好的愿望，也会化为乌有。其实他们本来会有一个很好的结果的，一倍和两倍都是好处，他们却让彼此受到加倍的伤害，可悲啊！

不要怨恨磨难

金玉良言

人也像小蛾一样，离开了努力奋斗，也会变得软弱无力，某些宝贵的东西便会消失得一干二净。

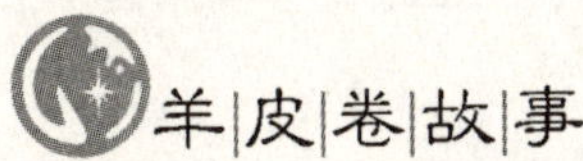

羊皮卷故事

辛迪·克劳馥是美国名模，从小就热爱大自然。读小学时，她课余时间喜欢做的一件事是收集两种棕色蛾的茧。到了春天，克劳馥惊喜地看着小蛾从茧里面挣扎着出来，这些小生命是那样美丽动人。

有一次，小姑娘不忍心看着一只小蛾从茧里出来时那种因备受折磨而痛苦不堪的样子，用剪刀把连接它和茧的丝剪断了。她想自己的热心帮助使受到束缚的小蛾得到了解脱，当然是助了它一臂之力。不料，小蛾没过多久就死去了。

克劳馥心痛得大哭起来，根本没有意识到结果会是如此可怕。

母亲匆匆忙忙地走了过来。在弄清了事情的原委后，她轻轻地拍着女儿的肩膀说："亲爱的，小蛾从茧里面出来时必定是要拼搏奋斗，不可能舒舒服服。因为只有这样，它才能使身体里面的废物排除干净。如果让其留在体内，小蛾就会变得先天不足而活不成。"

克劳馥睁着大眼睛，认真地听着。后来随着阅历的增加，她慢慢体会到，人也像小

蛾一样，离开了努力奋斗，也会变得软弱无力，某些宝贵的东西便会消失得一干二净。克劳馥不敢怠慢，勤学苦练，终于成为世界名模。

智慧小语

磨难是老天考验我们的一种策略，不要怨恨它，这样，我们才能在磨难中不断成熟，并一步步走向成功。

克服孤独，获得幸福

金玉良言

有缺陷不算什么，只要我们善于用积极的心态面对生活。

羊皮卷故事

有这样一个小孩，他实在是一个极为孤独而不幸的小孩。他诞生时，脊柱拱起，呈怪异的驼峰状，而且他的左腿是弯曲的。医生望着这个男婴，对他的父亲确信地说："他会完全好的。"

这个孩子的家庭很穷。在他不满1岁的时候，他的母亲就去世了。他长大了些时，别的孩子都躲避他，因为他身体畸形，他无法令一起玩游戏的孩子们满意。这个孩子名叫查理·斯坦梅兹，一个孤独不幸的儿童。

但是上天并没有忽视这个儿童。为了补偿他身体的畸形，他被赐予了非凡的锐敏和聪慧。查理5岁时能作拉丁语动词变位。7岁时学习了希腊语，并懂得了一些希伯来语。8岁时就精通了代数和几何。

在大学里，查理的每门功课都胜人一筹。事实上，他毕业时十分荣耀。他用储蓄的钱租用了一套衣服，准备参加毕业典礼的盛会。但在消极心态的影响下，人们常常考虑不周，这所大学的当局在布告栏里贴了一个通告，免除查理参加毕业典礼。

这件事促使查理不再努力使人们注意到他的心理能力而去尊敬他，而是努力去培养同人们的友谊，促进人类的善良。为了实践他的理想，他来到了美国。

在美国，查理四处寻找工作。由于其貌不扬，他多次受到冷遇。但他终于在通用电气公司谋到了一个工作，当绘图员，周薪12美元。他除去完成规定的工作外，还花费很多时间研究电气。他还努力培养与同事之间的友谊。

查理工作努力，成绩显著。他一生获得了200多种电气发明的专利权，写了许多关于电气理论和工程的书籍和论文。他懂得了做好工作便会得到大家的满意，也懂得了做出贡献会使这个世界成为更加美好的世界。他积累了财富，买了一所房子，并让他所认识的一对青年夫妇和他同享这所房子。这样，查理过上了幸福的生活。

智慧小语

不要用消极的心态排斥自己，上天是公平的，当他把缺陷降临在我们身上的同时，肯定也会把坚韧不拔的意志赠送给你，看你如何对待老天的馈赠了，我们要做的是积极地面对生活，不要太在乎自己的缺陷。

爱地巴跑三圈

金玉良言

冲动是魔鬼，当忍时，一定要忍住。

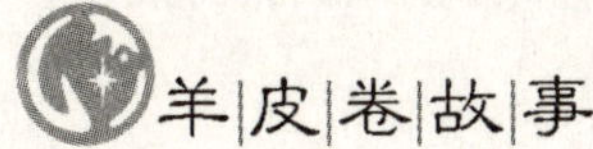

羊皮卷故事

在古老的西藏，有一个叫爱地巴的人，每当生气和人起争执的时候，他就以很快的速度跑上山顶的家，绕着自己的房子和土地跑三圈，然后坐在湖边喘气。

爱地巴工作非常勤劳努力，他的房子越建越大，土地也越来越广。但不管房地有多广大，只要与人争论而生气的时候，他就会绕着房子和土地跑三圈。

“爱地巴为什么每次生气都绕着房子和土地跑三圈呢?”所有认识他的人，心里都感到疑惑。但是不管怎么问他，爱地巴都不愿意明说。

直到有一天，爱地巴很老了，他的房地也已经太广大了，他生了气，拄着拐杖艰难地绕着土地和房子转，等他好不容易走完三圈，太阳已经下山了，爱地巴独自坐在田边喘气。他的孙子在身边恳求他：“阿公！您已经这么大年纪了，这附近地区也没有其他人的土地比您的更广大，您不能再像从前，一生气就绕着土地跑了。还有，您可不可以告诉我您一生气就要绕着土地跑三圈的秘密?”爱地巴终于说出隐藏在心里多年的秘密，他说：“年轻的时候，我一和人吵架、争论、生气，就绕着房地跑三圈，边跑边想自

己的房子这么小，土地这么少，哪有时间去和人生气呢？一想到这里，气就消了，就把所有的时间都用来努力工作。”孙子问道：“阿公！您年老了，又变成最富有的人，为什么还要绕着房子和土地跑呢？”

爱地巴笑着说：“我现在还是会生气，生气时绕着房子和土地跑三圈，边跑边想自己的房子这么大，土地这么多，又何必和人计较呢？一想到这里，气就消了。”

智慧小语

忍耐是做人成事的一大法宝，无论你采用什么办法，只要你在关键时候忍住了，那么你就是好样的，爱地巴跑三圈确实是一个忍耐的好办法，我们不妨也学学，如果我们跑三圈忍不住，可以跑五圈、十圈，直到能确实忍住为止，因为忍耐对我们克服冲动浮躁情绪是非常有意义的。

双面神石雕

● 金玉良言

最重要的是现在我们该做什么，不要受过去和未来这些不实际的东西束缚太多。

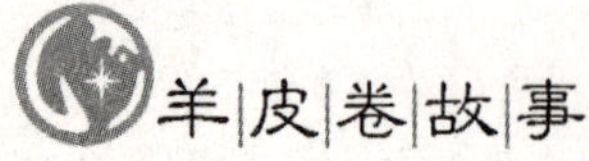

一位哲学家途经荒漠，看到很久以前的一座城池变成了废墟。岁月已经让这个城池显出了无尽的苍凉，但仔细地看却依然能辨析出昔日辉煌时的风采。哲学家想在此休息一下，就随手搬过一个石雕坐了下来。

他点燃一支烟，望着被历史淘汰下来的城垣，想象着曾经发生过的故事，不由得感叹了一声。

忽然，他听到有人说：“先生，你感叹什么呀？”

他四下里望了望，却没有人，他疑惑起来。那声音又响起来，是来自那个石雕，原来那是一尊“双面神”的神像。

他没有见过双面神，所以就奇怪地问：“你为什么会有两副面孔呢？”

双面神回答说：“有了两副面孔，我才能一面察看过去，牢牢吸取曾经的教训。另一面展望未来，去憧憬无限美好的明天。”

哲学家说："过去的只能是现在的逝去，再也无法留住，而未来又是现在的延续，是你现在无法得到的。你不把现在放在眼里，即使你能对过去了如指掌，对未来洞察先知，又有什么具体的实在意义呢？"

双面神听了哲学家的话，不由得痛哭起来，他说："先生啊，听了你的话，我才明白我今天落得如此下场的根源。"

哲学家问："为什么？"

双面神说："很久以前，我驻守这座城时，自诩能够一面察看过去，一面又能展望未来，却唯独没有好好地把握住现在。结果，这座城池便被敌人攻陷了，美丽的辉煌都成为了过眼云烟，我也被人们唾骂而弃于废墟中了。"

智慧小语

做不好当前该做好的事，把过去和未来想得再多，都没有什么意义，所以，我们要把握住现在的大好时光，做好现在，我们才会有辉煌的未来，别人才会关注你那并不显眼的过去。

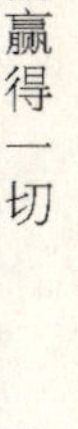

八
树立目标，就确定了成功的方向

薪酬目标

●金玉良言

定立目标时，不要局限于其中一个条件，应该从长计议。

羊|皮|卷|故|事

四年前，我的两位学生分别来找我咨询关于大学毕业的就业问题。他们都是很聪明的年轻人，读书时成绩都十分优秀，兴趣和爱好也很相似，对于他们来说，有许多工作机会可供选择。当时，我的一位朋友创办了一家小型公司，也正委托我物色一个适当的人做助理，于是我建议两个年轻人去试试看。

他们俩分别去应征，第一位前去拜访的人名叫几米，面谈结束后他打电话给我，用一种厌恶的口气对我说："你的朋友太苛刻了，他居然只肯给我月薪400美元，我拒绝了他。现在，我已经在另一家公司上班了，月薪600美元。"

后来去的学生名叫唐克，尽管开出的薪水也是400美元，尽管他同样有更多赚钱的机会，但是他却欣然接受了这份工作。当他将这个决定告诉我时，我问他："如此低的薪水，你不觉得太吃亏了吗？"

他说："我当然想赚更多的钱，但是我对你朋友的印象十分深刻，我觉得只要能从他那里多学到一些本领，薪水低一些也是值得的。从长远的眼光来看，我在那里工作将会更有前途。"

那是四年前的事情了。第一位学生当时在另一家公司的薪水是年薪7200美元，目前他也只能赚到8750美元，而最初薪水只有400美元的唐克，现在的固定薪酬是20000美元，外加红利。

智慧小语

几米和唐克的出发点不一样，四年后，他们的发展状况是截然不同的，这正是因为几米被最初的赚钱机会蒙蔽了，而唐克却能基于学到东西的观点来考虑自己的工作选择。

生活从选定方向开始

●金玉良言

新生活是从选定方向开始的。

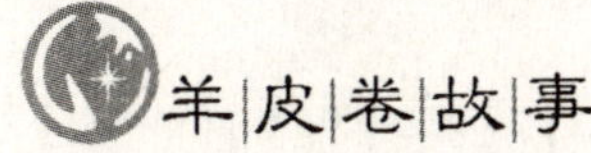

现在的比塞尔是撒哈拉沙漠中的一颗明珠，每年有数以万计的旅游者来到这里。可是在肯·莱文发现它之前，这里还是一个封闭而落后的地方。

这里的人没有一个走出过大沙漠，据说不是因为他们不愿离开这块贫瘠的土地，而是他们尝试过很多次都没有走出去。

肯·莱文当然不相信这种说法。他用手语向这里的人问原因，结果每个人回答都一样："从这儿无论向哪个方向走，最后都还是转回出发的地方。"

为了证实这种说法，他做了一次试验，从比塞尔村向北走，结果三天半就走了出来。

比塞尔人为什么走不出来呢？肯·莱文非常纳闷，最后他只得雇一个比塞尔人，让他带路，看看能到哪里。他们带了半个月的水，牵了两峰骆驼，肯·莱文收起指南针等现代设备，只拄一根木棍跟在后面。

10天过去了，他们走了大约800英里的路程，某一天的早晨，他们果然又回了比塞尔。这一次，肯·莱文终于明白了，比塞尔人之所以走不出大沙漠，是因为他们根本就不认识北斗星。

在一望无际的沙漠里,一个人如果凭着感觉往前走,一定会走出许多大小不一的圆圈,最后的足迹十有八九是一把卷尺的形状。比塞尔村处在浩瀚的沙漠中间,方圆上千公里没有一点参照物,若不认识北斗星又没有指南针,想走出沙漠,确实是不可能的。

肯·莱文在离开比塞尔时,带了一位叫阿古特尔的青年,就是上次为他带路的人。他告诉这个汉子,只要你白天休息,夜晚朝着北面那颗星走,就能走出沙漠。

阿古特尔照着去做,3 天之后果然来到了大沙漠的边缘。阿古特尔因此成为比塞尔的开拓者,他的铜像被竖立在小城的中央。铜像的底座上刻着一行字:"新生活是从选定方向开始的。"

智慧小语

一个有明确目标的人,才不会迷茫,遇到困难才能想到最好的方法去解决,这种人的生活才会有比常人更多的激情。

量力而行,适可而止

金玉良言

不要过于死板地盯着目标,做事要根据实际情况做出相应的决策。

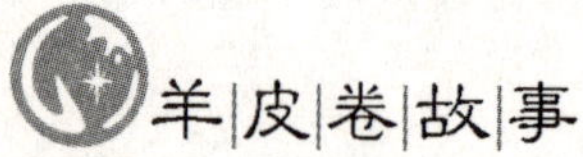

羊皮卷故事

有个地主去拜访一位部落首领。首领说,你从这儿向西走,做一个标记,只要你能在太阳落山之前回来,从这儿到那个标记之间的地就都是你的了。

太阳落山了,地主没有走回来,因为走得太远,他累死在了路上。

贪心人走不回来,是因为贪。然而现实生活中还有一些人,他们不贪,可是也走不回来。下面就是一个令人啼笑皆非的故事。

有一位太太要在客厅里钉一幅画,请他先生来帮忙。画已经在墙上扶好,正准备钉钉子,他先生说:"这样不好,最好钉两个木块,把画挂在上面。"太太同意他的意见,让他去找木块。

木块很快找来了,正要钉,他说:"等一等,木块有点大,最好能锯掉点。"于是便四处去找锯子。找来锯子。还没有锯两下,“不行,这锯子太钝了,”他说,“得磨一磨。”

他家有一把锉刀,锉刀拿来了,他又发现锉刀没有把柄。为了给锉刀安上把柄,他又去校园边的一个灌木丛里寻找小树。要砍下小树,他又发现他那把生满老锈的斧头实在是不能用。他又找来磨刀石,可为了固定住磨刀石,必须得制作几根固定磨刀石的木条。为此他又到校外去找一位木匠,说木匠家有现成的。然而,这一走,就再也没见他回来。当然了,那幅画,还是那位太太一边一个钉子把它钉在了墙上。这位太太去街上寻找他先生,发现他正在帮木匠从五金交化商店里往外抬一台笨重的电锯。

智慧小语

工作和生活中有好多种走不回来的人。他们认为要做好一件事,必须得去做前一件事,要做好前一件事,必须得去做更前面的一件事,直到把原始的目的忘得一干二净。这种人看似认真,一副忙碌的样子,其实连他们自己都不知道自己在忙什么,给人一种傻乎乎的感觉,我们可千万别犯傻哦。

给忍耐一个目标

金玉良言

为忍耐定一个目标,锻炼自己的耐性,发掘自己的忍耐极限。

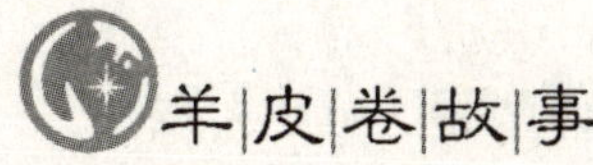

羊皮卷故事

盲目地忍耐是懦弱,但是有目标的忍耐却能创造奇迹。下面是3个相关的故事。

第一个故事的主人公是个孩子。一天,这孩子与父亲在一家大型超市转了一会儿,走出出口,父亲发现儿子不见了。他找遍了超市,又去周边的几条街道找了很久,仍不见儿子。他焦急得心都要飞出来了,一想,还是再去那家超市看看。在超市门口,儿子惊喜地扑了过来。

儿子和父亲走散后,也去附近的几条街道找父亲,最终他想,最好的办法还是在原地等父亲。

父亲问他,这么热的天,为什么不进到超市的里面,那里有凉风习习的空调。儿子说站在门口可以看见四面八方的人。每一个迎面走来的人都有可能是他的目标。

父亲心疼不已，这几个小时儿子是怎么过来的？恐惧、焦灼、难过，又站在太阳底下被烈日烤晒，若在平时，他最多只能站上几分钟。儿子说："我没有想到忍耐这个词，我只想着尽快见到你，时间就很快过去了。"

第二个故事的主人公是个拳击手。有一位著名的拳击手，出道之初的他在一次比赛中被人打得晕头转向，观看比赛的所有人都担心他会中途倒下，可是出人意料，他承受了暴雨般的重拳袭击，支撑着打完了全场。观众把更多的掌声献给了他，而不是那位获胜者。

事后记者问他："不可思议，你是怎么从第二回合开始，一直坚持忍耐到最后的？"

拳击手觉得奇怪："我没有忍耐呀！我只想着'防御'和'攻击'，当时我的脑海中根本就没有'忍耐'这个意识闪现。"

盲目的忍耐是懦弱，但是有目标的忍耐却能创造奇迹。

第三个故事的主人公是一位伟人。如果你要到南非旅游观光，一定要去囚禁曼德拉的囚室瞻仰。囚室很小，只有一般的卫生间大小，我们无法想象一个人几十年被囚禁在一间几平方米的小屋而没有精神崩溃需要怎样的忍耐力，伟人就是伟人！

曼德拉的视线一定不能穿越四壁，但是他却将目光投向了国家未来的民主政治。否则，几十年如一日地面对几平方米的囚笼，不崩溃也会成为白痴。

智慧小语

忍耐的过程是一个艰苦的过程，不到万不得已，千万别放弃，只要你忍过来了，你就不是一个平凡的人了。

小小的测验

●金玉良言

成功的关键不在于你做得多辛苦，而在于你做得多聪明。

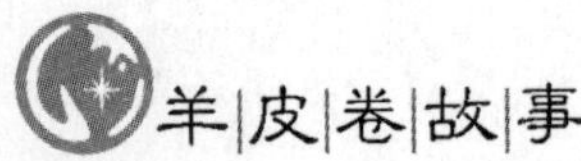

羊皮卷故事

斯密斯教授在给即将毕业的MBA班的学生上最后一次课，令学生们不解的是，讲桌上放着一个大铁桶，旁边还有一堆拳头大小的石块。"我能教给你们的都教了，今天我们只做一个小小的测验。”说着教授把石块一一放进铁桶里。

当铁桶里再也装不下一块石头时，教授停下了来。教授问：“现在铁桶里是不是再也装不下什么东西了？”“是。”学生们回答。“真的吗？”教授问。

随后，他不紧不慢地从桌子底下拿出了一小桶碎石。他抓起一把碎石，放在已装满石块的铁桶表面，然后慢慢摇晃，接着又抓起一把碎石如法炮制，不一会儿，这一小桶碎石全装进了铁桶里。

“现在铁桶里是不是再也装不下什么东西了？”教授又问。

“还可以吧。”有了上一次的经验，学生们变得谨慎了。

“没错！”教授一边说，一边从桌子底下拿出一小桶细沙，倒在铁桶的表面。

教授慢慢摇晃铁桶，大约半分钟后，铁桶的表面就看不到细沙了。“现在铁桶装满了吗？”

“没有。”学生们虽然这样回答，但心里其实没底。

“没错！”教授看起来很兴奋。这一次，他从桌子底下拿出的是一罐水。他慢慢地把水往铁桶里倒。

水罐里的水倒完了，教授抬起头来，微笑着问：“这个小实验说明了什么？”

一个学生马上站起来说：“它说明，你的日程表排得再满，你也能挤出时间做更多的事。”“有点道理。但你还是没有说到点子上。”

教授顿了顿，说：“它告诉我们，如果你不是首先把石块装进铁桶里，那么你就再也没有机会把石块装进铁桶里了，因为铁桶里早已装满了碎石、沙子和水。而当你先把石块装进去，铁桶里会有很多你意想不到的空间来装剩下的东西。在以后的职业生涯中，你们必须分清楚什么是石块，什么是碎石、沙子和水，并且总是把石块放在第一位。”

智慧小语

有计划地做事本来就是一个看起来简单，其实很聪明的做法。做事有了计划，而且严格按照计划执行，你就知道自己在干什么，知道自己的目标是什么，这样，你就不用操心自己办事效率会低下了。

给婚姻设定目标

金玉良言

为婚姻制订计划，知道自己婚姻问题的根源所在，找回婚姻生活的幸福。

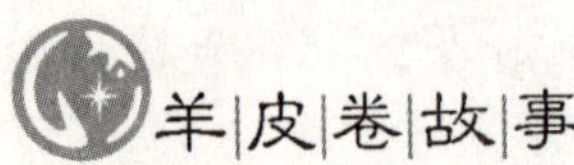

羊皮卷故事

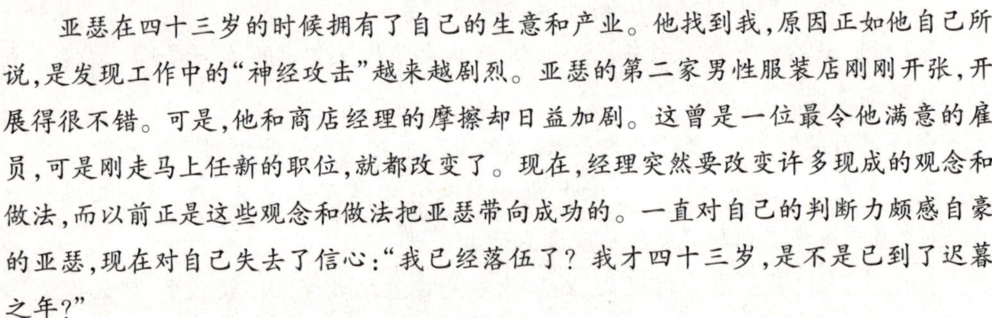

亚瑟在四十三岁的时候拥有了自己的生意和产业。他找到我，原因正如他自己所说，是发现工作中的“神经攻击”越来越剧烈。亚瑟的第二家男性服装店刚刚开张，开展得很不错。可是，他和商店经理的摩擦却日益加剧。这曾是一位最令他满意的雇员，可是刚走马上任新的职位，就都改变了。现在，经理突然要改变许多现成的观念和做法，而以前正是这些观念和做法把亚瑟带向成功的。一直对自己的判断力颇感自豪的亚瑟，现在对自己失去了信心：“我已经落伍了？我才四十三岁，是不是已到了迟暮之年？”

亚瑟一边和我谈生意上的问题，一边不断谈到妻子一直是自己的坚定支持。尽管亚瑟不是来向我作婚姻咨询的，可我们还是把他和玛丽亚的关系谈了起来。我告诉亚瑟，他们早年结婚时是一种愉悦而亲密的关系，现在好像已经让一种单调而平淡取代了。于是我建议，就婚姻来说，他也应该制订一些计划。亚瑟说到：“哇，太有意思了，医生！我没想过，就像给生意设定目标那样，也给婚姻设定目标。”

他略有些羞涩地向我说起，结婚前，用他自己的话说就是经常和妻子“浪漫一下”，可这么些年来，他很少和妻子有过浪漫的时光了。

我们聊了很久，也聊得很深很多。随后亚瑟居然决定制订一些简单计划，去实践新目标，让浪漫重新回到他的婚姻生活当中。我建议亚瑟从最容易实现的计划开始。于是，亚瑟为妻子买上一大把“爱的信使”的卡片，然后一一寄给妻子。他告诉我每年6月16日他们都会一如既往，庆祝结婚纪念日。于是我便提了一个小点子，让他们每个月的“16号”也庆祝一个“纪念日”。最后，我建议亚瑟，要经常带妻子出去吃顿饭，就他们俩人，不要带孩子。

也许有人会想，咳，这些计划有什么新奇，有什么创意？难道这种事他不应该自己想出来吗？当然可以，也当然能够，但答案是，如果我就那么随便交给他自己去处理，他也许永远也想不出这样的灵感和创意！就这么着，亚瑟一步步地执行着计划。妻子

变得越来越高兴，开始经常做一些亚瑟爱吃的饭菜和一些其他很有心的小事情，就像当年他们刚结婚不久时常做的那样。后来亚瑟幸福地告诉我，“我们现在过得‘爽’。我差点忘了‘爽’是什么滋味了。”更巧的是，随着婚姻关系的变化，他在生意关系上也取得了不小的进步。瞧，一方面的创造力会带动另一方面的连锁效应。

智慧小语

很多人都是当一天和尚撞一天钟，日复一日，周复一周，年复一年。另外有一些人，虽有目标，可目标如此模糊、被动，几乎毫无价值和意义。连婚姻都可以制订目标，我们还有什么不能制订目标的呢？

一生的志愿

金玉良言

当你为你的一生定下一个明确的计划后，你会发现你的一生将是多么充实。

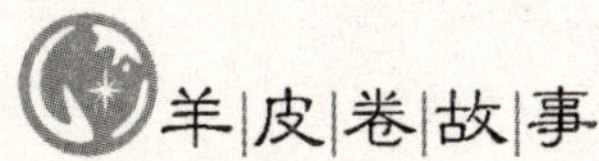

羊皮卷故事

半个世纪前，在洛杉矶郊区，有一个没见过世面的孩子叫约翰·戈达德，他 15 岁时，就把他这一辈子想干的大事列了一个明细表，他给那张表命名为“一生的志愿”。

表上列着：

到尼罗河、亚马逊河和刚果河探险；

登上埃佛勒斯峰（即珠穆朗玛峰）、乞力马扎罗山和麦特荷恩山；

驾驭大象、骆驼、鸵鸟和野马；

探访马可·波罗和亚历山大一世走过的道路；

主演一部《人猿泰山》那样的电影；

驾驶飞行器起飞降落；

读完莎士比亚、柏拉图和亚里士多德的著作；

谱一部乐曲；

写一本书；

游览全世界的每一个国家；

结婚生孩子；

参观月球；

……

每一项都编了号，一共有127个目标。

半个世纪后，戈达德不仅是一个经历过无数次探险和远征的老手，还是电影制片人、作家和演说家。

当有人向他提起多年前的那张志愿表时，他不无激动地谈起了自己的少年岁月。

“我写那张表，”他解释说，“是因为在15岁时我已清楚地认识到自己的阅历贫乏。我那时思想尚未成熟，但我具有和别人同样的潜力，我非常想做出一番事业来。我对一切都极有兴趣，旅行、医学、音乐、文学……我都想干，还想去鼓励别人。我制订了那张奋斗的蓝图，心中有了目标，我就会感到时刻都有事做。我也知道周围的人往往墨守成规，他们从不冒险，从不敢在任何一个方面向自己挑战，我决心不走这条老路。”

智慧小语

我们不妨把我们的一生划分成一个个片段，在我们忧虑彷徨时，看我们都做了些什么，取得了哪些成就，我们的目标马上就明确了，斗志肯定会被立刻唤起。

最坏的打算

●金玉良言

遇事不要太紧张，做好最坏的打算，那么事情就不会那么复杂了。

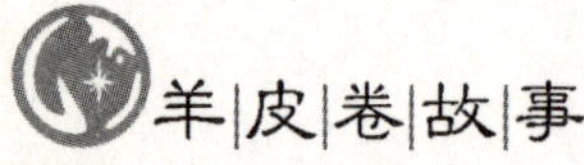

羊|皮|卷|故|事

目前他是纽约的油商。“我被敲诈了！”他说，“我不相信会有这种事，简直是电影里的镜头！事情是这样的，我主管的石油公司里有些运油司机把应该给顾客的定量油偷偷扣了下来卖掉了。一天，一个自称是政府调查员的人来找我，向我要红包，他说他掌握了我们运货员舞弊的证据。他威胁我说，如果我不答应的话，他就把证据转交给地方检察官。这时我才知道公司存在这种非法的买卖。

"当然这与我个人没有什么关系,但我知道法律有规定,公司必须为自己职工的行为负责。而且,万一案子打到法院,上了报,这种坏名声就会毁了我的生意。我为自己的生意骄傲——那是父亲在二十四年前打下的基础。

"当时我急得生了病,整整三天三夜吃不下睡不着。我一直在这件事里打转转。我是该付那五千美金,还是该对那个人说,你想怎么办就怎么办吧。我一直拿不定主意,每天都做恶梦。

"星期天晚上,我随手拿起一本名叫《怎样不再忧虑》的书,这是我去听卡耐基公开讲演时拿到的。我读到威利·卡瑞尔的故事时看到这样一句话:'直面最坏的情况。'于是我向自己问:'如果我不给钱,那些勒索者把证据交给地检处的话,可能发生的最坏情况是什么呢?'

"答案是毁了我的生意——仅此而已。我不会被抓起来,仅仅是我被这件事毁了。于是,我对自己说:'好了,即使生意毁了,我在心理上也可以承受这一点,接下去又会怎么样呢?'

"嗯,生意毁掉之后,也许我得另找个工作。这也不难,我对石油行业很熟悉——几家大公司也许会雇用我……我开始感觉好过多了。三天三夜来的那种忧虑也开始逐渐消散。我的情绪基本稳定下来,当然也能开始思考了。

"我清醒地看到了下一步——改善不利的处境。在我思考解决办法的时候,一个崭新的计划展现在我的面前。如果我把整个情况告诉我的律师,他也许能找到一个我没有想到的新办法。我过去一直没有想到这一点,这完全是因为我只是一直在担心而没有好好地思考。我立即打定主意,第二天一早就去见我的律师。接着我上了床,睡得安安稳稳。

"第二天早上,我的律师让我去见地方检察官,把整个情况全部告诉他。我照他的话做了,当我说出原委后,出乎意料地听到地方检察官说,这种勒索已经连续几个月了,那个自称是'政府官员'的人,其实是个警方的通缉犯。在我为无法决定是否该把五千美元交给那个职业罪犯而担心了三天三夜之后,听到他这番话,真是长长地松了口气。

"这次经历给我上了终身难忘的一课。现在,每当我面临会使我忧虑的难题时,'威利·卡瑞尔的老公式'。就会派上用场。"

智慧小语

越是遇到让人焦虑的情况,就越不要焦虑,因为焦虑会让人更加不知所措。我们要做的就是做好最坏的打算,这样,我们就能找到最好的处理办法。

为吉布儿赢一场比赛

●金玉良言

让激情四射长久不衰，做一个永不放弃的人。

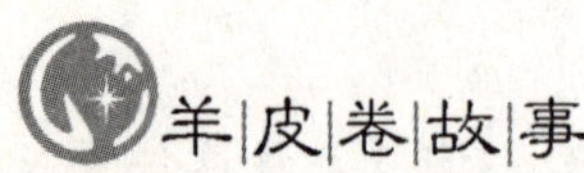

羊皮卷故事

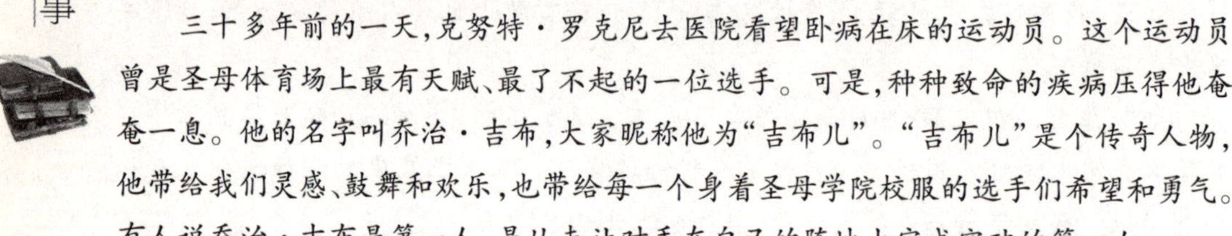

三十多年前的一天，克努特·罗克尼去医院看望卧病在床的运动员。这个运动员曾是圣母体育场上最有天赋、最了不起的一位选手。可是，种种致命的疾病压得他奄奄一息。他的名字叫乔治·吉布，大家昵称他为“吉布儿”。“吉布儿”是个传奇人物，他带给我们灵感、鼓舞和欢乐，也带给每一个身着圣母学院校服的选手们希望和勇气。有人说乔治·吉布是第一人，是从未让对手在自己的阵地上完成突破的第一人。

罗克尼跪在吉布儿床边，说了一会儿话，然后开始向全能的上帝祷告，祈求主赐给乔治勇气和力量去面对生活中最严重的一件事，那就是向人生告别。弥留之际，乔治·吉布抬眼看了看罗克尼说：“罗克，现在说走真有点难啊。”因为那时已到了橄榄球赛最后的赛季。“不过，要是有一天，”吉布儿说，“咱们打得不顺，失败打蔫了队员，那你就告诉大家，再全力投入一次，再为‘吉布儿’赢上一场。也许那会儿我早已不知在哪儿了，也不一定还看得见。不过我相信，一定会有这么一天的。”

五年以后，圣母学院和那会儿的冤家对手西点军校又碰上了。当时克努特·罗克尼率领的是圣母学院历史上他执教过的最弱的一支队伍。上半场结束时，比分是21∶7，军校领先。中场休息的空档，选手们鱼贯离开场地，走进更衣室。这时，罗克尼带着真诚、强烈的情感给大家讲了吉布儿的故事。

他说道：“伙计们，我觉得是时候了。我该告诉大家吉布儿的故事了。我还从来没有给你们讲过，不过现在是时候了。我知道今天的比赛很难打，不走运，他们压着咱们打，连咱们自己都觉得败得一塌糊涂。可是，就算为了圣母学院队服的荣誉和光辉，为了咱们运动员无比的荣耀和挑战，我们也应该重整旗鼓——为了吉布儿。”接着，罗克尼给队员们讲了乔治·吉布对自己的临终留言，然后突然以一种命令的语气说：“去，冲上去，都把热情给我拿出来，为吉布儿再赢一场。”

队员们受到了极大的鼓舞。他们冲出更衣室，好像彻底换了一个人，又重新投入了比赛。击球——奔袭——穿越——封杀！他们简直完全超越了自己的能力。罗克

尼后来说:“我从未见到哪支平庸的球队能打出那样的气势、活力、热忱,还有——激情!”

那是 11 月里的一天,当夜幕降临,尘埃落定,两队的比分也出来了:西点军校队 21 分,圣母学院队 28 分。

智慧小语

不论你的计划多么周密,可是如果你不以热忱去追逐,那你的目标也不过是天上掉馅饼的美梦而已。

失败计划

●金玉良言

不要把成功当作唯一目标,成功之前,我们应该为失败做些打算。

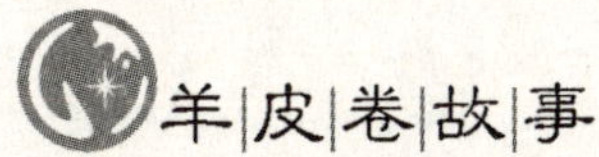

多年前,蜗居台湾的何应钦以一级上将的身份跑到荷兰旅游,荷兰国防部接待了他,并带他参观了荷兰的国防设施。参观完毕,荷兰人又做了一个国防简报,向何应钦展示了一旦战争爆发,他们将如何应对的计划。这份计划之缜密、全面让何应钦咂舌。但更令何应钦惊讶的是,他看到了一份更详细的计划,而且被放置在所有计划中最显眼的位置,以突出它的重要地位,这个计划的名称叫《投降计划》。何应钦表示很不理解,他说:“在中国人眼里,投降是可耻的事情,是被所有人看不起的行为,而为投降做计划会涣散军心,是战争大忌,中国文化崇尚舍生取义。”

荷兰人的回答却很从容:“我们并不认为投降是可耻的事情,经过充分分析敌我力量和战争现状后,如果胜利付出的代价太大或者完全没有取胜的可能时,我们会投降。我们不想因为自己的顽抗招致毁灭性的打击,我们需要保存实力,需要保持国家的完整。我们将把土地、建筑、河流山川都留给子孙,韬光养晦,等某一天真正强大了,再去夺取胜利。”投降计划,意在未来。

二战中,盟军胜利登陆诺曼底之后,最高统帅艾森豪威尔将军发表了讲话:“我们已经胜利登陆,德军被打败了,这是大家共同努力的结果,我向大家表示感谢和祝

贺。”可是当时谁也不知道,在登陆之前,除了这份讲话稿之外,艾森豪威尔还准备了一份截然相反的讲话稿,那其实是一份失败演讲稿。失败演讲稿是这样的:“我很悲伤地宣布,我们登陆失败,这完全是我个人决策和指挥的失误,我愿意承担全部责任,并向所有人道歉。”两份讲稿,万般情怀。

智慧小语

我们也要制订失败计划,为自己找好后路,这样,我们不会糊里糊涂地失败,而且成功肯定会很快降临到我们身上的。

史泰龙的坚持

●金玉良言

定下目标,坚持不懈,那么你就胜利了,否则打败你的就是你自己。

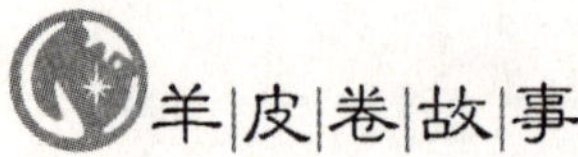

羊皮卷故事

史泰龙1946年6月6日出生于美国纽约。从他记事起,他就知道父亲是个赌徒,母亲是个酒鬼;父亲赌输了,打完母亲再打他;母亲喝醉后,同样也是拿他出气。在拳打脚踢中,史泰龙渐渐长大,但身体长期处于鼻青脸肿、皮开肉绽的状态。好在那条街上的孩子都与他一样,成天不是挨打就是挨骂。像周围大多数的孩子一样,跌跌撞撞上到高中时,他便辍学了。接下来,街头鬼混的日子让他备感无聊,而绅士淑女们蔑视的眼光更让他觉得惊心。

史泰龙一次次地问自己:“难道我一辈子就在别人的白眼中度过?”在一次又一次的痛苦追问后,他下定决心走一条与父母迥然不同的道路。但自己又能做些什么呢?他长时间地思索着:从政,可能性几乎为零;进大企业去发展,学历与文凭是目前不可逾越的高山;经商,本钱在哪里……最后,他想到了去当演员,这一行既不需要学历也不需要资本,对他来说,实在是条不错的出路。随后,史泰龙又灰心地想到:自己哪里又有当演员的条件呢?相貌平平,刚出生时,由于医生使用产钳处理不当,造成他左脸的部分肌肉痉挛,在说话的时候会有些许含糊不清;又无天赋,也没受过相关的训练。但是,史泰龙最后还是坚定了决心,他相信,即使吃遍世间所有的苦,自己也不会放弃。

于是，史泰龙开始了自己的"演员"之路。他到了好莱坞，找明星、找导演、找制片，找一切可能使他成为演员的人恳求："给我一个机会吧，我一定会演好的！"很不幸，他一次又一次地被拒绝了，但他并未气馁。每失败一次，他就认真反省，然后再度出发，寻找新的机会……为了维持生活，他一边寻找机会，一边在好莱坞打工，干些粗笨的零活。

就这样，两年时间一晃而过，史泰龙自己也不知道遭到了多少次拒绝，可是他仍然不知道自己的出路在哪里。面对如此沉重的打击，史泰龙不断地问自己："难道真的没有希望了吗？难道赌徒酒鬼的儿子就只能做赌徒酒鬼吗？不行，我必须继续努力！"他想到了写剧本，他想，如今的自己已不是初来好莱坞时的门外汉了，两年多的耳濡目染，每一次拒绝都是一次学习和一次进步。

于是，他大胆地动笔开始创作剧本。一年后，他拿着自己创作的第一部剧本遍访各位导演，"这个剧本怎么样？让我当主演吧！"然而，即使剧本还可以，也没有一个导演愿意让这样一个无名之辈做主演，史泰龙再次面临被拒之门外的命运。

然而，"工夫不负有心人"，在史泰龙遭到了一次又一次地拒绝之后，一位曾拒绝了他20多次的导演对他说："我不知道你能不能演好，但你的精神让我感动，我可以给你一个机会。我要把你的剧本改成电视连续剧。不过，先只拍一集，让你当男主角，看看效果再说；如果效果不好，你从此便断了当演员这个念头吧。"为了这一刻，史泰龙已做了三年多的准备，机会是如此宝贵，他怎能不全力以赴？三年多的恳求、三年多的磨难、三年多的潜心学习、三年多的坚持，让他将生命融入了自己的第一个角色中。

在历尽了磨难与挫折之后，幸运女神终于对史泰龙绽露了笑脸，他主演的电视剧《洛基》收视率一路飙升，他也一举成名。

智慧小语

要想在学习和工作中取得好成绩，就必须学会在逆境中不冲动、不波动、坚持到底的本领，尽自己所能在逆境中创造机遇。

读书计划

●金玉良言

执着地执行自己的计划，追求自己的梦想。

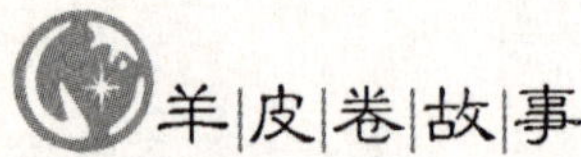

羊皮卷故事

有这样一个孩子，因为父母双双早逝，自幼就开始了贫病交加、无依无靠的生活，尝尽了人生艰辛。为了养活自己，他不得不到一家印刷厂做童工。虽然环境很苦，但喜爱看书读报的他还是非常珍视这份工作。

一天，他在一家书店的橱窗前看到一本书，他伫立在书橱前，贪婪地盯看着那本书，手不停地摸着口袋里仅有的买晚饭的钱。为了能够买下自己喜爱的书，他不得不挨饿，从饭钱中积攒下钱。

这天，他在路过书店时，发现书店的书橱里有一本打开的新书，便如饥似渴地读了起来，直到把打开的两页读完才恋恋不舍地离开。第二天，他又身不由己地来到了书橱前，令他惊奇的是，那本书又往后翻开了两页！他又一气读完了。他是多么想把它买下来啊，可是书价太高了，他必须不吃不喝一个月才能攒够买书的钱。第三天，奇迹又出现了，书页又往后翻开了两页。此后每次都会往后翻开两页，他就每天都来读，直到把全书读完。

一天，书店里一位慈祥的老人抚摩着他的头发说道：“好孩子，从今天起，你可以随时来这个书店，任意翻阅所有的书籍，不需要付一分钱。”

日月如梭，这个少年后来成为了著名的作家和记者，他就是一家晚报的主编，本杰明·法利吉尤。

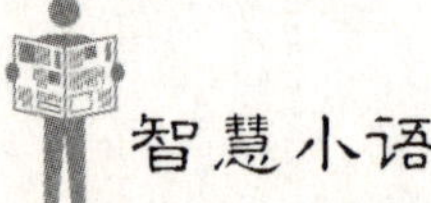

智慧小语

梦想的道路多少会坎坷不平，执着就成了我们披荆斩棘的法宝，我们执着地执行着自己的计划，执着地追求自己的梦想。

克尔的坚持 

●金玉良言

坚持的过程就是一个学习的过程,坚持到底才会成功。

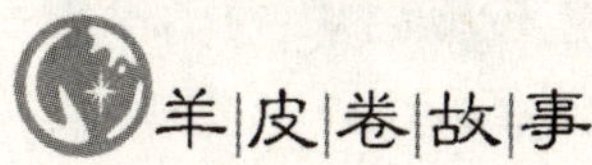

克尔曾经是一家报社的职员。他刚到报社当广告业务员时,对自己很有信心,他给经理提出不要薪水,只按广告费抽取佣金。经理答应了他的请求。

于是,他列出一份名单,准备去拜访一些很特别的客户。公司里的业务员都认为那些客户是不可能与他们合作的。

在去拜访这些客户前,克尔把自己关在屋里,站在镜子前,把名单上的客户念了10遍,然后说:“在本月之前,你将向我购买广告版面。”

他怀着坚定的信心去拜访客户。第一天,他和20个“不可能的”客户中的3个谈成了交易;在第一个星期的另外几天,又成交了两笔交易;到第一个月的月底,20个客户只有1个还不买他的广告。

在第二个月里,克尔没有去拜访新客户,每天早晨,那拒绝买他广告的客户的商店一开门,他就进去请这个商人做广告,每天早晨,这位商人都回答说:“不!”每一次,当这位商人说“不”时,克尔就假装没听到,然后第二天继续前去拜访。到那个月的最后一天,对克尔已经连着说了30天“不”的商人说:“你已经费了一个月的时间来请求我买你的广告,我现在想知道的是,你为何要坚持这样做。”

克尔说:“我并没浪费时间,我等于在上学,而你就是我的老师,我一直在训练自己在逆境中的坚持精神。”那位商人点点头,接着克尔的话说:“我也要向你承认,我也等于在上学,而你就是我的老师。你已经教会了我坚持到底这一课,对我来说,这比金钱更有价值,为了向你表示我的感激,我要买你的一个广告版面,当作我付给你的学费。”

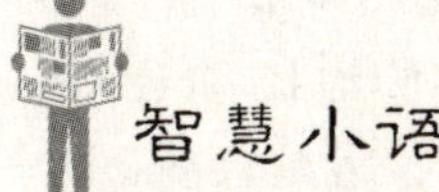

面对失败要有不屈不挠的精神,这样才有可能取得最后的成功,其实我们每个人需要的就是,在失败面前要坚持,为了最终目标的实现,更要坚持,坚持就是胜利。

九 勇于冒险，才能奔向人生的制高点

小鸡变老鹰

●**金玉良言**

冒险了，你才知道你的力量如此惊人，这个世界如此美妙。

羊皮卷故事

一天，有个男孩将一只鹰蛋带回到他父亲的养鸡场。他把鹰蛋和鸡蛋混在一起让母鸡孵化。后来母鸡孵化成功。于是一群小鸡里出现了一只小鹰。小鹰与小鸡们一样生活着，极为平静舒适，小鹰根本不知道自己不同于小鸡。

小鹰长大了，发现小鸡们总是用异样的眼神看着自己。它想："我绝不是一只平常的小鸡，我一定有什么不同于小鸡的地方。"可是它却无法证明自己的怀疑，它为此十分烦恼。直到有一天，一只老鹰从养鸡场上飞过，小鹰看见老鹰自由舒展着翅膀，顿时感觉自己的两翼涌动着一股奇妙的力量，心里也激烈地震荡起来。

看着高空中自由翱翔的老鹰，心中无比羡慕。它想："要是我也能像它一样该多好，那我就可以脱离这个偏僻狭小的地方，飞上天空，栖在高高的山顶之上，俯看大地和人间。可是怎么才能够像老鹰一样呢？我从来没有张开过翅膀，没有飞行的经验。如果从半空中坠下岂不粉身碎骨吗？"犹豫、徘徊、冲动，经过一阵紧张激烈的内心斗争，小鹰终于决定甘冒粉身碎骨的风险，展翅高飞。

它终于起飞了，飞到了空中。它带着极度的兴奋，再用力往高空飞翔，飞翔让小鹰成功了。它这才发现：世界原来这么广阔，这么美妙！

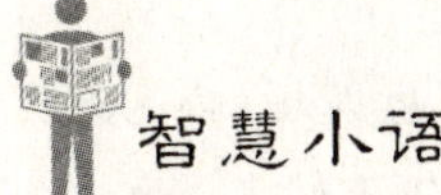

智慧小语

当你不满足于眼下平淡的生活而希望享受到一种新的乐趣时，当你开始厌恶当前的生活方式而希望尝试一种更富有创造性的理想的生存方式时，你就要像小鹰那样——有冒险意识，敢于怀疑和打破以往的秩序。

发现新大陆

●金玉良言

没有勇气探险，怎么能够发现新大陆？

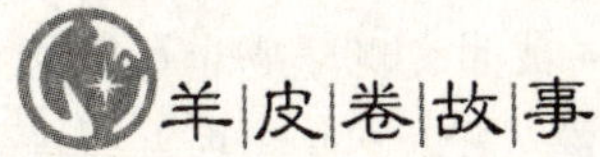

羊皮卷故事

哥伦布发现美洲，改变了整个人类文明的发展历程，所以每年10月12日，人们会举行盛大的活动来纪念他伟大的创举。

哥伦布年轻的时候，曾经当过海盗，这在当时是件司空见惯的事情，所有的家庭都愿意把孩子送到海盗船上去工作，使孩子可以增长一点见闻，尝尝人间艰辛，而且还可以多赚一点钱。在他们看来，这种事情只要不被送上绞刑架，也就无损于他们家族的光荣和体面，要是真的不幸被逮着了，还说不定可以获得王室的青睐，取得一个更体面的地位。事实上，当时很多人就是通过这条路成为新贵的。

早在哥伦布上学的时候，就通过一本毕达哥拉斯的著作，首次知道地球是圆的，他把这种理论深深地牢记在脑子里。经过很长时间的思索和研究后，他大胆地提出，如果地球真是圆的，他也许可以经过极短的路而到达印度。

当然，许多学识渊博的大学者和哲学家们都耻笑他的观点。向西方行驶却想到达东方的印度，这不是痴人说梦吗？他们告诉他说，地球不是圆的，而是平的，然后又警告说，如果他一直向西航行，他的船将驶到地球的边缘而掉下去……

然而，哥伦布坚信自己的推断，只可惜他家境贫寒，没有钱让他实现这个冒险的理想。他想说服别人给他提供帮助，可是“理智”的人们不愿意用他们的钱去冒险。他

一连空等了17年，还是失望，所以，他决定不再向这个“理想”努力了。太多的忧虑和失望，使他满头的红发完全变白了——虽然当时他还不到五十岁。灰心的哥伦布，这时只想进入西班牙的修道院，了此残生。

正在这时候，他的救星来了。罗马教皇对哥伦布的异想天开很感兴趣，劝说西班牙皇后伊莎贝露帮助哥伦布。教皇给了他六十五元路费，让他去见伊莎贝露。但他自觉衣服过于褴褛，便用这些钱买了一套新装和一头驴子，然后启程赶往马德里，沿途穷得竟以乞讨糊口。

皇后果然对他的理想大感兴趣，答应赐给他船只，让他去从事这项冒险的工作。可惜的是，水手们都怕从世界的边沿掉下去，没人愿意追随他。这时哥伦布重操当海盗时拉人入伙的旧业，鼓起勇气跑到海滨，顺手捉住了几位水手，先是商量，再是哀求，然后是利诱，最后是恫吓，把他们逼上了这条有史以来最伟大的海盗船。同时他又请求女皇释放狱中的死囚，答应他们只要冒险成功，就可以免去罪责，恢复自由。一切准备就绪，1492年8月3日（星期五）的黎明，哥伦布率领八十八名水手，分别驾三条船，开始了那次划时代的航行。

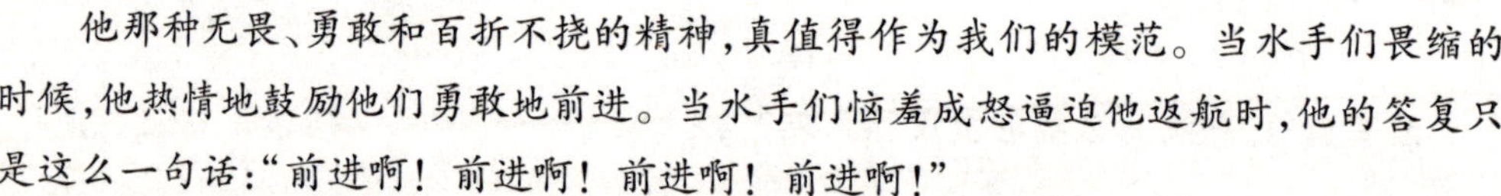

他那种无畏、勇敢和百折不挠的精神，真值得作为我们的模范。当水手们畏缩的时候，他热情地鼓励他们勇敢地前进。当水手们恼羞成怒逼迫他返航时，他的答复只是这么一句话：“前进啊！前进啊！前进啊！前进啊！”

最后哥伦布的探险成功了，哥伦布给欧洲带回了在大西洋彼岸发现陆地和居民的轰动消息。哥伦布的远航是大航海时代的开端，新航路的开辟，改变了世界历史的进程。它开创了在新大陆开发和殖民的新纪元。

智慧小语

哥伦布的那种无畏、勇敢和百折不挠的精神值得我们每个人去学习，就算是探险，我们也要为自己制定明确的目标，不达目的不罢休。

另一种冒险 

●金玉良言

冒险需要勇气和实力。

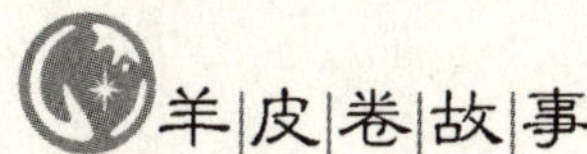

斯特曾在印度生活过,他回来对朋友说了这样一件事:

从前,在印度,有些穷苦的人为了挣点钱,不得不冒险去猎蟒。

那是一种巨大的蟒,一种以潮湿的岩洞为居穴的蟒,背部有黄色的斑纹,腹部白色,喜吞尸体,尤喜吞人的尸体。于是它被某些部族的印度人视为神明,认定它们是被更高级的神明派遣来承担着消化尸体的使命的。因此人死后往往被抬到有蟒占据的岩洞口去,亲人们会祈祷死者尽快被蟒吞掉。为使蟒吞起来更容易,要在尸体上涂满油膏。油膏散发出特别的香味,蟒一闻到,就会爬出洞来吞食尸体。

为生活所迫的穷苦人,企图猎到这种巨大的蟒,就佯装成一具尸体,并往自己身上涂遍油膏,潜往蟒的洞穴,直挺挺地躺在洞口。

蟒就在洞中从人的双脚开始吞,人渐渐被吞入,蟒的躯体也就渐渐从洞中伸出来。如果不懂得这一点,让头朝向洞口,那么顷刻便没命了,猎蟒的企图也就成了痴心妄想了……

有一个13岁的孩子。他和父亲相依为命。父亲患了重病,奄奄一息,他们无钱医治。只要有钱医治,医生保证病是完全可以治好的。其实钱也不多,那少年便萌生了猎蟒的念头。他明白,只要能猎得一条蟒,卖了蟒皮,父亲就不会眼睁睁地死去了。

某天夜里,他就真的用行动去实现他的念头了。他在有蟒出没的山下脱光衣服,往自己身上涂遍了油膏。他涂得非常之仔细,连一个脚趾都没忽略掉。一个少年如果一心要干成一件非干成不可的大事,其认真态度往往超过了大人们。

那少年手握一柄锋利的尖刀,趁夜黑仰卧在蟒的洞穴口。天亮之时,因为蟒发现了他,就从他并拢的双脚开始吞他。他屏住呼吸。不管蟒吞得快还是吞得慢,猎蟒者都必须屏住呼吸。

蟒那时是极其敏感的,只要人有稍微明显的呼吸,蟒都会察觉到。通常它吞一个涂了油膏的大人,需要20分钟。猎蟒者在蟒将自己吞了一半的时候,也就是吞到腰际

时，便猝不及防地坐起来，以瞬间的神速，一手掀起蟒的上腭，另一手将刀用全力横向一削，于是蟒的半个头，连同双眼，就被削下来。自己的生死，完全取决于那一瞬间的速度和力度。蟒突然间受到剧烈疼痛的强刺激，便会将已经吞下去半截的人一下子吐出来。人就地一滚躲开，蟒失去了上腭与双眼，就是想咬也咬不成；想缠又看不见，就会愤怒到极点，用身躯盲目地抽打岩石，最终力竭而亡。

但是如果速度达到而力度稍欠，未能将蟒的上半个头削下，蟒眼仍能看到，那么它就会带着受骗上当的愤怒，蹿过去将人缠住，直到将人缠死，与人同归于尽……

结果不幸就发生在那少年的身体快被吞进了一半之际，有一只小蚂蚁钻入了少年的鼻孔。少年打了个喷嚏，结果可想而知。

智慧小语

上面这个故事有很强的戏剧性，可以说有些另类，只要这个冒险者稍稍失误，就会葬身蛇口，可见，冒险不仅仅需要勇气，还要有冒险的本领，没本事却要去冒险，往往只有死路一条。

挑战规则

●金玉良言

要想建立新规则，就必须挑战旧规则，挑战规则是要冒险的。

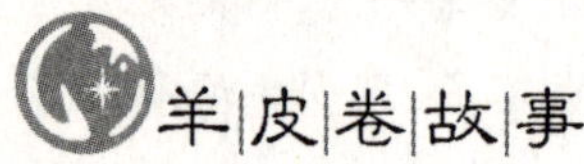

公元前333年冬天，马其顿将军亚历山大率领军队进入亚洲的一个城市扎营避寒气。他听说城里有一个著名的神谕：谁能够解开城中那复杂的“哥顿神结”，谁就会成为亚细亚王。亚历山大满怀信心，驱马前去解结。可是，他尝试了几个星期，却无法找到结的两端。他茫无头绪，但又不甘罢休。他思来想去，突然顿悟：“我何不自己制定一个解结的规则呢？”于是，亚历山大拔剑出鞘，他将“哥顿神结”砍开两半，结被彻底“解”开了。亚历山大最终如愿以偿，亚细亚王的荣誉光辉四射。

向现存的规则挑战，你就有可能在创新开拓中拥有自己的“亚细亚”。例如，咖喱粉是一种厨用调料，在日本市场上销售量很大。某食品工业公司的老板浦上，对咖喱粉新品种的开发情有独钟，但是尝试了几种配方之后，并没有尝到成功的喜悦。后来，他挑战规则，开发出跟传统口感大为不同的“不辣咖喱粉”，结果引来一番异议。有人还当面侮辱浦上：“你是个白痴！哪有这种咖喱粉呢？”的确，当时的咖喱粉都是辣的，浦上这个“不识时务”的家伙，居然用蜂蜜和果酱调制成不辣的所谓的咖喱粉，不是“白痴”又是什么？世界上的事说来也怪，被同行断言根本卖不出去的“白痴咖喱粉”，上市后居然受到一些讲究口味的人的喜爱，他们认为早就该有这种不同于传统风味的调料了。经过多种公关活动的配合，新口味咖喱粉异军突起，一年后竟成为日本市场上的畅销调料之一。

假如浦上一味地从“辣味”方面去“解”新调料开发之“结”，怎会有异军突起的营销辉煌？艺术大师毕加索有句名言：“创造之前必须先破坏。”破坏什么？传统观念、传统规则在毕加索眼里都在破坏之列。

智慧小语

其实，“创造”一词，就有“破坏”加“建设”的含义。一切创新都可以说是向现存规则挑战之役。但是，并不是每个人都敢启用这一技法的。为什么人们在面对各个领域的“哥顿神结”时不敢像亚历山大那样挥剑而解呢？一个重要的原因是，我们现实中有着“遵守规则”的压力，这是我们最基本的价值观之一。不挑战规则，你的一生也许将是无所作为的。

突破众人的责难

●金玉良言

突破众人的责难，才能达到成功的彼岸。

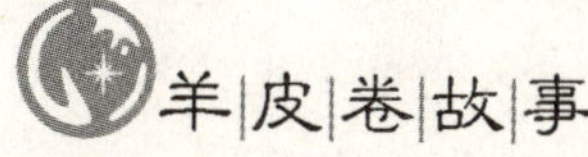

羊皮卷故事

帕拉塞尔苏斯，1493 年生于欧洲苏黎世，全名是“受洗的奥尼俄卢斯·菲利普斯·塞俄弗耶斯图斯·朋巴斯图斯·冯·胡恩海恩”，万幸的是，他为了否定举世公认的古罗马最伟大的医学家塞尔苏斯，给自己起了一个非常简洁明快的名字——帕拉塞尔苏斯，意即“超过塞尔苏斯”。如果说“与世无争”是一种传统美德的话，那么帕拉

塞尔苏斯的确是大逆不道，似乎他生来就是为了向这个世界挑战的。他蔑视一切传统，尤其是对当时的医学实践更是不屑一顾，公然将传播一千多年的教科书扔进学生集会的篝火里，他主张放弃一切传统的医学手段，而推崇一种从实践中创新而出的全新的化学疗法。他曾尝试着用盐、水银等物质合成去治疗使整个欧洲都束手无策的一种前所未有的疾病——梅毒，给绝望中的医学带来了一缕希望的曙光，而这种疗法的效果又不能不使皓首穷经的传统医学界瞠目结舌。

1552 年，帕拉塞尔苏斯在瑞士巴塞尔用全新的化学疗法治愈了著名的新教徒、印刷商约翰·弗洛本尼留斯的腿部感染，把他“生命的一半从地狱里带了出来”，从而享誉整个欧洲。巴塞尔市政厅不顾医学界的反对，坚持让帕拉塞尔苏斯在大学任教。如此，才使他那些离经叛道的新世界观得以传遍天涯海角。

智慧小语

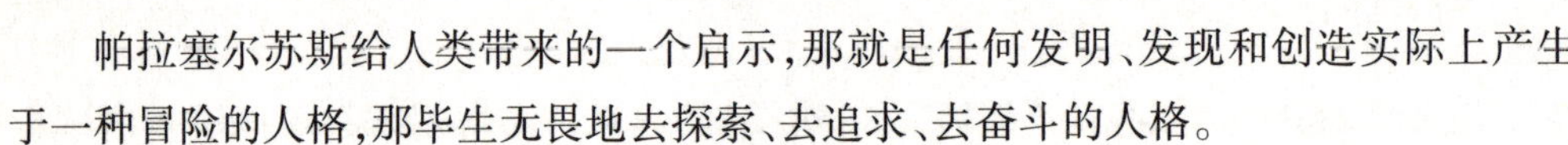

帕拉塞尔苏斯给人类带来的一个启示，那就是任何发明、发现和创造实际上产生于一种冒险的人格，那毕生无畏地去探索、去追求、去奋斗的人格。

关键时刻显大勇

金玉良言

关键时候的勇敢冒险并不一定是出头鸟，这也许反而会救了自己的性命。

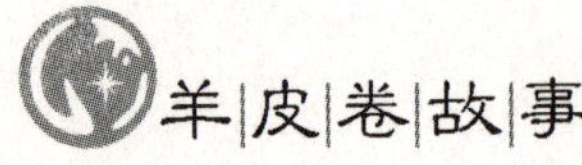

羊皮卷故事

在美国堪萨斯州的教士里，里蒙克德是一个其貌不扬的人，他既没有怀特教士那样高大的身躯和洪亮的嗓门，也没有主教那样渊博的学识和儒雅的风度。不过里蒙克德教士一向以善为本，他不辞辛苦地到处向人们宣传教义，告诫人们要一生行善。他的这些行为，经常遭到怀特教士的嘲笑。

当时，“废奴论”导致了美国南北战争的发生。一天夜里，一支反对“废奴论”的游击队突然袭击了堪萨斯州，将睡梦中的卫兵们杀得一干二净，整座城已经没有任何安全保障了。游击队到处抢劫、杀戮，就连教堂也被他们占领了。

他们杀人杀红了眼，如果谁被他们认定为是废奴论者，就必死无疑。

当一名游击队员手持枪支闯进里蒙克德教士的房间时，里蒙克德教士刚刚穿好衣服。这名游击队员恶狠狠地用枪把里蒙克德教士抵到墙角，然后问道：“你是支持废除黑奴的北方佬吗？”

里蒙克德教士没有像游击队员想象中的那般惊恐，他仍旧用平常那种平静的声音回答对方：“是的，我是。你知道得很清楚，你们应该为现在的行为感到羞耻。”

游击队员愣在了那里，他被里蒙克德教士的一腔正气镇住了，然后他托着枪支的手渐渐垂了下去。里蒙克德抓住游击队员的手指向窗外，同时说道：“看看你们犯下的罪孽，你们难道就没有一丝一毫的怜悯之心吗？你们难道看不到那些被杀害者眼中的痛苦和悲愤吗？你们同样有父母兄弟、妻子儿女，窗外的那些人和你的亲人一样都有生存的权利！”

游击队员被里蒙克德教士正义的言辞震慑住了，他突然大哭起来，然后像一个虔诚的忏悔者那样开始接受里蒙克德教士的教诲。

过去一向嘲笑里蒙克德的怀特教士同许多人一样死于那次大屠杀，据说他是在游击队员闯进自己的房间之前吞药而死的。

当大屠杀结束时，里蒙克德教士仍旧在教堂中布经讲义，仍旧像往常一样乐善好施，因为自己的勇敢，他比那些死在大屠杀中的人多活了二十年。

智慧小语

里蒙克德之所以能活着，就是因为他在关键时候能用正气去镇住对手，让对手心虚，可见，带着正义的冒险并不是盲目的冒险，而是带着强大力量的武器。

敢于冒险的甘布士

金玉良言

不入虎穴，焉得虎子。冒险往往就是一笔巨大的财富。

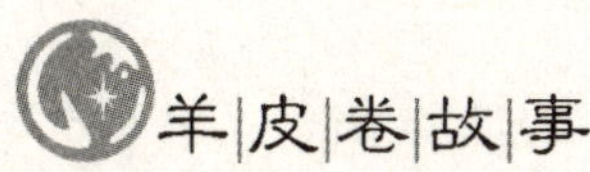

羊皮卷故事

有一年，美国达维尔地区的经济出现大萧条，不少工厂和商店纷纷倒闭，被迫降价抛售自己堆积如山的存货，价钱低到 1 美元可以买到 100 双袜子。

那时，约翰·甘布士还是一家纺织厂的小技师。他马上把自己积蓄的钱用于收购低价货物，人们见到他这股傻劲儿，都公然嘲笑他是个蠢材。

约翰·甘布士对别人的嘲笑漠然置之，依旧收购各工厂和商店所抛售的货物，并租了很大的货仓来储货。

他妻子劝说他，不要把这些别人廉价抛售的东西购入，因为他们历年积蓄有限，而且他花的是准备用作子女教育费用的钱。如果此举血本无归，那么后果便不堪设想。

对于妻子忧心忡忡的劝告，甘布士笑过后又安慰她道："3个月以后，我们就可以靠这些廉价货物发大财。"

大家都认为甘布士的话似乎无法兑现。

过了10多天后，一些工厂见低价抛售他们的货物也找不到买主了，便把所有存货用车运走烧掉，以此稳定市场上的物价。

约翰·甘布士的太太看到别人已经在焚烧货物，不由得焦急万分，开始抱怨起甘布士。对于妻子的抱怨，甘布士一言不发。

终于，美国政府采取了紧急行动，稳定了达维尔的物价，并且大力支持那里的厂商复业。

这时，达维尔地区因焚烧的货物过多，存货欠缺，物价一天天飞涨。约翰·甘布士马上把自己的库存大量货物抛售出去，一来赚了一大笔钱，二来使市场物价得以稳定，不致暴涨不断。

在他决定抛售货物时，他妻子又劝告他暂时不忙把货物出售，因为物价还在一天一天飞涨。

他平静地说："是抛售的时候了，再拖延一段时间，就会后悔莫及。"最终，约翰·甘布士还是勇敢地把自己既定的计划付诸了实践，果然，甘布士的存货刚刚售完，物价便跌了下来。他的妻子对他的远见钦佩不已。

后来，甘布士用这笔赚来的钱，开设了5家百货商店，业务也十分发达。现在甘布士已是全美举足轻重的商业巨子了。

智慧小语

成功家往往和冒险家联系在一起，小心翼翼能让你慢慢成功，我们不妨在瞄准机会的时候当个冒险家，让自己一举获得很大的成功。其实好多机会就在你身边，就看你敢不敢去抓住它们了。

置之死地而后生

● 金玉良言

置之死地而后生是一种避难策略，万不得已时，我们不妨用一用。

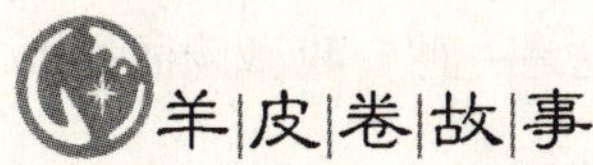

羊皮卷故事

一次，国王又带着猎犬到森林中打猎，不小心，猎犬竟被狼群咬死了，害得国王哀伤难过，无心处理国政。后来，国王命令工匠，将猎犬制成标本，放在皇宫中朝夕相伴，慰藉他失落的心情。

没过多长时间，猎犬突然从皇宫里消失不见了，经过彻夜找寻，终于在一位大臣的家里发现了猎犬的踪迹。

当国王知晓后，甚为愤怒，立即下旨要处死这位大臣。

大臣心知，一定是遭到了宫中的对敌陷害，可在这种时候再做出任何的辩解都是无济于事的，于是这位大臣便向国王谎称说："国王啊！臣未事先告知国王就私自拿走猎犬的标本，的确是罪该万死！但臣绝对是出于一片忠心呀！臣最近听到了一则能使做成标本的尸体重新复活的秘术，若是真的有效，那国王心爱的猎犬，不就又能活蹦乱跳地陪伴您出游打猎了吗！臣未事先报准，也是希望能给国王一个惊喜呀！"

国王听了他的话之后，顿时由怒转喜："有这种事？那你快快让我的爱犬复活！"

大臣回答："国王有所不知，要使标本复活，最少要一年的时间。"

有心要陷害此大臣的人此时在一旁向国王挑拨说："此人分明是想为自己脱罪，才编出如此荒诞的谎言，国王您千万不可相信呀！"

大臣趁国王犹豫未定时，马上又说："伟大英明的国王呀！让臣试着将猎犬复活，对您有何损失呢？如果一年后，臣不能将猎犬复活，猎犬的标本仍然存在，而国王您仍可下令将臣处死。若现在就将臣处死，那猎犬可是永远也没有复活的希望了！"

国王觉得他的话有理，便答应了大臣的请求，还为大臣提供了很多金钱和人力上的协助。

过了三个月的时间，猎犬依旧没有复活，关心大臣生死的友人看见大臣居然还有心情悠闲地在花园中散步，便骂他说："都什么时候了，你还有心情在这里散步！明知道是被人陷害，却不说清楚，反倒编出标本能复活的鬼话，我看你是活得不耐烦了！"

大臣听了之后，却笑着说："谁能预料呢？一年的时间，也许国王会死，我们国家会被敌国灭亡，世界末日可能发生！或者，陷害我的人良心发现，主动向国王自首，还我清白！再不就是国王另结新欢忘了这件事！或者，搞不好，我真能使猎犬复活。这个世界上的每一件事情都有可能发生，我有什么好担心的！你看，那黄昏的阳光多么温柔，那枝头绽开的花朵多么娇美，我正在把握时间享受我剩下的九个月人生，更何况，我又不一定会死！学学我，凡事看开一点吧！"

智慧小语

凡事看开点，置之死地而后生是一种处理为难的策略，也是一种自我激励的好办法，在没有选择时，这确实是一种很好的选择。

忘我才能无畏

●金玉良言

忘掉自己，你就会变得勇敢；关怀别人，才能让你赢得尊重！

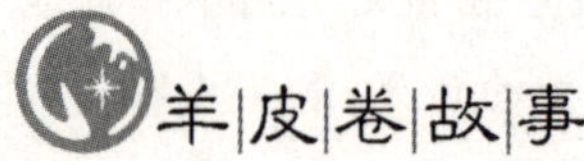

有一个男孩从小生性怯懦，屡遭同伴们的嘲弄与耻笑。男孩为此苦恼不已，连做梦都想成为一位勇敢且受人尊重的人。

后来男孩应征入伍了。他原以为新的环境会给他的境遇带来改观，但由于秉性使然，不久，男孩便再度沦为大家嬉闹、戏谑的对象。男孩非常痛苦。

一天，教官对新兵们进行投掷训练。他突然把一枚手榴弹向新兵旁边掷去。新兵们个个大惊失色，连滚带爬地纷纷溃散。教官的脸色顿时有些阴暗，他愤愤地说，这只是一枚不会爆炸的教练弹，我这样做是想检测一下你们的心理素质，看你们在突发事件面前，能否保持镇定和勇敢——要知道，对一名军人来说这是至关重要的！

恰巧那天男孩因病未能出练。第二天，当他出现在操场上时，教官暗示新兵们不要声张，便故伎重演，将手榴弹再次掷出。大家掩面窃笑，期待一场闹剧上演。

同他们一样，男孩并不知道手榴弹不会爆炸。然而在那一瞬，他却奋不顾身地扑了上去，用瘦弱的身体把那颗手榴弹压在身下，并伴以紧迫而短促的一声大吼："快，快闪开!”

人们惊诧了,个个面面相觑。谁也没有想到,男孩竟企图用牺牲自己为代价,来换取战友们的生命。男孩在那一刻所表现出的无私与无畏、果断与勇敢征服了大家。

过了好久,男孩才明白过来,缓缓从地上爬起来,羞臊地低下头,等待同伴们的奚落。然而,这次没有。每个人都将自己的无上崇敬与感激,化作激越的掌声,经久不息。

男孩哭了。这是他平生第一次为受到如此厚重的礼遇而流泪。

从此以后,男孩一点一点地从卑怯中走了出来,屡立军功,赢得了人们的无限崇敬。后来,已荣升为军官的男孩感慨万分地说:“忘掉自己,你就会变得勇敢;关怀别人,才能让你赢得尊重!”这句话,成了男孩恪守不渝的座右铭。

智慧小语

无畏的仁者才能无敌,因为这种人在关键时候能够舍己为人,把生死置之度外。

摩根冒险炒黄金

● 金玉良言

冒险可能会失败,但是通过冒险却可以让你获得很大的成功。

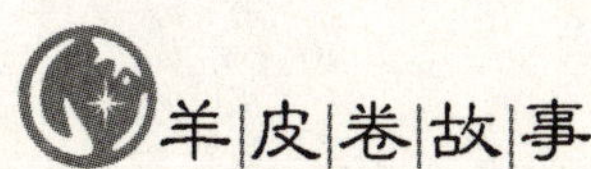

美国的南北战争正打得不可开交时,林肯总统颁布了“第一号命令”,实行了全军总动员,并下令陆海军对南方展开全面进攻。

一天,克查姆,一位华尔街投资经纪人的儿子,摩根新结识的朋友,来与摩根闲聊。

“我父亲最近在华盛顿打听到,北军伤亡十分惨重!”克查姆神秘地告诉他的新朋友,“如果有人大量买进黄金,汇到伦敦去,肯定能大赚一笔。”

对经商极其敏感的摩根立刻心动,提出与克查姆合伙做这笔生意。克查姆自然跃跃欲试,他把自己的设计告诉摩根:“我们先同皮鲍狄先生打个招呼,通过他的公司和你的商行以共同付款的方式,购买四五百万美元的黄金——当然要秘密进行。然后,将买到的黄金一半汇到伦敦,交给皮鲍狄,剩下一半我们留着。一旦皮鲍狄黄金汇款

之事被泄露出去，而政府军又战败时，黄金价格肯定会暴涨。到那时，我们就堂而皇之地抛售手中的黄金，肯定会大赚。摩根迅速地盘算了这笔生意的风险程度，爽快地答应了克查姆。

一切按设计行事，正如他们所料，秘密收购黄金的事因汇兑大宗款项走漏了风声，社会上流传着大亨皮鲍狄购置大笔黄金的消息，“黄金非涨价不可”的舆论四处流行。于是，很快形成了争购黄金的风潮。由于这么一抢购，金价飞涨，摩根一瞅火候已到，迅速抛售了手中所有的黄金，趁混乱之机狠赚了一笔。

此后的一百多年间，摩根家族的后代都秉承了先祖的遗传，不断地冒险，抓住机遇，最终打造了一个实力强大的摩根帝国。

智慧小语

依靠勇敢的性格、过人的胆识、巧妙的思维、广泛的信息等作为基础，这样才能在机遇来临的时候，凭借高屋建瓴的远见卓识，果敢迅猛的冒险精神，马上做出决策并付诸实施，从而抓住转瞬即逝的大好良机。

十
自我激励，蚂蚁也能够搬动大山

拿破仑的孙子

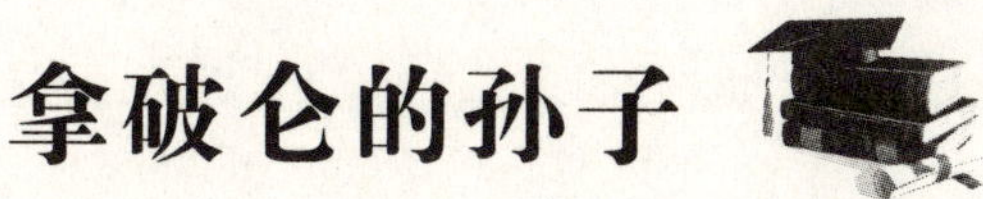

金玉良言

接纳自己，相信自己，欣赏自己的光亮。

羊|皮|卷|故|事

有一则发生在美国的故事：一个叫亨利的青年，三十多岁了仍一事无成，他整天在唉声叹气中度日，觉得自己一无所长，只能荒度人生。

一天，他的一位好友拿着一本杂志找他，认真地告诉他："这本杂志里面讲拿破仑有一个私生子流落到美国，这个私生子又生了一个儿子，他的全部特征跟你一样，个子很矮，讲的也是一口带法国口音的英语……"亨利半信半疑。

当他拿起那本杂志琢磨半天后，终于相信自己就是拿破仑的孙子。

此后，亨利完全改变了自己对自己的看法。从前，他自卑；如今他欣赏自己的正是这一点，"矮个子真好！我爷爷就是靠这个形象指挥千军万马的。"以前，他觉得自己英语讲得不好；而今他以讲带有法国口音的英语而自豪！当遇到困难时，他会认为在拿破仑的字典里没有难字。就这样，凭着他是拿破仑孙子的信念，他走出心中的阴霾，走进自信的阳光里。

他微笑着走出家门，轻松地去寻找工作，无论干什么都全身心地投入，他相信自己能行，因为他是拿破仑的后代。三年后，他成了一家大公司的董事长。

后来，他请人调查他的身世，才知道他并不是拿破仑的孙子，但他说："现在我是不是拿破仑的孙子已经无关紧要了，重要的是我懂得了一个成功秘诀：当我相信时，它就会发生。"

智慧小语

亨利的成功，是那本杂志中关于他"身世"的消息，给他阴沉的心灵洒上接纳自己、相信自己，甚至欣赏自己的光亮，在这光亮的指引下，他竭尽能力去参与各项活动，最终取得了成功。

真正的诺言

金玉良言

用诺言激励自己，只要有诺言在，就不能失去希望。

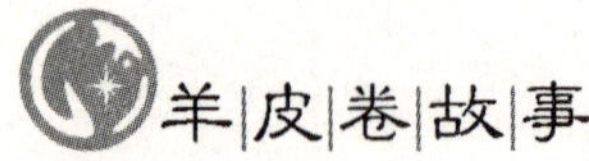

一次8.2级的地震几乎铲平美国的小石镇，在不到4分钟的时间里，3万多人不幸丧生！

在一阵破坏与混乱之中，有位父亲将他的妻子安全地安置好了以后，跑到儿子就读的学校。然而他迎面所见的，却是被夷为平地的校园。

看到这令人伤心的一幕，他想起了曾经对儿子所做的承诺："不论发生什么事，我都会在你身边。"至此，父亲热泪盈眶。面对看起来令人绝望的瓦砾堆，父亲的脑中仍记着他对儿子的诺言。

于是父亲马上开始动手挖掘，寻找废墟下的儿子。其他悲伤的学生家长赶到现场，悲痛欲绝地叫着："我的儿子呀！""我的女儿呀！"有些好心的家长试着把这位父亲劝离现场，告诉他"一切都太迟了！""无济于事的！""算了吧！"等等，面对种种劝告，这位父亲仍然继续挖着。

不久，消防队队长出现了，也想试着把这位父亲劝走，对他说："火灾频频，随时可能发生爆炸，你留在这里太危险了，这边的事我们会处理，你快点回家吧！"而这位父亲却问道："你们要帮助我吗？"

警察也赶到现场，同样想让这位父亲离开。这位父亲依旧问道："你们要帮助我吗？"然而，却没有一个人帮助他。

为了要知道亲爱的儿子是生是死，这位父亲独自一人鼓起勇气，继续进行着他的工作。时间一分一秒地流逝，挖掘的工作持续了38小时之后，父亲推开一块大石头，听到了儿子的声音。父亲尖叫着："阿曼！"他听到回音："爸爸吗？是我！我告诉其他的小朋友说，如果你活着，你会来救我。如果我获救了，他们也会获救的。你答应过我的，'不论发生什么事，你都会在我身边。'你做到了，爸爸！"

"你那里的情况怎样？"父亲问。

"我们有33个人，其中只有14个还活着。爸爸，我们好害怕，又渴又饿，谢天谢地，教室倒塌时，刚好形成一个三角形的洞，救了我们。"

"快出来吧，儿子！"

"不，爸爸，让其他小朋友走出去吧！因为我知道你会接我的！不管发生什么事，我知道你都会在我身边！"

智慧小语

人的生命是脆弱的，但人的生命也可以很坚强，关键在于自己的心态。只有我们自己坚强起来，我们的生命才会更加坚强。不管遇到什么情况，我们都不能放弃求生的权利，要坚持不懈，也许下一秒奇迹就会发生。

生存的希望

金玉良言

乐观的人总是能看到走出困境的希望。

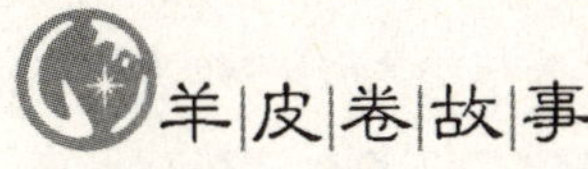

"詹姆士号"海轮已经连续航行了十几天，再需半天时间，就将到达目的地。疲惫的乘客们再度兴奋起来，相互打着招呼，大声地谈笑着，有的人已经在互递名片，相约"再见"。

大副杰克逊也乐滋滋地摸了摸上衣口袋里带给儿子的礼物，想到马上要与妻子和

儿子共享天伦之乐了,他兴奋地捧起水壶,一阵"咕咚""咕咚"猛灌。

就在这时,身后传来一阵慌乱惊叫的声音,杰克逊回头一望,天呐!船舱里居然冒出股股浓烟!接着惊惶失措的乘客纷纷逃出船舱,拥向甲板。没等杰克逊反应过来,浓烟已扑面而来,乘客们绝望地拼命往海里跳。

杰克逊跑到船舷旁,解开一只救生艇,从水里救出六个人。但没等杰克逊救起第七个人,一个巨浪把救生艇冲出足有十米远。后面的"詹姆士"号突然化成一团冲天的火球,随即爆发出一声震耳欲聋的巨响,分解成一块块碎片……

七个幸存者极目四望,海天茫茫,他们不知身在何方。更让他们担心的是,他们没有食物,最后一点淡水就挂在杰克逊的脖子上。杰克逊看了看胸前的水壶,而后对大家说:"它是我们生命的最终保障,我们只有到了生命极限的时候,才能动它。"说着,他从腰间掏出一把左轮手枪,继续说道:"不到万不得已,谁也别打这壶水的主意……谁要敢乱来,我就毙了他!"

救生艇继续在海面上漫无目的地漂流着。第三天早上,爱丽斯夫人突然晕厥过去,大家摇晃着呼唤她,爱丽斯发出低低的声音:"水……水……"杰克逊搂着爱丽斯的脖颈,轻声说:"夫人,现在还不是最危险的时候,你还能顶住。"

一旁的道格拉斯趁杰克逊分神,就要过来抢水壶。杰克逊迅速从口袋里掏出手枪来,大喝道:"别动!小心我一枪打死你!"道格拉斯被黑洞洞的枪口镇住了,终于没敢过来。

爱丽斯时昏时醒。她唯一一句话就是:"水……水……"但杰克逊握着手枪,护着水壶,也只说一句话:"坚持住,到必要的时候,我会喂你水的。"

当第六个清晨来临时,除了克劳林因喝海水而死。其他的人都再也无法动弹。十只眼睛死死地盯着杰克逊手里的水壶,而杰克逊则警惕地注视着每一个人。

这时,远处突然传来了汽笛声。接着,两道刺目的灯光扫射到救生艇上,救援的海轮终于发现了他们。仿佛有一股力量注入到大家的体内,他们终于发出微弱的声音:"救……"杰克逊嘀咕了一声:"上帝啊!"头一歪就昏厥过去。

道格拉斯哆嗦着爬到杰克逊跟前,拽过那只水壶,他想灌个痛快。但他感觉水壶太轻,好像没有水。道格拉斯摇晃着水壶,仍没听见壶里有什么动静。他拧开水壶盖儿,将水壶口朝下,还是没有一滴水……

当杰克逊醒来时,发现他们都躺在医院里,道格拉斯正望着他。杰克逊朝道格拉斯点点头,道格拉斯还以友好的一笑,问:"大副先生,你是否知道,你守着的那个水壶里根本没有一滴水。"杰克逊笑着回答:"我早就知道里面没有水,但我给你们虚构了一个希望。有了这个希望,你们才会不断地对自己说:'我总会喝到那壶水的,我能坚持住。'你们自始至终没有喝到水,但你们的心灵被水滋润了。如果你们知道水壶里没有水,你们会觉得没有希望,你们会被绝望打败,生命就会在心灵死亡后消失。"

“天啊，”道格拉斯惊叹道，“那你自己呢？你明知道没水，又怎么坚持下来的？”

杰克逊答道：“我是这么想的：只要你们能活到那一天，我也一定能够。”

智慧小语

面对同样的困境，乐观的人能勇敢地活下来，而悲观的人却往往自己先放弃了。因为后者看不到走出困境的希望，甚至不知道困境过后路在何方。于是他们不再和困难作最后的斗争，在最后关头还没到来之前，先自我投降了。这样，他们理所当然就会被困境所吞没。而乐观的人正好相反，他能坚定自己走出困境的信心，最终往往真能成功。

永存进取之心

金玉良言

没有最好的，只有更好的，要想更好，学习、做事就要用做到最好的标准要求自己。

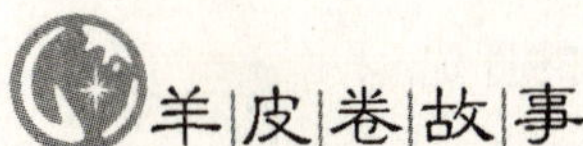

羊皮卷故事

拿破仑·希尔曾经聘用了一位年轻的小姐当助手，替他拆阅、分类及回复他的大部分私人信件。当时，她的工作是听拿破仑·希尔的口述和记录信的内容。她的薪水和其他从事类似工作的人大约相同。有一天，拿破仑·希尔口述了下面这句格言，并要求她用打字机把它打下来：“记住：你唯一的限制就是你自己脑海中所设立的那个限制。”

当她把打好的纸张交还给拿破仑·希尔时，她说：“你的格言使我获得了一个想法，对你我都很有价值。”

这件事并未在拿破仑·希尔脑中留下特别深刻的印象，但从那天起，拿破仑·希尔可以看得出来，这件事在她脑中留下了极为深刻的印象。她开始在用完晚餐后回到办公室来，并且从事不是她分内而且也没有报酬的工作。她开始把写好的回信送到拿破仑·希尔的办公桌上来。

她已经研究过拿破仑·希尔的风格，因此，这些信回复得跟拿破仑·希尔自己所写的一样好，有时甚至更好。她一直保持着这个习惯，直到拿破仑·希尔的私人秘书

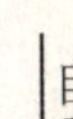

辞职时，拿破仑·希尔开始找人来补这位男秘书的空缺，他很自然地就想到这位小姐。其实在拿破仑·希尔还未正式给她这项职位之前，她已经主动承担了这个职位应做的工作。由于她在下班之后，以及没有领加班费的情况下，对自己加以训练，终于使自己有资格出任这个拿破仑·希尔属下人员中最好的职位。

不仅如此，这位年轻小姐的办事效率太高了，因此引起了其他人的注意，开始提供很好的职位请她担任。此前拿破仑·希尔已经多次提高她的薪水，她现在的薪水已是当初来拿破仑·希尔这儿当一名普通速记员时的薪水的4倍。对这件事拿破仑·希尔实在是束手无策，因为她使自己变得对拿破仑·希尔极有价值，因此，拿破仑·希尔不能失去她这个帮手。

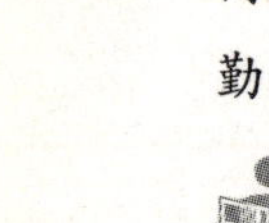

这就是进取心的作用。另外值得注意的是，这位年轻小姐的进取心，除了使她的薪水大为增加外，还为她带来一个莫大的好处。在她身上，已经发展出来一种愉快的精神，为她带来其他速记员永远无法领会的幸福感。她的工作已经不是工作了，而是一个极为有趣的游戏，由她自己去玩。这游戏使她觉得即使在早上比一般的速记员提早来到办公室，下午在其他人一听到下班的钟声就飞快地下班之后，她还留在办公室内的情况下，她的工作时间反而比其他工作人员短。对于喜欢份内工作的人来说，辛勤工作的时间并不难熬。

智慧小语

进取之心磨炼着你的意志，让你不断进步，不断受到他人的肯定。

威尔逊和瞎子

●金玉良言

挫折能把一个人打倒，但被打倒者却可以坚强地站起来。

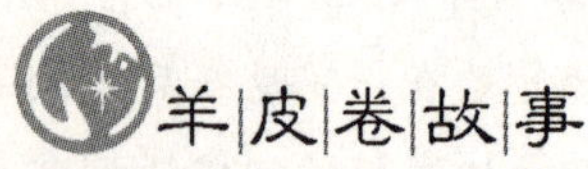

羊皮卷故事

有一天，威尔逊从他的办公楼里走出来，刚走到街上，就听见身后传来“嗒嗒嗒”的声音，那是盲人用竹竿敲打地面发出的声响。威尔逊愣了一下，缓缓地转过身。

盲人感觉到前面有人，连忙打起精神，上前说道：“尊敬的先生，您一定发现我是一个可怜的盲人,能不能占用您一点点时间呢?”

威尔逊说:“我要去会见一个重要的客户,你要什么就快说吧。”

盲人在一个包里摸索了半天,掏出一个打火机,放到威尔逊的手里,说:“先生,这个打火机只卖 1 美元,这可是最好的打火机啊。”

威尔逊听了,叹口气,把手伸进西服口袋,掏出一张钞票递给盲人:“我不抽烟。但我愿意帮助你。这个打火机,也许我可以送给开电梯的小伙子。”

盲人用手摸了一下那张钞票,竟然是 100 美元!他用颤抖的手反复抚摸着钱,嘴里连连感激着:“您是我遇见过的最慷慨的先生!仁慈的富人啊,我为您祈祷!上帝保佑您!”

威尔逊笑了笑,正准备走,盲人拉住他,又喋喋不休地说:“你不知道,我并不是一生下来就瞎的。都是 23 年前布尔顿的那次事故!太可怕了!”

威尔逊一震,问道:“你是在那次化工厂爆炸中失明的吗?”

盲人仿佛遇见了知音,兴奋得连连点头:“是啊,是啊。您也知道?这也难怪,那次光炸死的人就有 93 个,受伤的人有好几百,可是头条新闻哪!”盲人想用自己的遭遇打动威尔逊。争取多得到一些钱,他接着可怜巴巴地说道:“我真可怜啊!到处流浪,孤苦伶仃,吃了上顿没下顿,死了都没人知道!”他越说越激动,“您不知道当时的情况,火一下子冒了出来!仿佛是从地狱中冒出来的!逃命的人群都挤在一起,我好不容易冲到门口,可一个大个子在我身后大喊:‘让我先出去!我还年轻,我不想死!’他把我推倒了,踩着我的身体逃了出去!我失去了知觉,等我醒来后,就成了瞎子,命运真不公平啊!”

威尔逊冷冷地说道:“事实恐怕不是这样吧,你说反了。”

盲人一惊,用空洞的眼睛呆呆地对着威尔逊先生。

威尔逊一字一顿地说:“我当时也在布尔顿化工厂当工人,是你从我的身上踩过去的!‘你长得比我高让我先走。’你说的那句话,我永远都忘不了!”

盲人站了好长时间,突然一把抓住威尔逊,爆发出一阵大笑:“这就是命运啊!不公平的命运!你在里面,现在出人头地了;我跑了出去,却成了一个没有用的瞎子!”

威尔逊用力推开盲人的手,举起了手中一根精致的棕榈手杖,平静地说:“你知道吗?我也是一个瞎子。你相信命运,可是我不信!”

智慧小语

同是不幸的遭遇或失败,有的人以乞讨为生,有的人却能出人头地,这绝非命运的安排,而在于一个人在倒下后能不能勇敢地爬起来,执着地为自己的明天而努力。

穷人最缺少的是什么

●**金玉良言**

不想当将军的士兵不是好兵，野心不能太大，但万万不能没有野心。

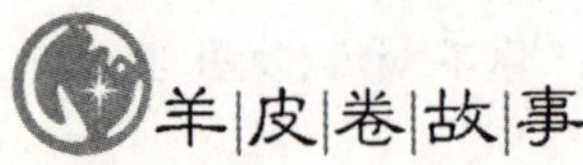

羊|皮|卷|故|事

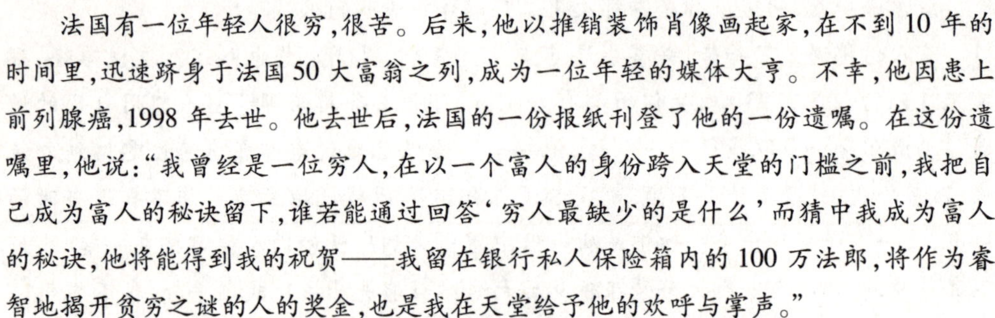

法国有一位年轻人很穷，很苦。后来，他以推销装饰肖像画起家，在不到10年的时间里，迅速跻身于法国50大富翁之列，成为一位年轻的媒体大亨。不幸，他因患上前列腺癌，1998年去世。他去世后，法国的一份报纸刊登了他的一份遗嘱。在这份遗嘱里，他说："我曾经是一位穷人，在以一个富人的身份跨入天堂的门槛之前，我把自己成为富人的秘诀留下，谁若能通过回答'穷人最缺少的是什么'而猜中我成为富人的秘诀，他将能得到我的祝贺——我留在银行私人保险箱内的100万法郎，将作为睿智地揭开贫穷之谜的人的奖金，也是我在天堂给予他的欢呼与掌声。"

遗嘱刊登之后，有18461个人寄来了自己的答案。这些答案，五花八门，应有尽有。绝大部分的人认为，穷人最缺少的当然是金钱了，有了钱就不会再是穷人了。另有一部分人认为，穷人之所以穷，最缺少的是机会，穷人之所以穷是穷在"背时"上面。又有一部分人认为，穷人最缺少的是技能，一无所长所以才穷，有一技之长才能迅速致富。还有的人说，穷人最缺少的是帮助和关爱、是漂亮、是名牌衣服、是总统的职位等等。

在这位富翁逝世周年纪念日，他的律师和代理人在公证部门的监督下，打开了银行内的私人保险箱，公开了他致富的秘诀，他认为："穷人最缺少的是成为富人的野心。"

在所有答案中，有一位年仅9岁的女孩猜对了。为什么只有这位9岁的女孩想到穷人最缺少的是野心？她在接受100万法郎的颁奖之日说："每次，我姐姐把她男朋友带回家时，总是警告我说不要有野心！要有野心！于是我想，也许野心可以让人得到自己想得到的东西。"

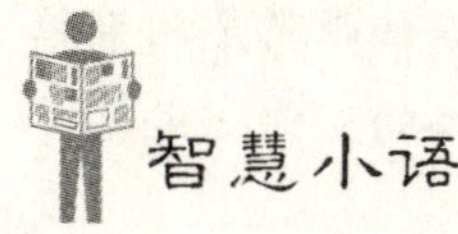

智慧小语

野心是一味“治穷”的特效药，是所有奇迹的萌发点，穷人之所以穷，大多是因为他们有一种无可救药的弱点，就是缺乏致富的野心。

相信自己

金玉良言

当你高喊“相信自己”的口号时，你真的是发自内心地相信自己吗？我看未必。

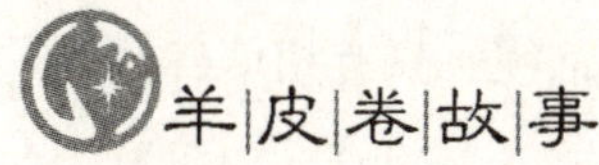

羊皮卷故事

有一位顶尖级的杂技高手，一次，他参加了一个极具挑战性的演出，这次演出的主题是在两座山之间的悬崖上架一条钢丝，而他的表演节目是从钢丝的这边走到另一边。

演出就要开始了，整座山聚满了观众，当中有记者、有主办单位、赞助商和看热闹的人群。这时，只见杂技高手走到悬在山上的钢丝一头，然后用眼睛注视着前方的目标，并伸开双臂，第一步、二步、三步……慢慢的杂技高手终于顺利地走了过去，这时，整座山响起了热烈的掌声和欢呼声。

“我要再表演一次，这次我要绑住我的双手走到另一边，你们相信我可以做到吗？”杂技高手对所有的人说。我们知道走钢丝靠的是双手的平衡，而他竟然要把双手绑上。但是，因为大家都想知道结果，所以都说：“我们相信你，你是最棒的！”杂技高手真的用绳子绑住了双手，然后用同样的方式一步、两步……终于又走了过去。“太棒了，太不可思议了”，所有的人都报以热烈的掌声。但没想到的是杂技高手又对所有的人说：“我再表演一次，这次我同样绑住双手，然后把眼睛蒙上，你们相信我可以走过去吗？”所有的人都说：“我们相信你！你是最棒的！你一定可以做到的！”

杂技高手从身上拿出一块黑布蒙住了眼睛，用脚慢慢地摸索到钢丝，然后一步一步地往前走，所有的人都屏住呼吸为他捏一把汗。终于，他走过去了！掌声雷动！“你真棒！你是最棒的！你是世界第一！”所有的人都在呐喊着。

表演好像还没有结束，只见杂技高手从人群中找到一个孩子，然后对所有的人说：

"这是我的儿子,我要把他放到我的肩膀上,我同样还是绑住双手、蒙住眼睛走到钢丝的另一边,你们相信我吗?"所有的人都说:"我们相信你！你是最棒的！你一定可以走过去的!"

"真的相信我吗?"杂技高手问道。

"相信你！真的相信你!"所有人都说。

"我再问一次,你们真的相信我吗?"

"相信！绝对相信你！你是最棒的!"所有人都大声回答。

"那好,既然你们都相信我,那把我的儿子放下来,换上你们的孩子,有愿意的吗?"杂技高手说。

这时,整座山鸦雀无声,再也没有人敢说相信了。

智慧小语

现实生活中,许多人说:"相信自己,我是最棒的!"当我们在喊这些口号时,我们是否真的相信自己？我们会不会一遇到困难就忘掉刚才说的话呢？只有相信自己,才能让别人相信你。

人生没有乞丐

●金玉良言

人生没有乞丐,只要你能经受得住命运的考验。

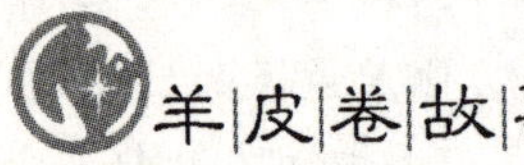

羊|皮|卷|故|事

凯蒂的朋友玛利亚从南站办事回来,给她讲了这样一个故事:

那天正是中午,又下着小雨,车厢里的乘客稀稀落落的。车子行驶至桥头站时,上来一老一小两名惹人注目的乘客。从相似的容貌很容易看得出,他们两人是父子,而且都是残疾人。中年的男子双目失明,而那大约八九岁的男孩则是一只眼紧闭着,只有另一只眼能微微睁开些。小男孩牵引着他父亲,一步一步地摸索着上车来,径直走到车厢中央。当车子缓缓继续前行时,小男孩的声音也随之响起:"各位先生、女士你们好,我叫汤姆。我现在唱几首歌给大家听。"

这时候，音质很一般的电子琴声响了起来，小男孩自弹自唱，孩子的歌声有天然童音的甜美。唱完了几首歌曲之后，男孩走到车厢头，正如人们所预料的那样，他开始“行乞”了。他一没有托着盘子，也没直接把手伸到你前面，只是轻轻地走到你身旁，叫一声“先生、小姐”什么的，然后默默地站立着。所有人都知道他的意思，但都装出不明白的样子，或干脆把头转向另一侧，当男孩空着小手走到车厢尾时，坐在玛利亚身旁的一位中年妇女很气愤地尖声大叫起来：“怎么搞的，纽约这么多乞丐，连车上都有？”

顿时，所有的目光都集中到他俩的身上。没想到，小男孩小小的脸上竟显现出与年龄极不相称的冷峻，声音不大不小。不紧也不慢地说：“小姐，我不是乞丐，我是卖唱的。”

霎时间，所有淡漠的目光都变得生动起来，不知是谁带头鼓起了掌，片刻，车厢里掌声连成一片。

说到这儿，玛利亚的声音变得很低沉：“一个没有生存能力的小男孩却在不屈地承受生命的考验，他怎么可能是乞丐呢？”

那一刻，凯蒂的眼睛亦漂浮着一层雾水。有一天，凯蒂路过广场，一阵悠扬的琴声飘来，是一位少年在拉小提琴。她一眼就看出，他就是朋友提过的那个卖唱的小男孩。当凯蒂把微薄的钱币以完全没有施舍者的心态郑重地放在小男孩的手心时，凯蒂相信它同时还伴随着一个沉甸甸的信念——人生无乞丐。

智慧小语

背负着苦难，顽强地活着的人是值得我们尊重的人，他们不是乞丐，是生活中的强者。

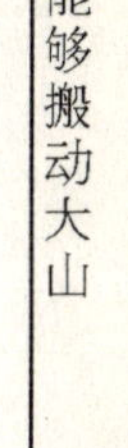

天才的成功奥秘

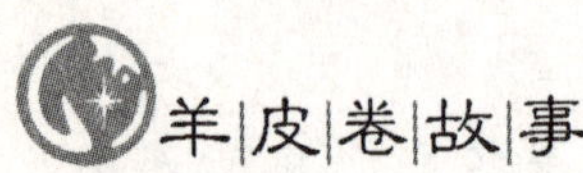

金玉良言

每个人都具有成为天才的基本素质，看你怎么结合自身条件去利用这些素质了。

羊皮卷故事

有个名人以知识渊博、爱好各种文化、精力充沛以及富甲一方而闻名世界。那时他已75岁，但看起来还要年轻20岁。他每天游泳，散步走得很远，凌晨两点前很少睡觉。

一天饭后，他和宾客一起来到休息室。碰巧在场有一位报纸专栏记者，总是把享乐和工作联系在一起，即使在参加聚会时也不放过为他写文章搜寻素材。于是，记者开始同男主人交谈起来，在称赞一番主人的成就、荣耀、精气神之后，记者巧妙地把谈话变成了一次专访。

"先生，您成就非凡，媒体和公众都称您为天才，您觉得自己是吗？"记者问道。

"绝对不是。"主人笑着，并且坦率地答道："我一直认为，每个人都具有成为天才的基本素质。"

"那么准确地讲，这些基本素质是什么呢？"不难想到，记者第二个问题接了上来。

答案很坦率，含义也很深刻，措辞却很友善。或许是刚吃完饭没几分钟的缘故，主人用了一个烹饪的比喻。

"或许基本素质有四个，首先，一个人不可能在菜单上找到自己想吃的每一道菜。其二，他也很难找到既能填饱肚子又是美味佳肴的菜。其三，吃饭的时候，应遵循这样一个道理：能吃多少拿多少。不过，这并不妨碍第四点：不要拒绝对自己有益的食物；对自己好的食物就要吃，要大口咀嚼，而不是拿来玩，一口一口挑剔，难以下咽。"

智慧小语

任何想在工作和生活中获得成功的人，都必须经常衡量、估测哪些事情能在现有条件下实现；简单来讲，要会在工作和生活两个领域里，区分"可能收获的果实"和"不可能收获的糟糠"。

一枚戒指

●**金玉良言**

把一个看似无用的东西放在最合适的位置,它可能就是一件无价之宝。

羊皮卷故事

一个小伙子非常苦恼:"老师,我觉得自己什么事情也做不好,大家都说我没用,又蠢又笨。我该怎么办呢?"

老师说:"孩子,我很遗憾,现在帮不了你,我得先解决自己的问题。"他停顿了一下,说:"如果你先帮我个忙,我的问题解决了,之后也许我可以帮助你。"

"哦……如果能帮您的忙,我很荣幸,老师。"年轻人很不自信地回答说。

老师把一枚戒指从手指上摘下来,交给小伙子,说:"骑着马到集市去,帮我卖掉这枚戒指,我要还债,要卖一个好价钱,最低不能少于一个金币。"

年轻人拿着戒指离开了。一到集市,他就拿出戒指给赶集的人看。人们围上来看,而当年轻人说出了戒指的价格后,有人嘲笑他,有人说他疯了,只有一位老人出于好心向他解释,一枚金币是多么值钱,用来换这样一枚戒指是多么不值。有人想用一个银币和一些不值钱的铜器来换这枚戒指,但年轻人记住老师的叮嘱,拒绝了。

年轻人骑着马悻悻而归。他沮丧地对老师说:"对不起,我没有换到您要的一个金币。也许可以换到两个或三个银币。"

"年轻人,"老师微笑着说,"首先,我们应该知道这枚戒指的真正价值。你再骑马到珠宝商那里,告诉他我想卖这枚戒指,问问他给多少钱。但是,不管他说什么,你都不要卖,带着戒指回来。"

年轻人来到珠宝商那里,珠宝商在灯光下用放大镜仔细检查戒指后说:"年轻人,告诉你的老师,如果他现在就想卖,我最多给他58个金币。"58个金币?"小伙子不敢相信自己的耳朵。

"是啊,我知道,要是再等等,也许可以卖到70个金币。但我不知道老师是不是急着要卖……"珠宝商说。

年轻人十分激动地跑到老师家,把珠宝商说的话告诉老师。

老师听后,说:“孩子,你就像这枚戒指,一件举世无双、价值连城的珠宝。但是,只有真正的内行才能发现你的价值。”

智慧小语

我们每个人都像这枚戒指,要看重自己,发现自己的闪光点,让自己更光彩夺目。

没有四肢的泳者

金玉良言

尽你最大的努力去奋斗吧,你一定会取得成功的。

羊皮卷故事

举行残疾人运动会,报名的时候,来了一个失却了双腿的人,说他要参加游泳比赛。登记小姐很小心地问他在水里将怎样游,失却双腿的人说他会用双手游泳。

又来一个失却了双臂的人,也要报名参加游泳比赛,小姐问他将如何游,失却双臂的人说他会用双腿游泳。

小姐刚给他们登记完了,来了一个既没有双腿也没有双臂,也就是说,整个失却了四肢的人,也要报名参加游泳比赛。小姐竭力镇静自己,小声问他将怎样游泳;那人笑嘻嘻地答道:“我将用耳朵游泳。”

他失去四肢的身体好似圆滚滚的桶。由于长久的努力,他的耳朵硕大而强健,能十分灵活地扑动向前。下水试游,他如同一枚鱼雷出膛,速度比常人还快。于是,知道底细的人们暗暗传说,一个伟大的世界纪录即将诞生。

正式比赛的那一天,人山人海。当失却四肢的人出现在跳台的时候,简直山呼海啸。发令枪响了,运动员嘭嘭入水。一道道白箭推进,浪花迸溅,竟令人一时看不清英雄的所在。比赛的结果出来了,冠军是失却双腿的人,亚军是……

英雄呢?没有人看到英雄在哪里,起码是在终点线的附近,找不着英雄独特的身姿。真奇怪,大家分明看到失却四肢的游泳者,跳进水里了啊!

于是更多的人开始寻找,终于在起点附近找到了英雄。他沉入水底,已经淹死了。在他的头上,戴着一项鲜艳的游泳帽,遮住了耳朵。那是根据泳场规则,在比赛前由一位美丽的姑娘给戴上的。

伊卡曾把这个故事讲给旁人听，听完之后的反应，形形色色。

有人说，那是一个阴谋。可能是哪个想夺冠军的人出的损招——扼杀了别人的才能保住了自己。

有人说，那个来送泳帽的人，如果不是一个漂亮的女孩子就好了，泳者就不会神魂颠倒。就算全世界的人都忘记了他的耳朵的功能，他也会保持清醒；拒绝戴那顶美丽的杀人帽子。

有人说，既然没了手和脚，就该安守本分，游的什么泳呢？要知道水火无情，孤注一掷的时候，风险随时会将你吞没。

有人说，为什么要有这么混账的规则，游泳帽有什么作用？各行各业都有这种教条规矩，不知害了多少人才，重重陋习何时才会终结？

伊卡把这些议论告诉女孩杰妮。她说，干吗都是负面？这是一个笑话啊，虽然有一点沉重。

智慧小语

当我们完整的时候，奋斗比较容易。当我们没有手的时候，我们可以用脚奋斗；当我们没有脚的时候，我们可以用双手奋斗。当我们手和脚都没有的时候，我们可以用耳朵奋斗。

没有比脚更长的路

金玉良言

没有比脚更长的路，相信自己的实力，相信自己能战胜一切。

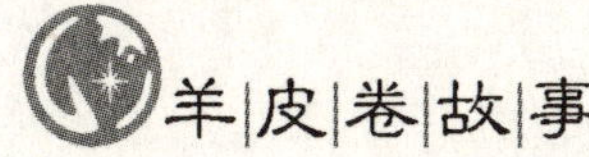

羊皮卷故事

古老的阿拉比王国坐落在大漠深处，多年的风沙肆虐，使昔日富饶的城市变得满目疮痍，城里的人越来越少。国王意识到了危机。

一天，国王将四个王子召集到一起，对他们说：“我打算将国都迁往美丽而富饶的卡伦。”

“卡伦离这里很远很远，要翻过许多崇山峻岭，要穿过草地、沼泽，还要涉过很多的大河，但究竟有多远，没有人知道。”国王说。

国王看了看他们继续说：“我决定让你们四个分头前往探路。”

四个王子都惊异于国王的决定，但他们还是服从了命令，带上充足的物品出发了。

大王子乘车走了8天，翻过四座大山，来到一望无际的草地，他一问当地人，才知过了草地，还要过沼泽，还要过大河、雪山。他想到路途如此艰难和遥远，于是停止了前进。

二王子策马穿过一片沼泽后，被一条宽阔的大河挡住了去路，望着奔涌的河水，他也掉转了马头。

三王子漂过了两条大河，却又走进了一望无际的大漠，在茫茫的沙漠中，他茫然不知所措，于是开始搜寻着回来的路。

一个月后，三个王子陆陆续续回到国王身边，将各自沿途所见报告给国王，并都再三特别强调，他们经历了很多艰难，也在路上问过很多人，也都告诉他们去卡伦的路很远很远。

又过了六天，小王子风尘仆仆地回来了，他兴奋地向父亲报告——到卡伦只需十八天的路程。

国王满意地笑了：“孩子，你说得很准，其实我早就去过卡伦。”

几个王子不解地望着国王——那为什么还要派我们去探路？

国王一脸郑重地说道：“我只想告诉你们四个字——脚比路长。”

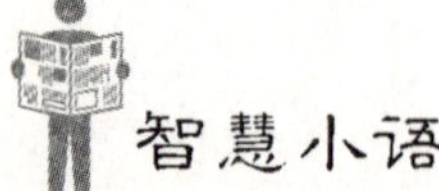

智慧小语

好多人在奋斗之始就埋怨路途遥远，却没想过脚比路长这个道理，只要你肯奋斗，敢于拼搏，就没有比脚还长的路。

冰雪中激发出的热力

金玉良言

艰难困苦不仅仅是挫折，更能激发我们的斗志。

羊皮卷故事

相信每个人都听过“希尔顿大饭店”。在这里要与您分享的，是希尔顿大饭店集团的创始人希尔顿先生赖以成功的秘诀。

希尔顿年幼时，很不幸地正好遇到美国历史上最严重的经济大恐慌。而希尔顿又是一个孤儿，在那样不景气的时代，他只好四处流浪，靠乞讨为生。到了夜晚，他则找一个勉强可以遮风避雨的地方栖身。

有一次，希尔顿流浪到城市里，连着几个晚上，都躲在一间大饭店门廊的阴暗角落避寒与睡觉。

一天半夜，希尔顿在睡梦中被饭店的门童抬了起来，丢到距离饭店10米外的雪地上。

从睡梦中惊醒的希尔顿，大怒地质问门童：“我睡我的觉，哪里碍着你们了，为什么把我丢到雪堆里？”

几个门童答道：“明天一大早，我们饭店的集团老板莅临，经理认为如果让你们这些流浪汉躺在门廊边，不仅有碍观瞻，还可能会引起大老板的不悦与指责，所以要请你们离开！”

希尔顿十分愤怒地大声说道：“你们集团老板是人，我也是人，在这么寒冷的天气里，就让我在门廊下睡一晚，明天再赶我走，也不迟。为什么要在半夜里，偷偷地把我丢在雪地上呢？”

门童趾高气昂地说：“这是饭店经理交代的，我们也只是依命行事。”

希尔顿咬着牙，握紧拳头道：“你们给我听着，总有一天我一定要开一家比你们饭店更大、更豪华的酒店，记住我现在所说的话！”

凭着在雪地中所受的屈辱，希尔顿立下宏愿，从此之后，他不断地努力工作，存下他所赚得的每一分钱，终于创立了第一家“希尔顿大饭店”，并进而扩充成为全世界最大的饭店集团——“希尔顿饭店集团”。

智慧小语

在现实生活中，我们都有可能遇到像希尔顿一样的情况，我们不要因屈辱而耿耿于怀或者对人施加报复，而是要以此为动力，激励自己努力向成功进发。

天生的冠军

●金玉良言

没有天生的冠军，但是我们可以练就冠军精神。

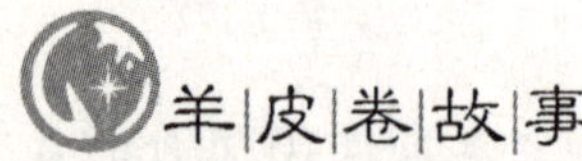

羊皮卷故事

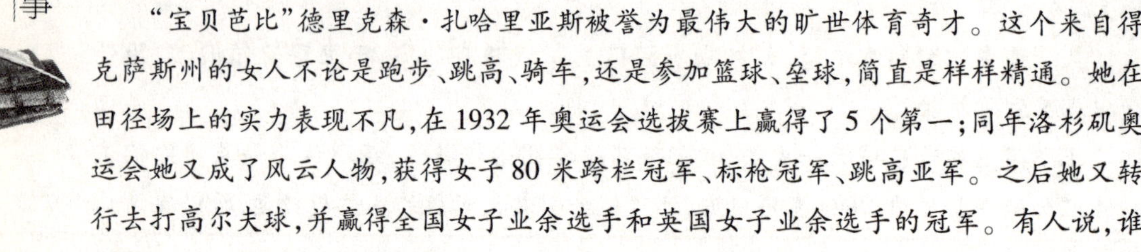

“宝贝芭比”德里克森·扎哈里亚斯被誉为最伟大的旷世体育奇才。这个来自得克萨斯州的女人不论是跑步、跳高、骑车，还是参加篮球、垒球，简直是样样精通。她在田径场上的实力表现不凡，在 1932 年奥运会选拔赛上赢得了 5 个第一；同年洛杉矶奥运会她又成了风云人物，获得女子 80 米跨栏冠军、标枪冠军、跳高亚军。之后她又转行去打高尔夫球，并赢得全国女子业余选手和英国女子业余选手的冠军。有人说，谁也挡不住她，她生来就是个运动员的料，是天生的冠军。

可是现实告诉我们的却是这位“天生的冠军”的另一个故事。“宝贝芭比”开始学习高尔夫时，请了一位非常出众的教练来指导她，她在教练的指导下努力练习，练习如何挥动球杆，把动作分解进行试验，练习每一个分解动作，一直练到她认为自己彻底理解和掌握为止。“宝贝芭比”来到发球区，一练就是 12 个小时，一下午光击球就达一千多个。她挥杆，再挥，再挥，直到手腕酸痛，几乎握不住球杆为止。握不住球杆了，就放下杆，在手上缠满胶布，然后再拿起球杆。她正是用这种方法让自己强有力的挥杆动作日臻完美。

看上去好像“宝贝芭比”是个“必然冠军”。可是，任何领域里的冠军都需要准备、训练和勤奋。后来“宝贝芭比”又勇敢地和癌症作斗争，同样展现了无比的勇气、毅力和信念，赢得了全国人民的敬仰。“宝贝芭比”所遵循的理论是：要想最大限度地发挥自己的能力，那么每个人都必须准备以勤奋去实现。

智慧小语

如果扎哈里亚斯没有火焰般的欲望去夺得高尔夫球比赛的胜利，那她也不可能那么严肃认真地工作和训练，不断完善自己的高尔夫球技艺。记住，最辉煌的成功恰恰是内心呼应熊熊火焰的反映。

死神也怕咬紧牙关

●金玉良言

我们之所以会怕一些事情，正是因为我们害怕自己会坚持不下去，坚持住了，你就胜利了。

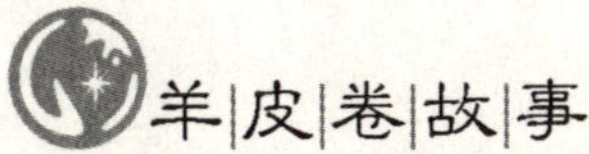

那个惊心动魄的故事是这样的：

罗伯特和妻子玛丽终于攀到了山顶。站在山顶上眺望，远处城市中白色的楼群在阳光下变成了一幅画。仰头，蓝天白云，柔风轻吹。两个人高兴得像孩子，手舞足蹈，忘乎所以。对于终日劳碌的他俩来说，这真是一次难得的旅行。

悲剧正是从这个时候开始的。罗伯特一脚踩空，高大的身躯打了个趔趄，随即向万丈深渊滑去，周围是陡峭的山石，没有抓的地方。短短的一瞬，玛丽就明白发生了什么事情，她下意识地一口咬住丈夫的上衣，当时她正蹲在地上拍摄远处的风景。同时，她也被惯性带向岩边，在这紧要关头，她抱住了一棵树。

罗伯特悬在空中，玛丽牙关紧咬，你能相信吗？两排洁白细碎的牙齿承担了一个高大魁梧躯体的全部重量。

他们像一幅画，定格在蓝天白云、大山峭石之间。玛丽的长发像一面旗帜，在风中飘扬。

玛丽不能张口呼救，一小时后，过往的游客救了他们。而这时的玛丽，美丽的牙齿和嘴唇早被血染得鲜红鲜红。

有人问玛丽如何能挺那么长时间，玛丽回答："当时，我脑袋里只有一个念头；我一松口，罗伯特肯定会死。"

几天之后，这个故事像长了翅膀一样飞遍了世界各地。

智慧小语

咬紧牙关，死神都怕你，不管遇到多大的困难，咬紧牙关，总会闯过去的。

这也会过去

● 金玉良言

无论成败，都已成过去，我们要做的是：胜不骄，败不馁。

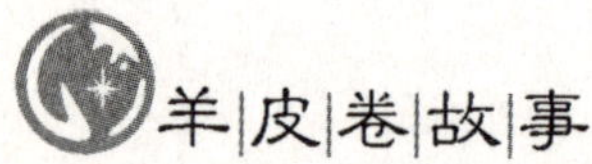

1954年，巴西的男女老少几乎一致认为，巴西足球队定能荣获世界杯赛的冠军。然而，天有不测风云，足球的魅力就在于难以预测。在半决赛时，巴西队意外地输给了法国队，结果没能将那个金灿灿的奖杯带回巴西。

球员们比任何人都更明白，足球是巴西的国魂。他们懊悔至极，感到没脸去见家乡父老。他们知道，球迷们辱骂、嘲笑、扔汽水瓶子是难以避免的。

当飞机进入巴西领空之后，球员们更加心神不安，如坐针毡。可是，当飞机降落在首都机场的时候，映入他们眼帘的却是另一种景象：巴西总统和两万多名球迷默默地站在机场，人群中有两条横幅格外醒目：

“失败了也要昂首挺胸！”

“这也会过去！”

球员们顿时泪流满面。总统和球迷们都没有讲话，默默地目送球员们离开了机场。

球员们对“失败了也要昂首挺胸”的理解是比较深透的，可相比之下，对“这也会过去”的理解却不够深透……

4年后，巴西足球队不负众望赢得了世界杯冠军。

回国时，巴西足球队的专机一进入国境，16架喷气式战斗机即为之护航。当飞机降落在道加勒机场时，聚集在机场上的欢迎者多达3万人。在从机场到首都广场将近20公里的道路两旁，自动聚集起来的人群超过了100万。这是多么宏大和激动人心的场面。

人群中也有两条横幅格外醒目：

“胜利了更要勇往直前！”

"这也会过去!"

球员们对"胜利了更要勇往直前"很容易理解,对"这也会过去"的理解依然朦朦胧胧……

后来,巴西足球队的队长断断续续向一些人请教,应该怎样理解"这也会过去"的含义?

真是无巧不成书。队长请教的一位老者微笑着说,"这也会过去"的横幅就是他写的。他给队长讲了下面的故事:

据说,伟大的所罗门王有一天晚上做了一个梦。

一位智者在梦里告诉他一句至理名言。这句至理名言涵盖了人类的所有智慧,能使他得意的时候不会趾高气昂、忘乎所以;失意的时候能够百折不挠、奋发图强,始终保持勤勤恳恳、兢兢业业的状态。

但是,醒来之后却怎么也想不起来那句至理名言。于是,所罗门王找来了最有智慧的几位老臣,向他们讲了那个梦,要求他们把那句至理名言想出来,他拿出一枚大钻戒说:"如果想出来那句至理名言,就把它刻在戒指面上。我要把这枚戒指天天戴在手指上。"

一个星期过后,几位老臣兴奋地前来送还钻戒,戒面上已刻上了一句勉励人胜不骄、败不馁的至理名言:

"这也会过去!"

智慧小语

面对繁杂的世事,人的一生要经历的事很多,会有成功,也会有失败,但不管怎样,你都要保持一份淡然的心态,要胜不骄,败不馁,以积极的心态去应对、去面对。因为"这也会过去"。

小勇士罗伯茨

● 金玉良言

连死都不怕，怎么会害怕失败！

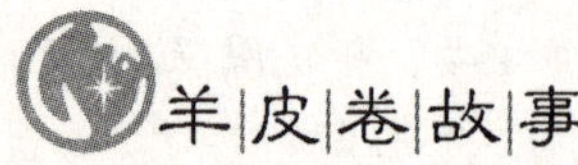

在纽约附近有一个小镇，镇上有一位名叫罗伯茨的男孩，他十分可爱，也是位真正的男子汉，一个真正意志坚强的人。他是个天生顶尖的运动好手。不过在他刚入中学不久腿就瘸了，并迅速恶化为癌症。医生告诉他必须动手术，他的一条腿便被切掉了。出院后，他拄着拐杖返回学校，高兴地告诉朋友们，说他将会安上一条木头做的腿："到时候，我便可以用图钉将袜子钉在腿上，你们谁都做不到。"

足球赛季一开始，罗伯茨立刻回去找教练，希望可以当球队的管理员。在练球的几星期中，他每天都准时到球场，并带着教练训练攻守的沙盘模型。他的勇气和毅力迅速感染了全体队员。有一天下午他没来参加训练，教练非常着急。后来才知道他又进医院做检查了，并得知罗伯茨的病情已恶化为肺癌。医生说："罗伯茨只能活六周了。"

罗伯茨的父母决定不要将此事告诉他。他们希望在罗伯茨生命的最后时期，能尽量让他正常过日子。所以，罗伯茨又回到球场上，带着满脸笑容来看其他队员练球，给其他队员加油鼓励。因为他的鼓励，球队在整个赛季中保持了全胜的纪录。为庆祝胜利，他们决定举行庆功宴，准备送一个全体球员签名的足球给罗伯茨。但是餐会并不圆满，因为罗伯茨身体太虚弱没能来参加。

几周后，罗伯茨又回来了。他这次是来看足球赛的。他脸色十分苍白，除此之外，仍是老样子，满脸笑容，和朋友们有说有笑。比赛结束后，他到教练的办公室，整个足球队的队员都在那里。教练还轻声地问他："怎么没有来参加餐会?""教练，你不知道我正在节食吗?"他的笑容掩盖了脸上的苍白。

其中一位队员拿出要送他的胜利足球，说道："罗伯茨，都是因为你，我们才能获胜。"罗伯茨含着眼泪，轻声道谢。教练、罗伯茨和其他队员谈到下个赛季的计划，然后大家互相道别。罗伯茨走到门口，以坚定冷静的目光回头看着教练说："再见，教练！"

“你的意思是说，我们明天见，对不对？”教练问。

罗伯茨的眼睛亮了起来，坚定的目光化为一种微笑，“别替我担心，我没事！”说完话，他便离开了。

两天后，罗伯茨离开了人世。

智慧小语

小罗伯茨将悲惨的事实化为富有创意的生活体验。他不像鸵鸟将头埋进沙堆，逃避事实。他的生命如此短暂，却仍能把握它，把勇气、信仰与欢笑永远留在他所认识的人们心中。一个能做到这一点的人，你还能说他的一生失败了吗？

在挫折中坚守自己的使命

金玉良言

把自己的爱好当作一生的使命，为之奋斗终生。

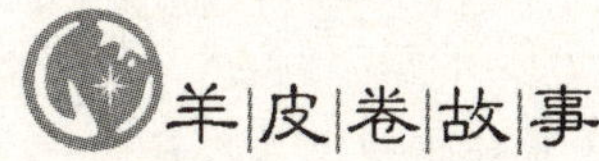

羊皮卷故事

古斯特·罗丹，19世纪法国伟大的雕塑家，西方近代雕塑史上继往开来的一代大师，他的雕塑作品《思想者》是现代世界最著名的雕塑。

罗丹出生于巴黎拉丁区的一个公务员家庭。父亲一直希望罗丹掌握一门手艺，过殷实的生活。但是罗丹从小醉心于美术，父亲曾撕毁罗丹的画，将他的铅笔投入火炉。罗丹的功课都很差，上课时也在画画，老师曾用戒尺狠狠地打他的手，使他有一个星期不能握笔。在姐姐的资助下，罗丹上了一所工艺美校。在此，他掌握了绘画和雕塑的一些基本知识，并立下志向要当一名雕塑家，把雕塑作为自己的使命。

罗丹去报考著名的巴黎美专，可能是由于他的作品太不合主考品味，一连三次都没有被录取。罗丹遭到如此挫折，决心再也不报考官方的艺术学校了。不久，一直资助他的姐姐病逝，罗丹心痛，决心进修道院去赎罪。后来，在修道院长的鼓励下，罗丹重新立起从事艺术的志愿，于半年后离开了修道院。在罗丹几乎丧失信心的时候，他在工艺美校时的老师勒考克鼓励着他。同时他遇到了他的模特儿兼伴侣罗丝，开始了他的创作生涯。

罗丹创作的头像《塌鼻人》遭到了学院派的轻视，但罗丹仍是夜以继日地工作着。他曾在比利时和雕塑家范·拉斯堡合作，稍稍有一点积蓄。利用这点钱，罗丹访问了意大利的佛罗伦萨、罗马，研究了那里保存的各个时期的艺术大师的作品。这次游历使他获得极大的收获，回布鲁塞尔后就创作出了精心构制的作品《朝代》。

由于雕像过于逼真，罗丹竟被指控从尸身上模印。罗丹争辩，经过官方长时间的调查，才证明这的确是罗丹的艺术创作，风波就此平息，而罗丹的名声也由此传开了。

从比利时回到法国，罗丹的创作已部分得到了上流社会圈的承认。1880 年，他接受政府的委托，为筹建实用美术博物馆设计大门。罗丹以意大利诗人但丁《神曲》中的《地狱篇》为题材构思了规模宏大的《地狱大门》。整个创作前后费时 20 年，最后也没有正式完成，但部分构思却在别的作品中有了应用。

1891 年，罗丹受法国文学协会之托制作的巴尔扎克纪念像再一次遭到非议，一些人认为作品太粗陋草率，像一个裹着麻袋片的老汉。文学协会在舆论哗然之下，拒绝接受这个纪念像。

但是在 1900 年巴黎三国博览会上，一个专设的展厅陈列罗丹的 171 件作品，成为艺术界的盛举。成千上万的人涌来看《地狱之门》《巴尔扎克》《雨果》，来自世界各国的艺术家和社会名流纷纷向罗丹表示祝贺和敬意。罗丹在法国之外的世界获得了荣耀和声誉，各国博物馆争相购买他的作品，以致能得到罗丹的作品成为一时的时髦事。罗丹终于获得了成功。

1904 年，罗丹被设在伦敦的国际美术家协会聘为会长，罗丹的荣誉达到了一生的顶点。

光荣的罗丹并未就此止步，他唯一的生命便是雕塑。罗丹开始雕塑比真人还大一倍的《思想者》。罗丹亲身感受到脱离了兽类后的思想者承受的压力，他通过塑像来表现这种拼搏的伟大。这是罗丹最后一部史诗性的作品，当塑像完成后，他也筋疲力尽了。

智慧小语

罗丹自爱上雕塑起，就没有放弃过他的爱好，把他的一生都献给了艺术事业，有了这种精神，挫折又能算得了什么呢？

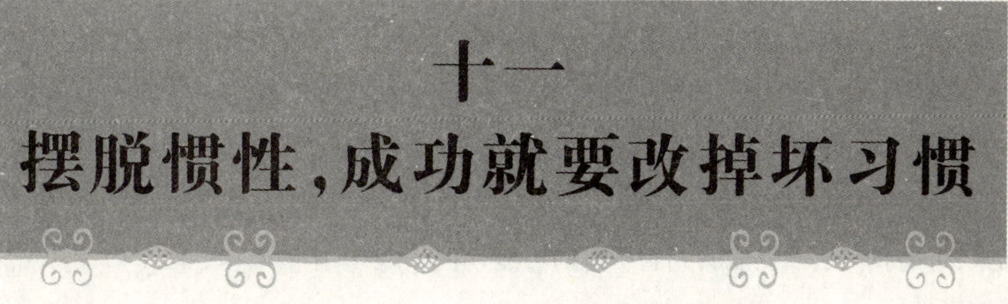

十一 摆脱惯性，成功就要改掉坏习惯

“点金石”需要你用心选择

●金玉良言

习惯在养成之后就像成了我们身体的一部分一样，我们很难改掉。

羊|皮|卷|故|事

亚历山大城金碧辉煌的图书馆在遭受火海屠城的厄运时，只有一本书幸免于难。不过，这不是什么贵重的书。一天，有个只识几个大字的穷人，花了几个钱买了这本书。这本书不怎么精致，然而书中却蕴藏着最令人感兴趣的东西：是薄薄的一册羊皮卷，写着“点金石”的秘密。

“点金石”不过是一块小石头，却能把普通的金属变成黄金。书中记载着石头源自黑海岸边，和其他成千上万块一模一样的石头混在一起，可是，这里有一个秘密：唯独这块石头能感到温暖，而其他普通的石头都是冷冰冰的。于是这个人卖掉了仅有的几件东西，买了简单的行装，风餐露宿，到达了目的地。他睡在海岸上，醒来就捡起一块又一块的石头开始试起来，这就是他的计划。

他想，要是拾起来的是块普通的石头再扔到地下，下一次有可能还拾到同一块石头，甚至可能拾上几百遍呢！所以他拾一块石头，感觉一下，不热，然后就扔到了海里。接下来，一个星期，一个月，一年，三年过去了，他还是没有找到“点金石”。可是，他还是按部就班继续着自己的方法，拾一块石头就扔到海里，再接着拾，如此继续。

一天早上，他拾起了一块石头，是“热的”，可是他还是把它给扔进了海里。因为他已经形成了把石子扔进海里的“习惯”，他已经非常习惯扔的动作了，当他真正期待的东西出现时，他还是扔掉了。

智慧小语

有多少次，因为我们没有意识到，这种巨大的力量就在我们手上，可我们还是把它扔了？我们看到它的次数还少吗？多少次，看见这个巨大的力量，就在我们眼前展现出来，可是我们依然没能看到它所有的可能，所有奇妙工作的效果。这个力量就是：习惯的力量。

差点被酒瘾毁掉的人

●金玉良言

摆脱不良嗜好，摆脱那些致命的诱惑。

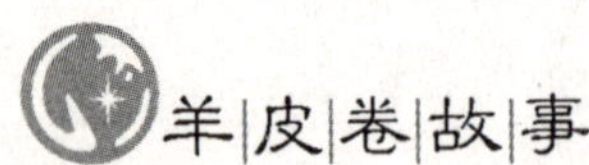

羊皮卷故事

汤姆初入社会，可谓占尽优势，一帆风顺。但也因为这些优点，他吃尽了苦头。他的出身及社会地位良好，学识渊博又富有、身体健康、仪表出众。九岁之前，身旁一直有保姆照顾他的生活，上学的地方是一所“贵族”私立学校。当他一上中学，他的父亲便交给他一本空白支票本，任他使用。如此一来，烦恼接踵而至。

由于他的各项优势，周围的人们总是盯着他，期盼他能有更杰出的成就。然而，他所做的任何事，似乎都无法达到人们的期望。事实上，他也没有从成功中获得满足。成功只是让他引起别人的反感。别人总认为：“他当然该成功，他的条件这么好！”

因此，潜意识里，汤姆所做的事和多数失败者所想的一样。他认为：“好吧！如果我不能从成功里获得满足，那我就到失败里找。”从此以后，他便走上失败的不归路。

于是，当他上大学后，他开始酗酒。进医学研究所后，他喝得更多，往往过量不知节制，加上吸食毒品使他情况更糟。结婚后，他自己创业，也有了小孩。但他仍一样堕落颓废。十年后，他便已经严重到只要尝到一滴酒，便会烂醉狂饮好几天，甚至好几个星期的地步。有一次，他失踪好久回家后，才发现政府已经下令强制他戒酒戒毒。他被送进州立医院的监禁病房，那里正是几年前他为人看病的地方。

“整整四十五天，”汤姆说，“因为酒瘾发作，我几乎神志不清。我被关在一间单人病房里，用白铁盘子吃饭，像只受困的动物。而后，我慢慢恢复清醒，往后的八十六天内，我仍是半昏迷状态，徘徊在生与死之间。那已是人类所能堕落的极限了。突然间，一个很缓慢、低沉的声音出现，那是《圣经·诗篇》第一百零三篇第十二节的一句话：‘东和西有多远，则我们所犯的罪就离我们有多远。’每当我想起这句话，心仍不住地怦怦跳。从那时起，我便完全变了。”

究竟发生了什么事？他也不知道，他只知道他完全改变了。他的心情十分平静，然后，他从隔离病房转到一般病房，也比较自由了。而后，他认识了两个朋友，他们介绍他与戒酒协会的人见面。不久后，因为戒酒协会朋友的帮忙，他才得以保释出院。

汤姆没有立即恢复他的行医工作，他觉得自己准备得还不够。他想找一个符合他现状的工作，而无需与他童年的教育有所关联。他能找到的唯一工作是在垃圾场里出卖劳动力。想想看！一个富有、受过高等教育的知识分子，在他自己出生的社区垃圾场里工作！但这正是汤姆所需要的。他想看看别人是否能真正地接受他自己，而非他的家庭和财富。

有一天，他正低头工作时，一群社区里的“大人物”前来视察。汤姆当下便认出了其中几位是他以前的老同学。他突然感到很羞愧，很怕被人认出，他赶紧转过身，弯下腰来，假装在挖东西。这时一个黑人同事看到了，立刻明白了是怎么回事。这个人一句话也没说，挡在汤姆前面，将他的工作接过去，直到那些人离开。

“这个人的举动是多么伟大、仁慈啊！”他想，“这其中也包含了人与人之间的了解与互相帮助。”汤姆从未和那位黑人朋友谈过此事，但这事却使他们彼此之间更加亲密，同时也因此改变了汤姆的一生。他从中得到了他所需要的力量。

“他的名字是佛朗克，”汤姆告诉我，“我想，佛朗克从来没有想过他为我所做的事。他真正接受了我，也教我可以因为自己的努力而被别人接受。在医院隔离病房里，上帝接受了我。然后，我被他人所接受。这也是我所需要的。也因为如此，我才能从头开始，另创一番事业。”

今天，汤姆又重新执业，而且做得很成功。他对自己的工作充满热情，同时，也因为过去的历练，使他的性格更加坚毅。正如卡莱尔所说，他已由懦夫转变成英雄。

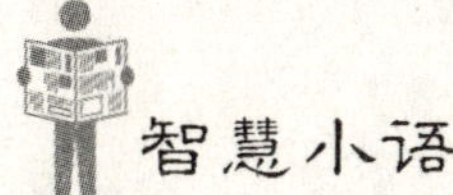

智慧小语

所有的不良嗜好，都充满着致命的诱惑力，可以让人深陷其中，无法自拔。每一个人都或多或少地有着一些不良的嗜好，它们所造成的危害与人们的沉迷程度成正比。这就是说，如果你的生活尚没有多少不良嗜好，那么请你务必保留这些美德；如果你的生活有一些不良嗜好，那么尽你的能力去戒除它。

水泡做的花环

● **金玉良言**

不要对虚无空幻的东西抱有幻想。

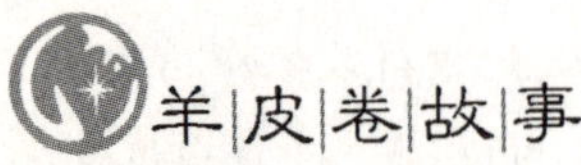

羊皮卷故事

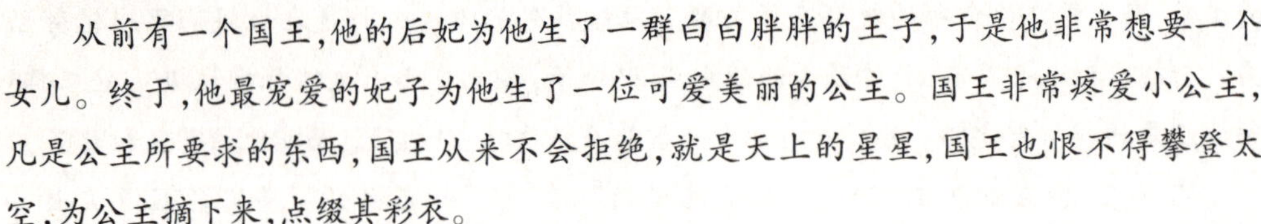

从前有一个国王，他的后妃为他生了一群白白胖胖的王子，于是他非常想要一个女儿。终于，他最宠爱的妃子为他生了一位可爱美丽的公主。国王非常疼爱小公主，凡是公主所要求的东西，国王从来不会拒绝，就是天上的星星，国王也恨不得攀登太空，为公主摘下来，点缀其彩衣。

公主在国王的呵护纵容下，慢慢成长为豆蔻年华的少女，渐渐懂得了装扮自己。有一天，春雨初霁的午后，公主带着婢女徜徉于宫中花园。公主正在欣赏雨后的景致，忽然，她的目光被花池中的奇观吸引住了。原来池水热气经过蒸发，正冒出一颗颗状如珍珠的水泡，浑圆晶莹，闪耀夺目。公主入神忘我，突然想：

“为何不把这些水泡做成一只美丽的花环呢！”

她打定主意，于是叫婢女把水泡捞上来，但是婢女的手一触及水泡，水泡便破灭无影。折腾了半天，公主在池边等得愤愤不悦，婢女在池里捞得心急如焚。

公主终于气愤难忍，一怒之下，便跑回宫中，把国王拉到池畔，对着一池闪闪发光的水泡说：

“父王！你一向是最疼爱我的，我要什么东西，你都依着我。女儿想要把池里的水泡串成花环，作为装饰，你说好不好？”

“傻孩子！水泡虽然好看，但它一闪即灭啊，怎么可能做成花环呢？父王另给你找珍珠、水晶，一定比水泡还要美丽！”国王无限怜爱地看着女儿。

可是，公主骄纵撒野地哭闹着不答应。

束手无策的国王只好把朝中的大臣们集合于花园，忧心忡忡地商议道：“你们之中如果有人能够以奇异的技艺，以池中的水泡为公主编织美丽的花环，我便重重奖赏。”

“报告陛下！水泡刹那生灭，触摸即破，怎么能够拿来做花环呢？”大臣们面面相觑，不知如何是好。

“难道这么一点儿事情都无人会做吗？你们如果无法满足公主的心愿，统统滚回家去吧！”国王盛怒地呵斥道。

“国王请息怒，我有办法替公主做成花环。只是老臣我老眼昏花，实在分不清楚水池中的泡沫，哪一颗比较均匀圆满，能否请公主亲自挑选，交给我来编一串。”一位须发斑白的大臣神情笃定地打圆场。

公主听了，兴高采烈地拿起瓢子，弯起腰身，认真地舀取自己中意的水泡。本来光彩闪烁的水泡，经公主轻轻一触摸，霎时破灭，变为泡影。捞了老半天，公主一颗水泡也拿不起来，睿智的大臣对一脸沮丧的公主说：“水泡本来就是生灭无常、不能长久驻留的东西，不要对虚无空幻的东西抱有幻想啊！”

智慧小语

每个人都有梦想，很多人会为了梦想不遗余力地去追求，遗憾的是，能真正实现梦想的人却很少。这正是因为有的人的梦想是根本无法实现的空想。所以，我们要脚踏实地地做人，不要老想着去摘天上的星星，捞池塘里的月亮。

别让经验害死自己

金玉良言

别太依赖经验，并不是每一个经验都会派上用场的。

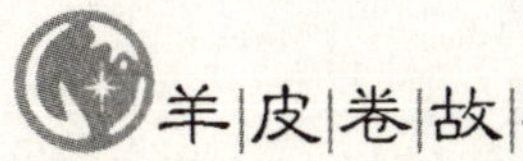

羊|皮|卷|故|事

一次，一艘远洋轮船不幸触礁，沉没在汪洋大海里。幸存下来的9位船员登上一座孤岛，才得以幸存下来。但接下来的情形更加糟糕：岛上除了石头还是石头！没有任何可以用来充饥的东西。更为要命的是：在烈日的曝晒下每个人都口渴得冒烟，水成为最珍贵的东西。尽管四周都是水——海水，可谁都知道，海水又苦又涩又咸，根本不能用来解渴。现在，9个人唯一的生存希望就是希望老天爷下雨或别的过往船只发现他们。

他们等呀等，可没有任何下雨的迹象，目力所及处除了海水还是一望无际的海水，没有任何船只经过这个死一般寂静的小岛。渐渐的，八个船员支撑不下去了，他们相

继渴死在孤岛上。当最后一位船员快要渴死的时候，他实在忍受不住，扑进海水里"咕嘟咕嘟"地喝了一肚子水。船员喝完海水，一点儿觉不出海水的苦涩味，反觉得这海水又甘又甜，非常解渴！他想：也许这是自己渴死前的幻觉吧。随后他安静地躺在岛上，等着死神的降临。

他睡了一觉，醒来后发现自己还活着，船员非常奇怪！于是他每天靠喝海边的海水度日，终于等来了救援的船只。后来，人们化验这水发现，这儿由于地下泉水的不断翻涌，所以岛边上的海水实际上全是可口的泉水！

智慧小语

这是一个悲哀的故事，谁都知道海水是咸的，课本上也是这么说的，可是什么事情都会有意外，只要你肯摆脱传统经验的束缚，做一些大胆的尝试，这样悲剧就不会诞生了。

别被自己的眼睛所蒙蔽

金玉良言

眼见不一定为实，自己的眼睛也会欺骗自己。

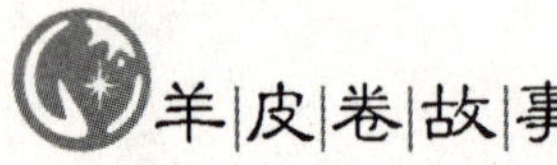

羊皮卷故事

两个天使结伴旅行，一天晚上，他们去一个富有的家庭借宿。

这家主人见他俩穿着平常，一副风尘仆仆的样子，立刻拉长了脸，态度十分不好。放着舒适的客人卧室却不让他们进，而是在冰冷的地下室找了一个角落丢给他们一些破棉絮当被子。年轻的天使气鼓鼓地跟着年老的天使走进地下室，心想："瞧着吧，我们一定好好惩罚一下这个势利的主人！"

可是年老的天使却好像什么事也没有发生，乐呵呵地把棉絮铺到地上。刚躺下，他忽然发现墙上破了一个洞，就起身把它修补好了。

年轻的天使嘲讽地说："您可真是有善心呀，人家这样对待我们，您还帮他补墙洞。"

年老的天使微微一笑，答道："有些事并不像你看上去的那样。"

第二天晚上，两人又到了一个非常贫穷的农家借宿。这家主人与前一家态度截然相反，夫妇俩对他们非常热情，把仅有的一点点食物拿出来款待客人，然后又把床铺让了出来，自己却睡到冰凉的地上。

第二天一早，他们俩从睡梦中醒来，发现农夫和他的妻子在伤心地哭泣，原来唯一的生活来源——一头奶牛昨天夜里病死了。年轻的天使觉得很难过，希望年老的天使会给这家人一些补偿，可是年老的天使只是轻描淡写地安慰他们几句，就告辞上路了。

年轻的天使于是非常愤怒，走出不远，他一把拉住年老的天使，质问他为什么这样——第一个家庭为富不仁，还帮助他们修补墙洞；第二个家庭尽管如此困难，仍然热情款待客人，而他却没有帮助他们。

“有些事并不像你看上去那样。”年老的天使语重心长地答道，“在地下室过夜时，我从墙洞看到里面有秘密的夹层，还堆满了金块。因为那家主人利欲熏心，不愿赈济穷人，所以我把墙洞补上了，不让他发现这些财富。而昨天晚上，死亡之神来召唤农夫善良的妻子，是我用奶牛代替了她啊。”

年轻的天使这才恍然大悟，红着脸半天说不出话来。

智慧小语

擦亮自己的眼睛，当自己不能肯定自己所看见的事物时，请不要轻易下结论，因为你的结论并不一定是对的。

父子和驴

金玉良言

没有主见的人就是一个由别人操控的木偶，常常不知道自己在干什么。

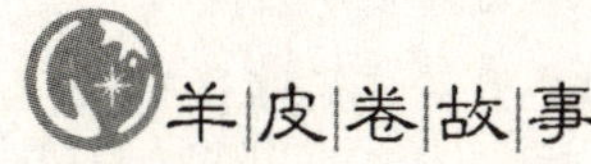

有个故事说的是父子赶着驴子去集市买食品。起初父亲骑驴，儿子走路。有人看见他们经过，就说：“真狠心呐，一个强壮的汉子坐在驴背上，那可怜的小伙却要步行。”

于是父亲让儿子上去。可是人们又说：“真不孝顺，父亲走路，儿子骑驴。”

于是父子俩人一齐骑上去，这时路人说："真残忍呀！俩人骑在那可怜的驴背上。"

于是俩人都下来走路。路人又说："真愚蠢呀！这两个人步行，那只壮实的驴子却没有东西驮。"

他们最后到达集市时整整迟到了一天。人们惊讶地发现，那人同他儿子是一起抬着那头驴来到集市的！

像这个赶驴子的人一样，我们也会因为过分担心所受到的压力而看不清方向，忘记了自己的目标。

智慧小语

千万别掉进无主见的陷阱里，否则，说话做事都受制于别人，不知道自己在干什么，做事是为什么，别人还会把你当傻瓜看。所以，我们遇事时，自己觉得怎么做有理有利，就怎么做，别管别人怎么说。

钢琴大师的传授之道

●金玉良言

不仅要循序渐进，而且要学会知难而进。

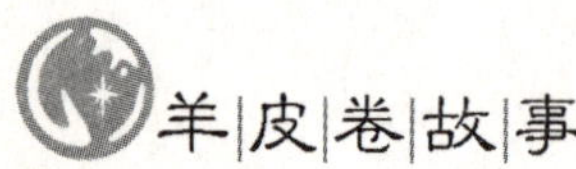

羊皮卷故事

一位音乐系的学生走进练习室。钢琴上，摆放着一份全新的超高难度的乐谱。他翻动着，喃喃自语，感觉自己对弹奏钢琴的信心似乎跌到了谷底，消磨殆尽。已经3个月了，自从跟了这位新的钢琴大师之后，他不知道，为什么钢琴大师要以这种方式整人？勉强打起精神，他开始用10根手指头奋战、奋战，奋战的琴音盖住了练习室外钢琴大师走来的脚步声。

乐谱难度颇高，学生弹得生涩僵滞，错误百出。

"还不熟，回去好好练习！"钢琴大师在下课时，如此叮嘱学生。

学生练了一个星期，第二周上课时正准备中，没想到钢琴大师又给了他一份难度更高的乐谱，"试试看吧！"至于上星期的功课，钢琴大师提也没提。

学生再次挣扎于更高难度的技巧挑战。

第三周，更难的乐谱又出现了，同样的情形持续着，学生每次在课堂上都被一份新的乐谱所困，然后把它带回去练习，接着再回到课堂上，重新面临难上两倍的乐谱，却怎么样都追不上进度，一点也没有因为上周的练习而有驾轻就熟的感觉。学生感到愈来愈不安、沮丧及气馁。

钢琴大师走进练习室。学生再也忍不住了，他必须向钢琴师问明白这3个月来何以不断折磨自己。

钢琴大师没开口，他抽出了最早的第一份乐谱，交给学生。

“弹奏吧！”他以坚定的眼神望着学生。

不可思议的事发生了，连学生自己都惊异万分，他居然可以将这首曲子弹奏得如此美妙、如此精湛！钢琴大师又让学生试弹第二堂课的乐谱，学生仍然表现出高水平。演奏结束，学生惊愕地看着钢琴大师，说不出话来。

“如果我任由你表现最擅长的部分，可能你还在练习最早的那份乐谱，不可能有现在这样的程度。”钢琴大师缓缓地说着。

智慧小语

人，往往习惯于表现自己所熟悉、所擅长的领域。但如果我们愿意回首，细细检视，将会恍然大悟，看似紧锣密鼓的挑战、永无休止的难度逐渐加大的环境压力，将会使我们在不知不觉中养成今日的各种能力。

三条忠告

●**金玉良言**

忍一时风平浪静，沉住气，才不会出乱子。

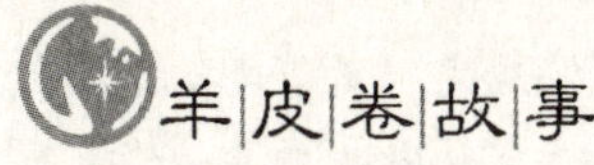

一对新婚夫妇生活贫困，要靠亲友的接济才能活下去。

一天，丈夫对妻子说：“亲爱的，我要离开家了。我要去很远的地方找一份工作，直到我有条件给你一种舒适体面的生活才会回来。我不知道会有多久，我只求你一件

事，等着我，我不在的时候要对我忠诚，我也会对你忠诚的。"

很多天之后，他来到了一个正在招工的庄园，他被录用了。他要老板答应他一个请求："请允许我在这里想干多久就干多久，当我觉得应该离开的时候，您就要放我走。我平时不想支取报酬，请您将我的工资存在一个账户里，在我离开的那天，您再把我赚的钱给我。"双方达成了协议。

年轻人在那里整整工作了20年，中间没有休假，也很少休息。

一天，他对老板说："我想拿回我的钱，我要回家了。"老板说："好吧，我们有协议，我会照协议办事的。不过我有个建议，要么我给你钱，你走人；要么我给你3条忠告，不给你钱，然后你走人。你回房间里好好想想再给我答复。"

他想了两天，然后找到老板，说："我想要那3条忠告。"老板提醒他说："如果给了你忠告，我就不会给你钱了。"他还是说："我想要忠告。"

老板对他说："第一，永远不要走捷径。便捷而陌生的道路可能会要了你的命。第二，永远不要对可能是坏事的事情好奇，否则也可能会要了你的命。第三，永远不要在仇恨和痛苦的时候做决定，否则你以后一定会后悔。"老板接着说："这里有3个面包，两个给你路上吃，另一个等你回家后和妻子一起吃吧。"

在远离自己深爱的妻子和家乡20年之后，男人踏上了回家的路。一天后，他遇到了一个人，那人问他："你去哪儿？"他回答："我要去一个沿这条路要走20多天的地方。"那人说："这条路太远了，我认识一条捷径，几天就能到。"他高兴极了，正准备走捷径的时候，想起了老板的第一条忠告，于是他回到了原来的路上。

后来，他得知那人让他走所谓的捷径完全是一个圈套。几天之后，他走累了，发现路边有家旅馆，他打算住一夜，付过房钱之后，他躺下睡了。睡梦中，他被一声惨叫惊醒，他跳了起来，走到门口，想看看发生了什么事，刚刚打开门，他想起了第二条忠告，于是回到床上继续睡觉。起床后，喝完咖啡，店主问他是否听到了叫声，他说听到了，店主说："您不好奇吗？"他回答说不好奇。店主说："您是第一个活着从这里出去的客人。我的独子有疯病，他昨晚大叫着引客人出来，然后将他们杀死埋了。"

年轻人接着赶路，终于在一天的黄昏时分，他远远望见了自己的小屋，屋子的烟囱正冒着炊烟，还依稀可见妻子的身影，虽然天色昏暗，但他仍然看清了妻子不是一个人，还有一个男子伏在她的膝头，她抚摸着他的头发。看到这一幕，他的内心充满了仇恨和痛苦，他想跑过去杀了他们，他深吸一口气，快步走了过去，这时他想起了第三条忠告，于是停了下来，想了想，决定在原地露宿一晚，第二天再做决定。天亮后，已恢复冷静的他对自己说："我不能杀死我的妻子，我要回到老板那里，求他收留我，在这之前，我想告诉我的妻子我始终忠于她。"

他走到家门口敲了敲门，妻子打开门，认出了他，扑到他怀里，紧紧地抱住了他。他想把妻子推开，但没有做到。他眼含泪水，对妻子说："我对你是忠诚的，可你背叛了我……”妻子吃惊地说：“什么？我从未背叛过你，我等了你20年。”他说：“那么昨天下午你爱抚的那个男人是谁？”妻子说：“那是我们的儿子。你走的时候我刚刚怀孕，今年他已经20岁了。”

丈夫走进家门，拥抱了自己的儿子。在妻子忙着做饭的时候，他给儿子讲了自己的经历。接着，一家人坐下来一起吃面包，他把老板送的面包掰开，发现里面有一张支票——那是他20年辛苦劳动赚来的工钱。

智慧小语

三条忠告对我们每个人做事都是有意义的，我们做事千万不要冲动，快速成功是不可能的，而且好多事情是不能轻易尝试的，一经尝试就可能惹下祸害；出于仇恨和冲动所做的决定，是不理智的决定，只会为日后留下遗憾。

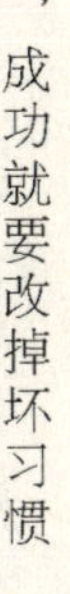

十二 珍惜时间，为你的人生增值

最重要的时间

金玉良言

我们日常生活中的分分秒秒都是十分重要的，务必珍惜我们生活中的每一秒钟。

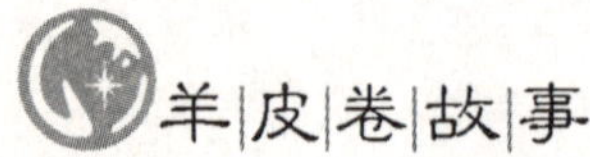

“一生中什么时候才是最重要的时间呢？什么人才是最重要的人呢？”这两个问题一直困扰着一个年轻的国王。

他询问身边的所有人，可是没有一个人的答案能够让他满意。一个大臣告诉他在某个山里住着一个世上最聪明的人，他一定知道答案。

于是国王打扮成一个普通人的样子去寻找这个人。当他来到那座山里时，他遇到了一个老人，正盘腿坐在一个简陋的小茅屋前的空地上挖着些什么。

“听说你是个聪明的人，知道这世上所有问题的答案。”年轻的国王来到老人的身边说道，“你能告诉我什么时间是我一生中最重要的时间，什么人是我生命中最重要的人吗？”

“帮我挖野菜吧！”老人没有直接回答他的问题，“它的味道不错，你一定会喜欢的。”

国王在老人的茅屋里住下了，每天跟老人一起生活。过了好几天，国王的问题一直没有得到老人的回答。国王生气了，他向老人出示代表自己身份的扳指，指责老人是个欺世盗名之辈。

老人只是笑了笑说："我早知道你不是普通人，而且我也知道了你的问题，但是你并没有明白。"

"那你的意思是什么呢？"国王不解地问。

"你来的时候我欢迎你，让你住在我家里，"老人回答说，"和我一起劳动、吃饭、休息……"

智慧小语

过去的不会回来，将来的也尚未到来，所以，一生中最重要的就是现在。只有把握好现在，当现在成为过去的时候，我们才不会后悔，将来才会有希望。

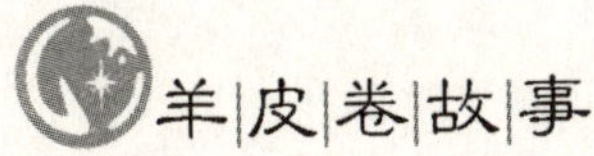

时间布

金玉良言

放弃时间的人，时间也会放弃他。

羊皮卷故事

彼得是一个9岁的小男孩儿，他总是痛恨他的时间过得太慢，于是他日夜祈祷，希望时间过得快一些，而且最好是跳过去，省略掉他可能面对的困难，比如说考试。

有一天，一个白胡子老头出现在他的面前，拿出一卷布和一根针，告诉他："孩子，你渴望能够选择自己的时间，现在我把属于你的时间交给你，你自己选择吧！"时间布的样子很平常，只不过每隔1米就标上了年龄，从1岁到2岁，再到10岁、20岁……一直到生命的终点。

时间布的用法也很简单，他只需一根针，把想省略的时间缝起来就可以了。只是，缝好的线永远不能再打开。

彼得因得到了时间布而兴奋。应该省略哪一天呢？当然是明天，因为明天要考试了，他拿起针，缝掉了明天。于是他站在操场上，和同学们一起追逐一个足球去了。

明天已经过去了，彼得得意万分，之后呢，"应该把这一学期都缝上，直接到暑假！"

因为打碎了窗户的玻璃,母亲责备彼得。“当一个孩子可真不容易!算了,把童年少年时代都缝上。”把那些讨厌的唠叨和无休无止的功课都缝上。这样,他直接成了一名青年,而且他穿了一身黑衣,哦,是的,他20岁了。在这一年里,家里发生了很大的变故,他的母亲去世了,只剩下一个孤零零的他。那么就把孤独和贫穷的时间都缝起来吧。这样在几年后,他是一个商人。再缝掉几年,他成了一个成功的商人,金钱像流水一样向他涌来。可是这太慢了,彼得拿起针不断地缝下去,缝下去,他要更多的钱……这样,时间布缝到了尽头,彼得发现自己成了一个老人,老得已经拿不动针了。

智慧小语

要珍惜现在的美好时光,不要总把美好的愿望寄托于未来,而缝合了人生路上本来属于我们的无限快乐。不要到白发苍苍时才后悔自己虚度光阴。

一分钟的时间

●金玉良言

别小看了一分钟,一分钟的时间可以做好多事。

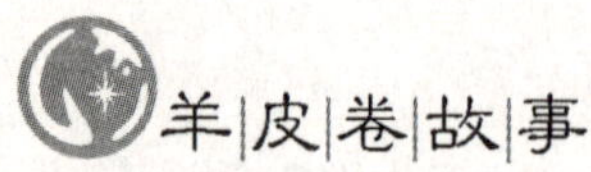

著名教育家本杰明曾经接到一个青年人的求教电话,并与那个向往成功、渴望指点的青年人约好了见面的时间和地点。

待那个青年人如约而至时,本杰明的房门敞开着,眼前的景象却令青年人倍感意外:本杰明的房间里乱七八糟、狼藉一片。

没等青年人开口,本杰明就招呼道:“你看我这房间,太不整洁了,请你在门外等候1分钟,我收拾一下,你再进来吧。”一边说着,本杰明就轻轻地关了房门。

不到1分钟的时间,本杰明就又打开了房门,并热情地把青年人让进客厅。这时,青年人的眼前展现出另一番景象:房间内的一切已变得井然有序,而且2杯刚刚倒好的红酒,在淡淡的香水气息里还荡漾着微波。

可是,没等青年人把满腹的有关人生和事业的疑难问题向本杰明讲出来,本杰明就非常客气地说道:“干杯!你可以走了。”

青年人手持酒杯一下子愣住了，既尴尬又非常遗憾地说："可是，我……还没向您请教呢……"

"这些……难道还不够吗？"本杰明一边微笑着一边扫视着自己的房间，轻声细语地说，"你进来有1分钟了。"

"1分钟……1分钟……"青年人若有所思地说，"我懂了，您让我明白了1分钟的时间可以做许多事情，可以改变许多事情的深刻道理。"

本杰明舒心地笑了。青年人把杯里的红酒一饮而尽，向本杰明连连道谢并开心地走了。

智慧小语

充分地把握住自己生命中的每一分钟，就等于是在延长自己有限的生命，而且你的人生会更加有价值。

你不能再回到昨天

金玉良言

人永远跑不过时间，但是人可以比自己原来的时间跑快一步，如果跑得快，有时可以快好几步。那几步很小很小，用途却很大很大。

羊|皮|卷|故|事

安格斯读小学的时候，他的外祖母过世了。外祖母生前最疼爱他，安格斯无法排除自己的忧伤，每天在学校操场上一圈又一圈地跑着，跑得累倒在地上，扑在草坪上痛哭。

那哀痛的日子，断断续续地持续了很久，爸爸妈妈也不知道如何安慰他。他们知道与其骗儿子说外祖母睡着了(可那总有一天要醒来)，还不如说实话："外祖母永远不会回来了。"

"什么是永远不会回来呢？"安格斯问着。

"所有属于过去的时间里的事物，都永远不会回来。你的昨天过去，它就永远变成昨天了，你不能再回到昨天。爸爸以前也和你一样小，现在也不能回到你这么小的

童年了；有一天你会长大，你会像外祖母一样老；有一天你度过了你的时间，就永远不能回来了。”爸爸说。

以后，安格斯每天放学回家，在家里的庭院里面看着太阳一寸一寸地沉到地平线以下，就知道一天真的过完了，虽然明天还会有新的太阳，但永远不会有今天的太阳了。

时间过得飞快，在安格斯幼小的心里不只是着急，还有悲伤。有一天，他放学回家，看到太阳快落山了，就下决心说：“我要比太阳更快地回家。”他狂奔回去，站在庭院前喘气的时候，看到太阳还露着半边脸，就高兴地跳跃起来，那一天他觉得自己跑赢了太阳。以后他就时常做那样的游戏，有时和太阳赛跑，有时和西北风比快，有时要一个暑假才能完成作业，他 10 天时间就做完了。那时他三年级，常常把五年级的作业拿来做。每一次比赛胜过时间，安格斯就快乐得不知道怎么形容了。

后来的 20 年里，他因此受益无穷，虽然他知道人永远跑不过时间，但是人可以比自己原来的时间跑快一步，如果跑得快，有时可以快好几步。那几步很小很小，用途却很大很大。

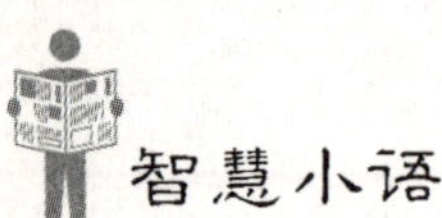

智慧小语

青少年时期，是人生中的黄金时期，应该努力去争取更多对自己有利的东西。在生活学习中，更要学会和时间赛跑，这样，我们才能真正实现自我价值。

时间收购店

金玉良言

好多东西，当它失去的时候你才感觉到它的珍贵，时间更是如此。

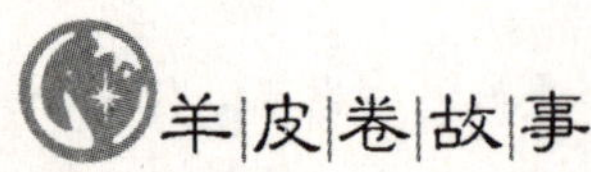

羊皮卷故事

很久很久以前，有一个古老而美丽的小城。多年以来，人们安居乐业，日子过得平静、祥和。

有一天，一个外地商人来到小城，在闹市街道上开了一家不同寻常的店铺。名字叫“光阴收购店”，从此人们平静的生活掀起了波澜。

开始，人们还不知道这是怎么回事，没有人走进这个店铺。后来，老板告诉大家，这个店是专门收购时间的，明码标价，每年光阴5万元。

过了几天，一个年轻的小伙子来到这个小城，他听到这件事情后，不假思索地便走了进去。老板热情地接待了他，拿出一个类似吸管的东西，对着他的身体吸了起来，几秒钟便完成了。老板紧接着从保险箱里拿出65万元交给了年轻人。年轻人高兴极了，兴高采烈地向小城人们讲述着这次简单轻松的赚钱经过，并把钞票向人们炫耀。原来，年轻人把自己13年的光阴卖给了店主。

不久，小伙子卖光阴发大财的这件事闹得沸沸扬扬，妇孺皆知。人们争先恐后地来到这个商店，出售自己的光阴。商店门口排起了长龙。可是，人们哪里知道，正是他们的贪婪害了自己。

几天之后，人们都变得老态龙钟。街道上到处都是满头银发的老爷爷、老奶奶，个个步履蹒跚、老眼昏花。往日的生气没有了，全城都被一种死气沉沉的气氛笼罩着。

人们后悔极了，纷纷来到商店，要求老板退还自己的光阴。可老板说："退还光阴可以，不过价值要加倍。"人们虽然怨恨老板心黑，可还是以高价赎回了自己的光阴，一个个又变得和以前一样年轻。从此，这个古老的小城又充满生气与活力，恢复了往日的平静与祥和。

智慧小语

时间是无价的，别以为你有多少时间可以挥霍。珍惜有限的时间，你将不枉此生。

充分地利用每一分钟

●金玉良言

时间是主动挤出来的，不是靠拖延拖出来的。

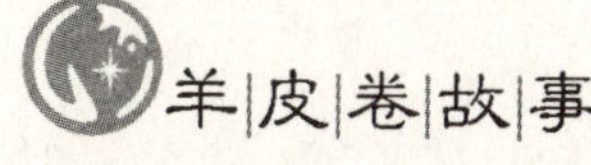

羊皮卷故事

卡尔曾经是穆德的钢琴教师。有一天，他给穆德教课的时候，忽然问穆德："你每天要练习多长时间的钢琴？"

穆德说："大约每天三四小时。"

"你每次练习,时间都这么长吗?是不是有个把钟头的时候?"

"我想这样才好。"

"不,不要这样!"卡尔说,"你将来长大以后,每天不会有长时间的空闲的,你可以养成习惯,一有空闲就几分钟几分钟地练习。比如在你上学以前,晚饭以后,或在工作的休息余暇,5分钟、5分钟地去练习。把小的练习时间放在一天里面,如此则弹钢琴就成了你日常生活中的一部分了。"

当时,14岁的穆德对卡尔的忠告未加注意,但后来回想起来真是至理名言,之后他得到了不可估量的益处。

当穆德在哥伦比亚大学教书的时候,他想兼职从事创作。可是上课、看卷子、开会等事情把他白天和晚上的时间完全占满了。差不多有两个年头,他不曾动笔写过一个字,他的借口是"没有时间"。后来,他突然想起了卡尔·华尔德先生告诉他的话。到了下一个星期,他就把卡尔的话实践起来。只要有5分钟左右的空闲时间,他就坐下来写作100字或短短的几行。出乎意料的是,在那个星期的最后一天,穆德竟写出了相当多的稿子。

后来,他用同样积少成多的方法,创作长篇小说。穆德的授课工作虽一天比一天繁重,但是每天仍有许多可利用的短短余闲。在考取理想大学的同时,他的钢琴也通过了9级,而且,发表了十几万字的作品。他发现每天短短的间歇时间,足够他从事创作与弹琴两项工作。

智慧小语

当你在为自己缺少时间而发愁时,不妨去积极地利用那些边角时间,把这些零星的时间累加起来,你就会发现,你的时间原来这么充足,你甚至可以创造出伟大的奇迹来。

最后的遗言

●金玉良言

假如时光可以倒流，世上将有一半的人成为伟人……

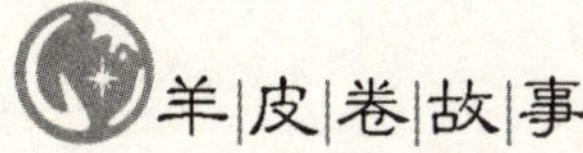

内德·兰塞姆是法国里昂最著名的牧师，无论在富人区还是贫民窟都享有很高的威望。他一生有1万多次亲临临终者的床前，聆听临终者的忏悔，他的精神不知感化了多少人。

兰塞姆84岁时，由于年龄关系，已无法走近需要他的人。他躺在教堂的阁楼里，打算写一本书，想把自己对生命、对生活、对死亡的认识告诉世人，他多次动笔，都感觉没有说出他心中想要表达的东西。

一天，一位老妇人来敲他的门，说自己的丈夫快要不行了，临终前很想找他。兰塞姆不愿让这位远道而来的妇人失望，于是他在别人的搀扶下去了老妇人的家。

临终者是位布店老板，已72岁，年轻时曾和著名音乐指挥家卡拉扬一起学吹小号。他说他非常喜欢音乐，当年他的成绩远在卡拉扬之上，老师也非常看好他的前程，可惜20岁时，他迷上了赛马，结果把音乐荒废了，要不然他可能是一个相当不错的音乐家。现在生命快要结束了，一生庸碌，他感到非常遗憾。他告诉兰塞姆，到另一个世界里，他绝不会再做这样的傻事，他请求上帝宽恕他，再给他一次学习音乐的机会。兰塞姆很体谅他的心情，尽力安抚他，答应回去后为他祈祷，并告诉他，这次忏悔，自己也很受启发。

兰塞姆回到教堂，拿出他的60多本日记，决定把一些人的临终忏悔编成一本书，他认为无论他如何论述生死，都不如这些话能给人们以启迪。他给书起了名字，叫《最后的话》，书的内容也从日记中圈出。可是在法国麦金利影印公司承印该书时，里昂大地震发生了，兰塞姆的63本日记毁于火灾。《基督教真理箴言报》非常痛惜地报道了这件事，把它称为基督教世界的“里昂大地震”。兰塞姆也深感痛心，他知道凭他的余年是不可能再回忆出这些东西了，因为那一年他已是90岁高龄的老人了。

兰塞姆在临终前对身边的人说，基督画像的后面有一只牛皮信封，那里有留给世

人“最后的话”。兰塞姆去世后，葬在新圣保罗大教堂，他的墓碑上工工整整刻着他的手迹：“假如时光可以倒流，世上将有一半的人成为伟人……”

智慧小语

时间不会倒流，世界上也不存在什么后悔药，我们要做的就是珍惜当前的大好时光，做我们想做的事，做对自己、他人有意义的事，这样我们就不会感觉很遗憾了。

守时的康德

● 金玉良言

守时是一个好习惯，也是对他人的一种礼貌。

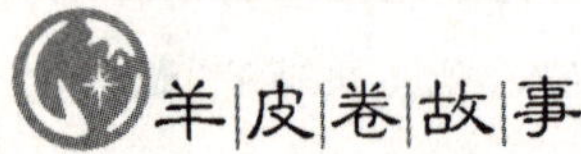

1799 年，德国哲学家康德计划到一个名叫珀分的小镇，去拜访老朋友彼特斯。康德动身前曾写信给彼特斯，说自己将于 3 月 2 日上午 11 点钟之前到达。

康德 3 月 1 日就赶到了珀芬小镇，第二天早上租了一辆马车前往彼特斯的家。老朋友的家住在离小镇 12 英里远的一个农场里，小镇和农场中间隔了一条河。当马车来到河边时，细心的车夫说：“先生，实在对不起，不能再往前走了，因为桥坏了，很危险。”

康德下了马车，看了看桥，中间的确已经断裂了。那条河虽然不宽，但水很深，而且结了冰。

“附近还有别的桥吗？”康德焦急地问。

车夫回答说：“有，先生。在上游 10 英里远的地方还有一座桥。”

康德看了一眼怀表，已经 10 点钟了。

“如果赶往那座桥，我们以平常速度什么时候可以到达农场？”

“我想大概得 12 点半。”

康德又问：“如果我们经过面前这座桥，以最快的速度什么时间能到达？”

车夫回答说：“最快也得用 40 分钟。”

康德跑到河边的一座很破旧的农舍里，客气地向主人打听道：“请问你的这间房子要多少钱才肯出售?”

农妇大吃一惊:“您想买如此简陋的破房子,这究竟是为什么?”

“不要问为什么,您愿意还是不愿意?”

“那就给200法郎吧!”

康德付了钱,说:“如果您能马上从破房上拆下几根长木头,20分钟内把桥修好,我将把房子还给您。”

农妇把两个儿子叫来,让他们按时修好了桥。

马车平安地过了桥,飞奔在乡间的路上,10点50分康德赶到了老朋友的家。

在门口迎候的彼特斯高兴地说:“亲爱的朋友,您可真守时啊!”

康德在与老朋友相会的日子里,根本没有对其提起为了守时而买房子、拆木头过河的经过。

后来,彼特斯在无意间听到这个故事,便很有感慨地给康德写了一封信。信中说道:“您太客气了,还是一如既往地守时。其实,老朋友之间的约会,晚一些时间是可以原谅的,何况你还遇到了意外。”

智慧小语

守时是对自己的约束,也是对自己和他人负责。做一个守时的人,一个一丝不苟的人。

难忘的一课

●金玉良言

时间无价,寸金难买寸光阴。

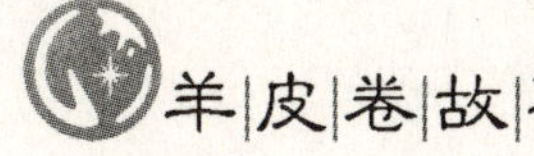

羊皮卷故事

在富兰克林报社前面的书店里,一位浏览了将近一个小时的男青年,终于向店员开口问道:“这本书多少钱?”

“1美元。”店员回答。

“1美元?”男青年又问,“你能不能少要点?”

"它的价格就是1美元。"

这位男青年又看了一会儿书,然后问:"富兰克林先生在吗?"

"在,"店员回答,"他在印刷室忙着呢。"

"那好,我想见到他。"这个青年坚持一定要见富兰克林。

于是,富兰克林被叫了出来。

这位男青年问道:"富兰克林先生,这本书你能出的最低价格是多少?"

"1美元25分。"富兰克林不假思索地回答。

"1美元25分? 你的店员刚才不是还说1美元吗?""这没错,"富兰克林说,"但是,我情愿给你1美元也不愿意离开我的工作岗位。"

这位男青年惊异了,心想算了,结束这场由自己引起的争论吧。

他说:"好吧,你说这本书最少要多少钱吧?"

"1美元50分。"

"怎么又变成1美元50分啦? 你刚才还说1美元25分呢!"

"对。"富兰克林平静地说,"我现在能出的最好价钱就是1美元50分。"

这位男青年默默地把钱放到柜台上,拿起书正要离开的时候,富兰克林叫住了他,说:"我可以给你写几个字吗?"

男青年高兴地说:"太好了!"

这位美国历史上著名的科学家,在书的扉页写下了广为流传的两句名言:"时间就是生命,时间就是金钱。"然后,签上了自己的名字。

男青年感激地说:"谢谢! 这是我终生难忘的一课。"

智慧小语

平凡的人和伟大的人的区别就是:平凡人不知道利用时间,眼看着时间匆匆流过,而且自己觉得无聊无味;而伟大的人却会用心地去利用分分秒秒的时间去做好多有意义的事,所以,他们的一生也是有意义的一生。

十三
精于理财，发掘财富的力量

抓住孩子的喜好赚钱

金玉良言

抓住消费者的需求，做消费者喜欢的商品，我们才能赚钱。

羊|皮|卷|故|事

马萨诸塞州的辛汉姆市有个木匠，因为工作丢了，他整天闲在家里无所事事。有一天，妻子让他滚出家去找工作。咱们大家都清楚，马州的人都听老婆的。于是，他走出家门，在海岸边，坐了下来，把一根泡软的木头削成了一根木头链子。

那天晚上孩子们吵着闹着争来抢去。没办法，他只好又削了一个，这才算平息了纷争。他正削着第二个链子的时候，邻居走进来，说："你干吗不削点这个当玩具卖呢？还可以赚钱啊！"

"哦，"他说，"可我不知道削什么玩具呀？"

"干吗不问问孩子们削什么好呢？他们不就在家里嘛。"

"那有什么用？"木匠说："我的孩子和别人家的孩子不一样。"

不过，他还是响应了邻居的点拨。第二天早上，玛丽下楼时，爸爸问，"你想要什么玩具？"玛丽说她要娃娃床、娃娃的脸盆、小马车、娃娃雨伞，一直说呀说。木匠一看，就自己女儿的这点要求自己就算干一辈子也干不完呢！于是他就在自己家里，问孩子们的要求，然后拿起柴火——因为没钱买木料嘛，便削了起来。削成了那些敦敦

实实、没有上漆涂彩的辛汉姆玩具，后来在世界上风行了好多年。那个人开始是给自己的孩子们做玩具，然后批量制造，再通过隔壁的鞋靴店出售自己的玩具。他开始赚了点钱，然后又赚了一点。最后，劳森先生在《疯狂财富》一书中说，那个人成了马萨诸塞州最有钱的人。我相信这是真的，今天那个人的身价应该有一亿多美元了，他按照那个原则从业也不过34年的光景。他的原则是：一定要从自家孩子的喜好上判断别人家孩子的喜好；从自己的心、自己的妻子和孩子的要求判断人家的心和人家的妻子与孩子有什么想法和要求。这在生产和制造业里是条康庄大道。

智慧小语

你会说："他难道一点资金也没有吗？"是的，他有，不过是一个削铅笔刀，我还不知道他有没有花钱。

梦中财富

金玉良言

发财梦做得再好，不如用实际行动去实现自己的梦想。

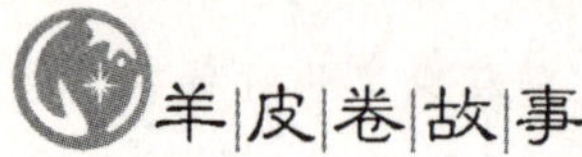

羊皮卷故事

从前在开罗有一个叫马格里比的人，拥有巨额财富却不知节俭，生活放荡，以致家产荡尽，只剩下父亲遗留的房子。过了不久，他就不得不靠劳动谋生。有一天晚上他干活那么辛苦，就在自己花园里的一株无花果树下睡着了，做起梦来。梦中有一个人来拜访他，对他说："您的财富在波斯，在伊斯法罕，到那里去寻找吧。"

第二天一早，他就出发了。他长途跋涉，遇到了沙漠、海洋、河川、盗匪、野兽以及种种危险。最后终于到了伊斯法罕，但是他一进城门，天就黑了下来。他走进一座清真寺，在院子里躺下睡觉。有一帮盗匪进了清真寺，盗匪的声音惊动了房子的主人。房主大声呼救，邻居们也大声呼救。巡逻队队长终于率领官兵赶到现场，盗匪吓得逃之夭夭。队长命令在清真寺里搜查，发现了这个从开罗来的人，便用竹鞭把他一顿好打，几乎打得他断了气。

两天之后，他在监狱里苏醒过来。队长把他叫去，问他："你是谁，从哪里来的？"

这个人说："我从开罗来，名叫穆罕默德·阿里·马格里比。我是被梦中的一个人所指引，到伊斯法罕来的，因为他说我的财富在这里等着我。可是等我到了伊斯法罕，他所说的财富，却是你慷慨地赏赐给我的一顿鞭子。"

队长听了，禁不住哈哈大笑，最后，他说："你这个傻瓜，我接连三次梦见开罗的一座房子。它那庭院里有一个花园，花园往下斜的一头有一座坟。走过坟有一株无花果树，走过无花果树有一个喷泉，喷泉底下埋着一大堆钱。可是我从来没有去理会这些荒诞的梦兆。然而你啊，你这个毛驴跟魔鬼养的家伙，竟然相信一个梦，走了那么多的路。把这几个小钱拿去，滚吧！"

这个人拿了钱，走上了回家的旅程。他在自己家的花园（就是那位巡逻队长梦见的那个花园）的喷泉下面挖出了一大笔财宝。

智慧小语

财富就在马格里比家的院子里，如果他不历尽艰辛万苦去波斯，也不会知道财富就在自家院子里，所以，要想得到财富，你必须为之付出自己的努力才行。

顾客永远是对的

金玉良言

顾客永远是对的，把顾客当做上帝，顾客才会买你的账。

羊皮卷故事

马歇尔算是他那个时代商人中的领军人物。在芝加哥有个一流的菲尔德商店。如今它已经具有纪念意义，向人们展示了马歇尔利用"回报增长法则"的能力。

一位顾客曾在菲尔德商店购买了一件昂贵的蕾丝紧身胸衣，但是买回去之后并没有穿。两年之后，她把这当作结婚礼物送给了她的侄女。

虽然那件胸衣已经买了两年了，而且已经过时了，她的侄女还是偷偷地把它拿回菲尔德商店，成功换成了其他商品。

值得注意的是，菲尔德商店二话没说就给她退了货。当然，从商场一方来讲，无论是在道义还是在法律上，它都没有在商品售出后那么久允许退货的义务。而正是这种

行为使得这件事很有意义。

那件胸衣原价50美元，当然到底能卖多少钱还得看买者讨价的工夫。但只要是对人性稍有了解的人都可以看出，此举不仅没有令菲尔德商店在胸衣的交易上蒙受任何损失，而且为它赢得了几乎无法用金钱衡量的利润。

退回胸衣的那个女人知道自己理亏，所以当商店给予了她本该拥有的权利时，就已赢得了一位永远的顾客。但这并不是收益的终点，相反它是起点，因为这个女人一定会四处宣传自己在菲尔德商店所受到的“公正待遇”。她不断地跟人描述那场景，就等于为商店做了免费广告，而其效果是其他任何广告都无法达到的，是十件胸衣也换不来的啊。

菲尔德商店的成功主要归功于马歇尔·菲尔德对于回报增长法则的准确理解。作为他经营战略的一部分，他有一句著名的名言：顾客永远是对的。

智慧小语

顾客永远是对的，要稳稳抓住顾客，我们首先要想办法抓住顾客的心，设法满足顾客的所有需求，你才能获得商业上的成功。

把水卖给淘金人

●金玉良言

只要你开动脑筋，你就不会像大多数人一生奔波，碌碌无为。

羊|皮|卷|故|事

19世纪中叶，美国加州传来发现金矿的消息。许多人认为这是一个千载难逢的发财机会，于是纷纷奔赴加州。17岁的小农夫亚默尔也加入了这支庞大的淘金队伍，他同大家一样，历尽千辛万苦，赶到加州。

淘金梦是美丽的，做这种梦的人很多，而且还有越来越多的人蜂拥而至，一时间加州遍地都是淘金者，而金子自然是越来越难淘。

不但金子难淘，而且生活也越来越艰苦。当地气候干燥，水源奇缺，许多不幸的淘金者不但没有圆致富梦，反而丧生此处。小亚默尔经过一段时间的努力，和大多数人一样，不但没有发现黄金，反而被饥渴折磨得半死。一天，望着水袋中那一点点舍不得喝的水，听着周围人对缺水的抱怨，亚默尔突发奇想：淘金的希望太渺茫了，还不如卖水呢。于是亚默尔毅然放弃对金矿的努力，将手中挖金矿的工具变成挖水渠的工具，从远方将河水引入水池，用细沙过滤，成为清凉可口的饮用水。然后将水装进桶里，挑到山谷一壶一壶地卖给找金矿的人。当时有人嘲笑亚默尔，说他胸无大志："千辛万苦地到加州来，不挖金子发大财，却干起这种蝇头小利的小买卖，这种生意哪儿不能干，何必跑到这里来？"

亚默尔毫不在意，不为所动，继续卖他的水。哪里有这样的好买卖？把几乎无成本的水卖出去。哪里有这样好的市场？结果，淘金者都空手而归，而亚默尔却在很短的时间里靠卖水赚到了几千美元，这在当时是一笔非常可观的财富了。

智慧小语

乔·史派勒有一本书叫《动手来种钱》，书中他提及了一个只剩下1美分的人，这个人正准备用掉一美分时，他突然改变了想法，他把钱换成美金的铜币，他心里告诉自己每次他花掉钱时，就要让钱再以十倍或更多倍的数量回到手上。后来这个人成了亿万富翁，我们要想和他一样，就要知道如何开动脑筋为自己寻找财路。

节约就是财富

●金玉良言

节约不仅仅是一种美德，节约也是在为你积累着财富。

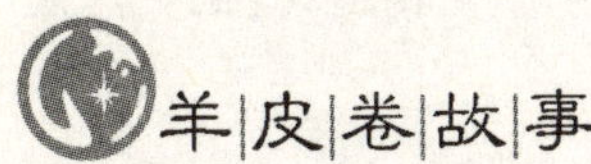

有一位富有的绅士，刚刚致富没多久，妻子便要了一个考究的新沙发。他说："光那个沙发，就花了我30000美元！"沙发运来了，却发现还得配椅子，然后是茶几、餐台、桌子，一直到最后整个家具全部都换掉了。然而这时绅士却发现，和新家具比起来，房子又太旧太老。于是他们又盖了一幢新房子与新家具匹配，就这样，"绅士说道："单单为了这个沙发，我的花费加起一共是30000美元。可是就像给马套上了鞍，从此没完没了，从仆人到马车装备，还有其他不得不花费的支出。光为了这虚荣的架子，我每

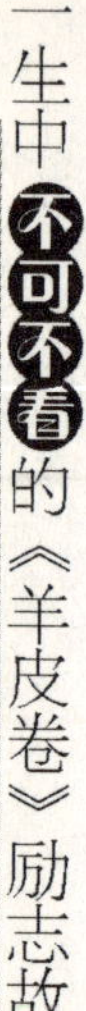

年要花30000块钱，可日子是过得越发捉襟见肘。想想10年前，只花上千把块钱，我们过得可要舒服得多。因为那时我们没那么烦恼，没有那么多要操心的东西。”“实不相瞒，”绅士继续说，“那个沙发甚至最后把我拖到破产的境地，要不是后来一笔新的前所未有的财富大潮把我从溺水的边缘托举起来，要不是我决心节制花钱的欲望，‘开源节流’，那我就完了。”

智慧小语

这个富翁绅士从铺张浪费中尝到了苦头，这苦头确实也为他上了生动的一课。看来花钱也是一门学问，花得不好了可能会让你由百万富翁变成一个穷光蛋。不管怎么说，节约是没有什么坏处的。

发现财富的眼光

●金玉良言

赚钱对于好多人来说是件难事，就是因为人们没有赚钱的远见，没有发现财富的眼光。

羊皮卷故事

菲勒出生在一个贫民窟里，他和很多出生在贫民窟的孩子一样争强好胜，也喜欢逃学。与众不同的是，菲勒从小就有一种发现财富的非凡眼光。他把一辆从街上拾来的玩具车修好，让同学们玩，然后向每个人收取0.5美分。在一个星期之内，他竟然赚回一辆崭新的玩具车。

菲勒的老师深感惋惜地对他说：“如果你出生在富人的家庭，你会成为一个出色的商人。但是，这对你来说已经是不可能的了，你能成为街头商贩就不错了。”

菲勒中学毕业后，正如他的老师所说，他真的成了一名小商贩。他卖过电池、小五金、柠檬水，每一样都经营得得心应手。与贫民窟的同龄人相比，他已经可以算是出人头地了。

但老师的预言也不全对，菲勒靠一批丝绸起家，从小商贩一跃了成为了商人。

那批丝绸来自日本，数量足有1吨之多，因为在轮船运输当中遭遇了风暴，这些丝绸被浸染了。如何处理这些被浸染的丝绸，成了日本人非常头痛的事情。他们想卖掉，却无人问津；想运出港口扔了，又怕被环境部门处罚。于是，日本人打算在回程的路上把丝绸抛到大海里。

港口有一个地下酒吧，菲勒经常到那里喝酒。那天，菲勒喝醉了。当他步履蹒跚地走过几位日本海员身边时，海员们正在与酒吧的服务员说那些令人讨厌的丝绸。说者无心，听者有意，他感到机会来了。

第二天，菲勒来到轮船上，用手指着停在港口的一辆卡车对船长说："我可以帮你们把这些没用的丝绸处理掉。"结果，他没花任何代价便拥有了这些被染料浸过的丝绸。然后，他用这些丝绸制成迷彩服装、迷彩领带和迷彩帽子。几乎在一夜之间，他拥有了10万美元的财富。

有一天，菲勒在郊外看上了一块地。他找到地皮的主人，说他愿意花10万美元买下这块地。地皮的主人拿到10万美元后，心里还在嘲笑他："这样偏僻的地段，只有傻子才会出这么高的价钱！"

令人料想不到的是，一年后，市政府宣布在郊外建环城公路。不久，菲勒的地皮升值了150倍，城里的一位富豪找到他，愿意出2000万美元购买他的地皮，富豪想在这里建造别墅群。但是，菲勒没有卖他的地皮，他笑着告诉富豪："我还想等等，因为我觉得这块地皮应该值得更多。"

果然不出菲勒所料，3年后，那块地卖了2500万美元。

他的同行们很想知道当初他是如何获得那些信息的，他们甚至怀疑他和市政府的官员有来往。但结果令他们很失望，菲勒没有一位在市政府任职的朋友。

菲勒活了77岁，临死前，他让秘书在报纸上发布了一条消息，说他即将去天堂，愿意给失去亲人的人带口信，每人收费100美元。这一看似荒唐的消息，引起了无数人的好奇心，结果他赚了10万美元。如果他能在病床上多坚持几天，赚得还会更多。

他的遗嘱也十分特别，他让秘书登了一则广告，说他是一位绅士，愿意和一位有教养的女士同卧一个墓穴。结果，一位贵妇人愿意出资5万美元和他一起长眠。

智慧小语

菲勒临死还大大地捞了一笔钱，可见他发现财富的眼光是多么神奇，我们在日常生活中，也要把眼光放远一点，放开一点，我们也会发现好多意想不到的事情。

做个慈善家

●金玉良言

做一个慈善家，让这个世界慈善起来，幸福起来。

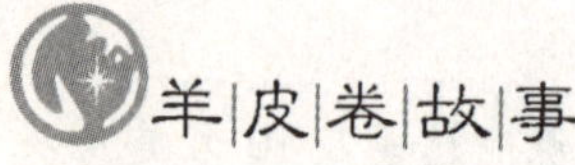

小洛克菲勒曾回忆说：

“盖茨是位杰出的理想家和创造家，我是个推销员——不失时机地向我父亲推销的中间人。”

在老洛克菲勒“心情愉快”的时刻，譬如饭后或坐汽车出去散心时，小洛克菲勒往往就抓住这些有利时机进言，果然有效，他的一些慈善计划常常会征得父亲同意。

在12年的时间里，老洛克菲勒投资了四亿四千六百多万元给他的四个大慈善机构：医学研究所，普通教育委员会，洛克菲勒基金会和劳拉·斯佩尔曼·洛克菲勒纪念基金会。

在投资过程中，他把这些机构交给小洛克菲勒去管理。

在这些机构的董事会里，小洛克菲勒起了积极作用，远不只是充当说客而已。他除了帮助进行摸底工作，还物色了不少杰出人才对这些机构进行管理指导。

1901年，他应慈善事业家罗伯特·奥格登之邀，和50名知名人士乘火车考察南方黑人学校，作了一次历史性的旅行。回来后小洛克菲勒写了几封信给父亲，建议创办普通教育委员会，老洛克菲勒在接信后两个星期内，就给了他1000万美元，一年半以后，继续捐赠了3200万美元。在往后的10年里，捐赠额不断增加，到1921年时，总额上升到了1299000余元之多。在洛克菲勒基金会成立后，盖茨凭他的牧师的神圣灵感和商业的敏锐性，发现了小洛克菲勒的慈善事业可能产生的国际影响。

洛克菲勒基金所作捐赠的范围广泛和复杂，足可以写成好几部书，它们给人的印象是一个贤明而造福人的超级慈善机构在高效率运转。

事实上，美国政府在20世纪后半叶办理的卫生、教育和福利事业许多是洛克菲勒在本世纪上半叶发起的。

除了倾力扑灭的世界性疾病外，洛克菲勒基金会还把目光转向了世界各地的饥荒和粮食供应上。

由基金资助的一些出类拔萃的科学家，发展了玉米、小麦和大米的新品种，对全球不发达国家提供了广泛的技术赞助。

某些基金还用于资助科学技术方面的拓荒工作——在加利福尼亚州建造了世界上最大的天体望远镜，在加利福尼亚大学装置了有助于分裂原子的184英寸回旋加速器。

在美国，有16000名科技人员享受了洛克菲勒基金提供的工作费用，他们当中有不少世界一流的科学家。

除了经营那些庞大的慈善机构外，小洛克菲勒还独力去干他毕生爱好的工作之一：保护自然。

据统计，小洛克菲勒为保护自然花了几千万美元：建设阿长迪亚国立公园花去300多万美元；购买土地，把特赖思堡公园送给纽约市花了600多万美元；替纽约州抢救哈得逊河的一处悬崖花了1000万美元；捐赠200万美元给加利福尼亚州的“抢救繁荣杉林同盟”；160万美元给了约塞米国立公园；164000美元给谢南多亚国立公园；花去1740万美元买下133000多亩私人地产，把大特顿山的著名景观“杰克逊洞”完整地奉送给公众。

小洛克菲勒最大的一项义举是恢复和重建了整整一个殖民地期的城市——弗吉尼亚州殖民时期的首府威廉斯堡。

那里的开拓者们曾经最早喊出“不自由，毋宁死”的口号，是美国历史上一块“无价之宝。”

小洛克菲勒亲自参加恢复和重建每一幢建筑的工作。他授权无论花多少钱、时间和精力，也要重新创造出18世纪时期那样的威廉斯堡。

结果，他总共付出5260万美元，恢复了81所殖民地时期的原有建筑，重建了413所殖民地时期的建筑，迁走或拆毁了731所非殖民地时期的建筑，重新培植了83亩花园和草坪，还兴建了45所其他建筑物。

1937年，美国政府通过一项法律，把资产在500万元以上的遗产税率增加到10%，次年又把资产在1000万及1000万元以上的遗产税率增加到20%。即便这样，老洛克菲勒20年中陆续转移，交到小洛克菲勒手里的资产总值仍有近5亿美元，差不多同他捐掉的数字相等。老人给自己只留下2000万元左右的股票，以便到股票市场里去消遣消遣。

这笔庞大的家产落到小洛克菲勒一人身上，大得令他或其他任何人都吃喝不完，大得令意志薄弱者足以成为挥霍之徒，但他从来就把自己看作是这份财产的管家，而不是主人，他只对自己和自己的良心负责。

在走出大学以来的50年里，小洛克菲勒是父亲的助手，然后全凭自己对慈善事业的热情胸怀和眼力花去了82200多万美元用以按照他的看法用以改善人类生活。他

说:“给予是健康生活的奥秘……金钱可以用来做坏事,也可以是建设社会生活的一种工具。”

他所赞助的事业,无论是慈善性质还是经济性质,都范围广大而深远,而且都经过从头至尾的仔细调查。

智慧小语

“我确信,有大量金钱必然带来幸福这一观念并未使人们因有钱而得到愉快,愉快来自能做一些使自己以外的某些人满意的事”。说这话的人是老洛克菲勒,但彻底使之变为现实的却是他的儿子小洛克菲勒。我们已经看到了,金钱有它独特的魅力所在。但是我们决不可仅仅以金钱为偶像,而不去思考它的用途,抱住金钱不放的人,终将是危险的。

邮售化妆品

●金玉良言

亦步亦趋、墨守陈规,那肯定只能成为落伍者。

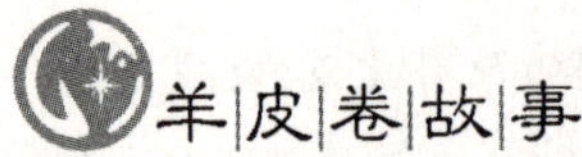

一次偶然的机会,伊夫·洛列从一位年迈女医师那里得到了一种专治痔疮的特效药膏秘方。这个秘方令他产生了浓厚的兴趣,于是,他根据这个药方研制出一种植物香脂,并开始挨家挨户地去推销这种产品。

有一天,洛列灵机一动,“何不在《这儿是巴黎》杂志上刊登一则商品广告呢?”

如果在广告上附上邮购优惠单,说不定会有效地促销产品。

这一大胆尝试使洛列获得了意想不到的成功,当他的朋友还在为他的巨额广告投资惴惴不安时,他的产品却开始在巴黎畅销起来,原以为会泥牛入海的广告费用与其获得利润相比,显得轻如鸿毛。

当时,人们认为用植物和花卉制造的美容品毫无前途,几乎没有人愿意在这方面投入资金,而洛列却反其道而行之,对此产生了一种奇特的迷恋之情。洛列开始小批量地生产美容霜,他独创的邮购销售方式又让他获得巨大成功。在极短的时间内,洛列通过这种销售方式，顺利地推销了70多万瓶美容品。

如果说用植物制造美容品是洛列的一种尝试，那么，采用邮购的销售方式则是他的一种创举。

时至今日，邮购商品已不足为奇，但在当时，这却是前所未有的行为。

洛列创办了他的第一家工厂，并在巴黎的奥斯曼大街开设了他的第一家商店，开始大量生产和销售美容品。

伊夫·洛列对他的职员说："我们的每一位女顾客都是王后，她们应该获得像王后那样的服务。"

为了达到这个宗旨，他打破销售学的一切常规，采用了邮售化妆品的方式。

公司收到邮购单后，几天之内即把商品邮给买主，同时赠送一件礼品和一封建议信，并附带制造商和蔼可亲的笑容。

邮购几乎占了洛列全部营业额的50%。

"洛列式邮购"手续简单，顾客只需寄上地址便可加入"洛列美容俱乐部"，并很快收到样品、价格表和使用说明书。

这种经营方式对那些工作繁忙或离商业区较远的妇女来说无疑是非常理想的。如今，通过邮购方式从洛列俱乐部获取口红、描眉膏、唇膏、洗澡香波和美容护肤霜的妇女已达6亿人次。

伊夫·洛列通过邮售建立与顾客的固定联系。他的公司每年收到8000余万封函件。有些简直同私人信件没有两样，附着照片和亲笔签名，信中叙友情、表信任，写得亲切感人。当然，公司的建议信往往写得十分中肯，绝无生硬地招揽顾客之嫌。这些信件中总是反复地告诉订购者：美容霜并非万能，有节奏的生活是最佳的化妆品。而不像其他商品广告那样，把自己的产品说得天花乱坠、功效无与伦比。

如今，伊夫·洛列已经拥有400余种美容系列产品和800万名忠实的女顾客。伊夫·洛列经过辛勤的劳动和艰苦的思考，找到了走向成功的突破口和契机。化妆品市场竞争的激烈程度令人触目惊心，如果亦步亦趋、墨守陈规，那肯定只能成为落伍者。

伊夫·洛列设计出与强大的竞争对手完全不同的产品——植物花卉美容品，使化妆用品低档化、大众化，满足众多新老顾客的需要，所以他把竞争对手远远地抛在了后面。

智慧小语

不一定要严格按照别人成功的先例来做，那样只是在重复地吃别人的剩饭，而且并不一定能获得多少财富。只有打开思路，才能找到新的出路，开辟一片新天地来。

十四 善于交往，与人和谐相处

卡耐基的夸奖本领

金玉良言

夸奖他人是对他人的尊重和鼓励，同时也会受到他人尊重。

羊皮卷故事

夸奖别人有两种方式，从小方面着手或从大方面着手。卡耐基对这两方面都很擅长。

在卡耐基教学课程中，有位来自匹兹堡的学生，他叫比西奇。比西奇在上课过程中似乎显得特别笨，在每个方面都似乎差人一等。因此，他感到很沮丧。

他终于带着失望的心情来到卡耐基的办公室，对卡耐基说："卡耐基先生，我想退学。"

"为什么？"卡耐基奇怪地问。

"我……我感觉比别人笨多了，根本学不会你的教程。"

"我觉得不是这样的，比西奇！"卡耐基说，"在我的感觉中，这半个月来，你比以前明显进步多了。在我的心目中，你是个勤奋而又成功的学生。"

"真的是吗？"比西奇略带惊喜地问。

"真的是这样的！照这样发展，到毕业时你一定会取得优异成绩的。"卡耐基继续说，"在我小时候，人们都认为我是个笨孩子，那时的我是多么忧郁啊！后来，我摆脱了忧郁，同时也摆脱了‘笨’，你比我当年强多了！”听了这番话后，比西奇内心深处升起了希望。他凭着自己的努力和卡耐基先生的赞扬终于学完了全部教程，毕业时成绩虽不很优异，但也足以让人刮目相看了。

比西奇毕业后，回到家乡开了一家小小的肉联厂。开厂之初，进展并不顺利，卡耐基继续写信鼓励和夸奖他：“我觉得你办肉联厂的念头相当不错，这是个很有前途的机会，你一定会因自己的努力而获得巨大成功的。”

比西奇收到这些信后非常感动，他同时也将这夸奖的艺术用于自己的雇员，没想到收效很大。在经济大萧条时代，整个美国都面临着挨饿的危机，人们四处求职谋生，争取仅有的面包和土豆。而比西奇开的肉联厂虽然也受到了经济危机的冲击，生意遭挫，但在那个年代里既能保持住肉联厂的生意，又可让雇员们拿到足够的工资，这不能不算是个奇迹。

比西奇后来回忆说：“肉联厂之所以在经济萧条的时候存在，一是和自己及雇员兢兢业业的敬业精神有关；二是他运用了卡耐基的夸奖技巧，使自己和工人们连成一条心，厂子因而得以生存。”

智慧小语

夸奖他人在人际交往中的作用是非常显著的，在好多时候，夸奖别人比给他一大笔财富更管用，因为，有可能因为你的一句夸奖，让他的一生更加辉煌。

不讽刺他人的人不会受到非议

●金玉良言

讽刺他人对你没有什么好处，只会为自己带来祸害。

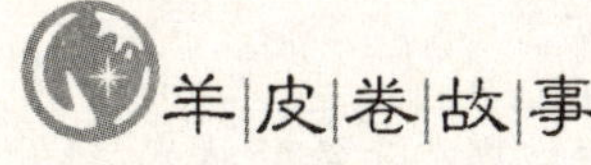

林肯喜欢指责别人。在印第安纳州鸽溪谷，年轻的林肯不仅指责别人，而且还写诗写信取笑别人，他把那些信放在乡村路上——那些人肯定会经过会看到的地方。其中一封信引起了一个人一生都难以熄灭的怨恨之火。

即使当林肯在伊利诺伊州的斯普林菲尔德当见习律师时，还是时常在报上发表公

开信，攻击对手。但是，他得到了教训，这样的教训对他来说一次就足够了。

1842年秋，林肯狠狠讽刺了一个骄傲好斗的爱尔兰政客，这个人名叫詹姆斯·西尔德。他在《斯普林菲尔德日报》上发表匿名信讽刺詹姆斯，结果全城都快笑疯了。敏感骄傲的西尔德恼羞成怒。他查出是林肯写的信，立刻跳上马，找到林肯，向他挑战，要求决斗。林肯本不想与他决斗，因为他向来反对决斗，但为了保全名誉，他又不得不应战。林肯双臂细长，所以他选了宽剑作为武器，还拜一个西点军校毕业生为师，学习剑术。相约之日来临时，两人约在密西西比河沙滩的一个酒吧，准备决一死战。好在最后一刻，双方的助手阻止了他们，结束了决斗。

这是林肯一生中最恐怖的一件事。这件事给了他一个巨大教训，使他学会了如何为人处事。从此以后，他再也没写过侮辱性的信，再也没有去取笑别人，再也没有因为任何嘲笑而指责任何人。

在南北战争中，林肯一次又一次地换掉了波托马可军团的将领，从麦克莱伦、蒲柏、伯恩赛德、胡克到米德，可是他们还是犯错，一次又一次惨败，让林肯几乎绝望。全国有一半的人严厉谴责那些难以胜任的将军。然而林肯却“心无恶意，虚怀若谷”，和将军们相安无事。他最喜欢引用的一句话是：“不作臧否，不受非议。”

当林肯夫人和其他人强烈抨击南方奴隶主时，林肯说：“不要指责他们，我们在那样的情况下也会跟他们一样。”所以，如果真有什么人有资格去指责的话，那非林肯莫属。

1863年7月的前两天，葛底斯堡战役。7月4号晚，天降暴雪，南方军队的李将军率军南撤。当到达波托马可河时，他发现河水暴涨，无法渡过，而且后面还有胜利之师北方盟军的追击，可谓是进退两难，无路可逃。林肯看到这是抓住李将军即刻结束战争的天赐良机。林肯抱着极大的希望，立即命令米德将军不要开作战会议，立即直接进攻。他以电报命令外加信使传令，米德立刻行动。而米德将军却是怎么做的呢？正好相反，他无视林肯的命令，召开作战会议，通过电报找出种种借口，一再拖延，就是不肯立刻攻打李将军的军队。最后河水退了，李将军率军成功逃离。

林肯火冒三丈。“这究竟是什么意思？”林肯对儿子罗伯特大声说着，“老天！怎么会这样？他们就在我们的掌握之中，唾手可得。不论我说什么，这些军队就是不肯挪动半步。本来在这种情况下，不管是谁都能擒住李将军的。如果我在场的话，我轻轻一鞭就可以抽到他。”

这时，万分失望的林肯坐下来给米德·格兰特写了一封信。那个年龄的林肯用词是极端保守、极端克制的，而这封1863年的信却无疑是最具谴责性的。

我亲爱的将军：

我不认为您对李将军逃脱这一巨大的不幸会喜悦不已。本来我们可以手到擒来，再加上近来的几次胜利，我们本可结束这场战争。然而，现在战争却要无限期地拖延下去了。上几个星期。您连李将军都没能成功擒获，现在只凭着仅为当时三分之二的兵力，又怎能守住波托马可河南岸地区呢？再对您寄予期望是毫无理智的事情，而我也不会再期待您能有多大作用了。良机失而难返，我对此感到无限的悲痛。

你猜米德看到这封信时会有何反应？他从来没有看到过，因为林肯从来没有寄出去过。

这封信是林肯逝世后在他的文件里发现的。

智慧小语

林肯就是因为不能容忍别人吃了亏，但他能吸取教训是对的，从他的一生来看，因为他的这一点，确实让他受益终生了。能容忍他人过错的人，才有资格受到人们的尊重。

成功的人不应该小气

●金玉良言

大气者成大事，小气者碌碌无为。

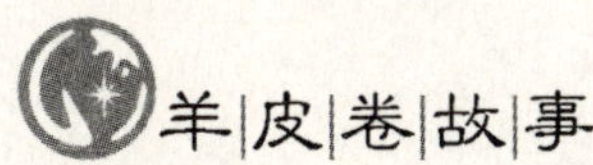

在那时，年轻的洛克菲勒空闲的时间很少，所以他总是带着一个可以收缩的运动器放在随身的口袋里——就是一种手拉的弹簧，可以闲时挂在墙上用手拉伸的器械。有一天，他走到自己的一个分行里去，这里的人都不认识他。他说要见经理。

有一个神色傲慢的职员见了这个衣着褴褛的人，便回答说："经理很忙。"

洛克菲勒便说："等一等不要紧。"

当时客房里没有别人。他看见墙上有一个适当的钩子，洛克菲勒便把运动器拿出来，很起劲地用手拉着。弹簧的声音打搅了那个职员，以致使得他急忙跳进来，用很不高兴的神情望着他。

那个职员冲着洛克菲勒大声吼道："喂，你以为这是什么地方啊，健身房吗？哼！这里不是健身房。赶快把那东西收起来，否则就出去。懂了吗？"

"好，那我就收起来吧。"洛克菲勒和颜悦色地回答着，并把他的东西收了起来。5

分钟之后，经理先生来了，很客气地请他进去坐。

那个职员马上气馁了。他觉得他在这里的前程肯定是断送了。洛克菲勒临走的时候，还客气地和他点了点头，而他则一副不知所措的惶恐样子。那职员觉得在这个星期六的时候，一定和付薪金的信封脱离关系了，他把这事告诉了他的妻子。

星期六晚上到了，但是并没有出什么事。过了一星期，再过一星期，也还是没有事。过了三个月之后，他忐忑不安的心才慢慢平静下来。现在很明显，因某种不可理解的缘故，洛克菲勒对于这件事是没有放在心上的。

智慧小语

当然，原因也许是因为洛克菲勒有许多别的重要的事要做，他没有闲工夫为自己的尊严被下面的职员损害这种区区小事操心。这种宽大的胸襟不是任何人都有的，比如那个职员就没有。怪不得他一辈子都只是一个小小的职员呢。

用诚意打动他人

● 金玉良言

要想别人有诚意，我们自己首先要有诚意。

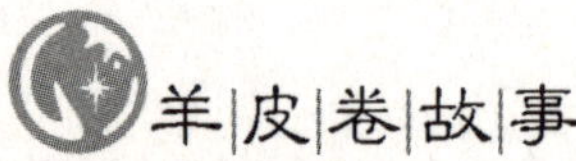

羊|皮|卷|故|事

有一次一位保险销售经理和一个新进业务员一起拜访一位老是谈不成意向的准保户，他是餐厅老板。他们坐在餐厅里谈话，而他得不时起身察看员工、和顾客打招呼或是帮忙做店务。别说谈生意，连让他集中注意力听他们说话都很难。当经理想建议等打烊后再碰面时，餐厅老板的太太出现了，接管了店务，老板放松下来，他们也跟着松了口气。

这位顾客的确有些棘手，他不断说"不"。这位经理显然处于劣势。这是一个挑战，而且他必须向年轻业务员证明，再困难的推销都会有转机。所以这位经理尽最大力气推销，而这个顾客还是一直说不要。过了两小时，销售经理的诚意打动了客户，他们终于带走一份签了名的投保书。

第二天一早，秘书告诉经理餐厅老板娘打电话来。经理知道自己逼得太过火，她一定是想解约。但这位太太却说:“我一直等到我先生出门才能打电话来道谢,你不知道你帮了我和我儿子多大的忙。我先生一定没跟你们讲他有赌博的习惯,我们家一直没有什么积蓄。现在至少我不用再担心孩子的教育费问题,我一定会准时缴款的,真谢谢你。”这位经理非常惊讶实情竟是如此。

听了这些话,不光是新进人员学到了推销经验,这位经理也得到了一些结论,那就是不要完全相信顾客说的他为什么不买的原因。他也因此更加确信,作为专业的业务员,推销时必须有诚意,这往往能在不知不觉中帮助顾客而不自知。

智慧小语

当你不知道如何让别人相信你与你共事时,你不妨多拿出一点诚意来,生意不成,人意在。

积极地寻求帮助

金玉良言

自己无能为力的时候,可以借助别人的帮助让自己摆脱困境。

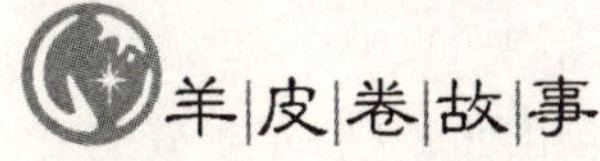

在经济大恐慌初期,约翰·科利尔到拿破仑的办公室来。希望能解决一个使他忧虑成疾的问题。其实问题早就有了答案,只是他并没有想到。科利尔先生是波士顿的制鞋师傅,在经济开始不景气时,他有几张票据到期无法偿还,银行没收了他的设备。没有担保品,他贷不到另外一笔钱。

拿破仑·希尔问了他几个简单的问题,了解了这些事实:他制鞋经验老到,20 多年来信誉卓著,他有很多从开业至今一直光顾的老主顾;他在波士顿最著名的一所教堂担任过执事;他的家庭生活幸福美满。拿破仑·希尔把他的资产加起来,告诉柯利尔先生:“人生价值丰富,这比什么都重要。”

“我知道。”他回答:“但是我快要破产了。”

“你有这么多的资产,绝对不会破产,”拿破仑·希尔回答:“因为这些比任何人都可靠。”

“但是银行不这么想。”

“没错,银行不会这么想,”拿破仑·希尔解释,“但是一定会有人相信你。以下是我给你的建议:从向你买鞋子的人当中,找十个财力最雄厚的老主顾,请他们借给你东山再起的资金。”

拿破仑·希尔没有再说下去,因为柯利尔先生的眼神不再黯淡恐惧,他微笑着从口袋里掏出一本笔记簿开始写字。写完之后,他把笔记簿拿给拿破仑·希尔看,上面只写了五个人名,都是他以前的客户。

“这里,”他说,“这五个人愿意帮助我。好几年来他们一直向我买鞋子。他们了解我的产品,对我和我的鞋子有信心。我要请他们资助,将来他们买我的鞋子会有额外的折扣。”后来拿破仑·希尔向柯利尔先生解释,亨利·福特在福特汽车公司创建初期,也是采用同样的方法。他向购买他汽车的人——他的经销商,借到了足够的周转金。

“现在我已经知道该怎么做了,”柯利尔先生说,“但是我想不通,为什么没有来找你之前,我根本没有想到这一点。”同样的问题也困扰着许多人,他们早就有办法解决问题,却需要别人的提醒。柯利尔先生回到波士顿。7个月后拿破仑·希尔收到他的来信,他的困难已经解决。随信附上一个精致的怀表,上面刻着:“给拿破仑·希尔,他让我认识了另外一个自我。”

这句话已经说明一切。其实,拿破仑·希尔只是让深受恐惧折磨的柯利尔先生欣然接受别人的帮助,让他松了一口气,摆脱无谓的自我限制。

智慧小语

好多时候,自己的力量显得微乎其微,在这时,寻求别人的帮助就是一个很好的方法了。在日常交往中,相互帮助是常事,所以,我们也不要羞于请人帮忙。

热诚地认错 

●金玉良言

自己谴责自己不比挨人家的批评好受。

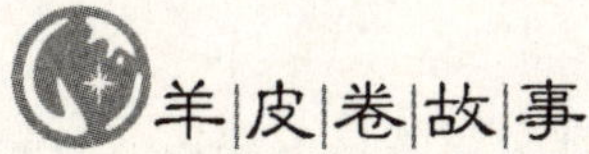

卡耐基以他的亲身经历告诉我们，迅速而热诚地承认，比你去争辩有效得多，而且有趣得多。

在纽约有一个森林公司，卡耐基就曾住在附近，因此他常常带着他的雷斯——一只小波士顿斗牛犬去散步，它是一只和善而不伤人的小猎狗，因为在公园时很少碰到人，卡耐基常常不替雷斯系狗链或戴口罩。

有一天，他们在公园里遇见一位骑马的警察，那人好像迫不及待要表现出他的权威。

"你为什么让你的狗跑来跑去，不给它系上链子或戴上口罩，"他喝斥道，"难道你不晓得这是违法的吗?"

"是的，我晓得，"卡耐基轻柔地回答，"不过我认为它不至于在这儿咬人。"

"你不认为？你不认为！法律是不管你怎么认为的，它可能在这里咬死松鼠或咬伤孩子。这次我不追究，但假若下回给我看到这只狗没有系上链子或套上口罩就在公园里乱跑的话，你就必须跟法官解释啦。"

卡耐基客客气气地答应照办。

卡耐基的确照办了而且是好几回。可是他的小狗不喜欢戴口罩，因此，他们决定碰碰运气。事情很顺利，但接着他们撞上了暗礁。一天下午，雷斯和他在一小山坡上赛跑，突然间，卡耐基很不幸地看到了那位"执法大人"——他跨在一匹红棕色的马上。雷斯跑在前头，直向那位警察跑去。

这下可糟了！卡耐基决定，不等警察开口就先发制人，他说："警官先生，这下你当场逮住我了。我有罪，我没有托辞，也没有借口了。你上星期警告过我，若是再带小狗出来而不替它戴上口罩你就要罚我。"

"好说，好说，"警察回答的声调很柔和，"我晓得在没有人的时候，谁都忍不住要带这么一条可爱的小狗出来。"

“的确是忍不住，”卡耐基回答，“但这是违法的。”

“像这样的小狗大概不会咬伤别人吧。”警察反而为卡耐基开脱。

“不，它可能会咬死松鼠。”卡耐基说。

“哦，你大概把事情看得太严重了，”他告诉卡耐基，“我们这样办吧。你只要让它跑过小山，到我看不到的地方，事情就算了。”

那位警察也是一个人，他要的是一种重要人物的感觉。因此当卡耐基责怪自己的时候，警察唯一可以增强自己的自尊心的方法，就是以宽容的态度表现慈悲。

智慧小语

卡耐基不和警察正面交锋，并承认自己绝对“错了”，而且卡耐基是爽快地、坦白地、热诚地承认了这点。因为卡耐基站在他那边说话，他反而为卡耐基说话，整个事情就在和谐的气氛中结束了。如果我们知道免不了会遭受责备，何不抢先一步，自己先认错呢？

十五
缓解压力,在竞争中立于不败之地

第 21 名的位置

金玉良言

一个会动脑筋思考的人总能掌握住问题,也能够解决它。

羊皮卷故事

佛瑞迪当时只有 16 岁,在暑假将至的时候他对爸爸说:“我不要整个夏天都向你伸手要钱,我要找个工作。”

父亲从震惊中恢复过来之后对佛瑞迪说:“好啊,佛瑞迪,我会想办法给你找个工作,但是恐怕不容易。现在正是人浮于事的时候。”

“你没有弄清我的意思,我并不是要您给我找个工作。我要自己来找。还有,请不要那么消极。虽然现在人浮于事,但我还是可以找个工作的。有些人总是可以找到工作的。”

佛瑞迪在“事求人”广告栏上仔细寻找,找到了一个很适合他专长的工作。广告上说找工作的人要在第二天早上 8 点钟到达 42 街一个地方,佛瑞迪并没有等到 8 点钟,而在 7 点 45 分钟就到了那儿。可他看到已有 20 个男孩排在那里,他只是队伍中的第 21 名。

怎样才能引起特别注意而竞争成功呢?这是他的问题,他应该怎样处理这个问题?根据佛瑞迪所说,只有一件事可做——动脑筋思考。因此他进入了最令人痛苦也

是令人快乐的程序——思考。在真正思考的时候,总是会想出办法的,佛瑞迪就想出了一个办法。他拿出一张纸,在上面写了一些东西,然后折得整整齐齐,走向秘书小姐,恭敬地对她说:“小姐,请你马上把这张纸条转交给你的老板,这非常重要。”

她是一名老手,如果他是个普通的男孩,她就可能会说:“算了吧,小伙子!你回到队伍的第21个位子上等吧。”但是他不是普通的男孩,她的直觉告诉她,这个男孩散发出一种自信的气质。她把纸条收下,然后站起来,走进老板的办公室,把纸条放在老板的桌上。老板看了后大声笑了起来,因为纸条上写着:“先生,我排在队伍中第21位,在你没有看到我之前,请不要做决定。”

他是不是得到了工作,当然得到了工作,因为他很早就学会了动脑筋。一个会动脑筋思考的人总能掌握住问题,也能够解决它。

智慧小语

处于第21位的位置,是没有什么优势可言的,但是动脑子的结果却使他战胜了占据有利地位的对手。所以,在关键时候,能够主动开动脑筋的人才是真正具有竞争力的人。

在绝境中奋斗

金玉良言

真正有竞争力的人,是能经受得住各种绝境的考验的人。

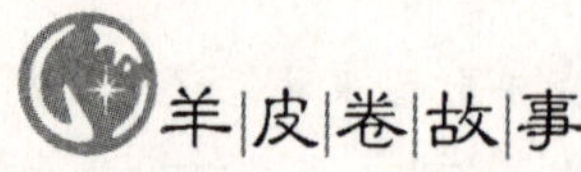

羊皮卷故事

迈阿密有位家境非常贫寒的大学生,在他四年的大学过程中,常被那些家境富裕的同学开玩笑,他们不是取笑他衣衫褴褛,便是讥笑他穷相毕露。受着同学们这样的讥笑,他竟然不为讥讽所屈服,立志要做一个伟人。

后来,这个青年果然有着惊人的成功。他说,自己在学生时代所受的种种讥笑反倒成了促成他雄心的最好激励。

在绝望境地的奋斗最能激发人潜伏着的内在力量。没有这种奋斗,便永远不会发现自己真正的力量。

很多年前的一个晚上，卡耐基和一位叫格罗斯的朋友在讨论“挫败”的问题时，格罗斯提到的一个观点很值得人们思考。

有一天，在一个阴沉沉的晚上，格罗斯正想沉沉睡去，忽然想起他最崇拜的一个人物来。当这位人物一生的事迹在他脑际一一展开时，他一天中所积聚的“毒素”好似都融化了。于是，他很舒服地安然入睡了。第二天醒来时，他又获得了一种新的勇气。

格罗斯所想起的第一幕，是在美国西部一个城市中心的某一个十字路口的一个中心，那里有一位22岁的青年与人合伙经商。这次经历让他第一次知道了“失败容易成功难”这个道理。这个教训是从他的痛苦的经历中得到的。这次失败使他7年的积蓄损失殆尽，不仅如此，他家的门上还贴着法院执行官的封条。

第一次尝试创业就得到了这样一种结果，这使得这个年轻的商人心中充满了无尽的悲哀与失望。

格罗斯想起的第二幕，是这位年轻的商人的第二次创业。经过两年的苦苦挣扎，他又积蓄了一笔钱，来作为自己第二次创业的资本。这一次，他决心不再重蹈前一次的覆辙，他对自己说：“我一定要成功！”他不能再忍受像上次那样的打击了。

但是他又失败了！在两年中，他的新合伙人将赢利全部私吞了。结果，这位青年商人不但将第二次的积蓄亏得一干二净，而且还欠下了一笔足以粉碎他一生的巨债。在绝望之下，他将事业转让，这又给他带来了一笔巨大的损失。到年底时，那位接手生意的人没有钱付款，于是就将一切存货私自出卖了，等账款收齐后，就逃之夭夭了，而这时他的合伙人又死了，于是，这个年轻的商人又背上了另外两个人的债务。

这是一个让人痛苦的经历。但是，这个年轻的商人还是不愿意立刻就宣告破产。经过好几年的艰苦奋斗，他才把自己欠的以及别人欠的最后一笔债务还清。那时，他已经39岁了。

在商业上的第二次失败之后，他的一位朋友帮他找到了一份做测绘员的工作。但是干这一行需要一些必备的工具。于是，为了准备这些工具，其实就是要买一匹马和一套仪器，他不得不又再次举债。然而，他实际上从来没有用这匹马和这套仪器工作过，因此也就别说赚钱了。因为他的一位债权人将他的仪器和马都拿去抵他的债务了。老天好像是从所有人中特地选出他来，让他品尝失败的滋味似的。

在他一生的事业中，还有更严重的打击，这一连串的打击击碎了他的心。从此，他的精神沮丧，情绪低迷，几乎没有恢复的可能了。因为他那位爱人，那唯一的永远的爱人忽然去世了。后来，他对别人说，那时他的心早已随她进了坟墓了。

这次打击给他的影响实在是太大了，他的意志日渐消沉，差不多快要发疯了。好久以后，当回忆起这段经历时，他还这样写道：“在这一时期，我身上连一把小刀都不敢带。”他怕自己万一想不开，承受不了这接二连三的打击而自杀。

就在那一年里，他的身体完全衰弱了下去。为此，他不得不迁往200里之外的父

母家中去调养他心中的创伤。

10年后，阳光总算冲走了他心中的阴霾，可是时间很短。他有几个朋友以为他在商业上虽已失败了多次，但相信他在政治上也许会成功。因此，设法帮助他步入政坛。但是，在仕途上他又失败了。他小心翼翼地参加了两次短期选举后，选民不再支持他回华盛顿了。9年以后，那些理解他和敬重他的友人们，又下定决心来帮助他，因为他有很坚定的信仰。他们利用了当时的政治环境，使他直接得到被选为国会议员的机会。就在选举将举行的前一个小时，全体选举人还都答应选他，但就在最后的一刹那，党内发生了分裂，于是他被迫退出，眼看到手的职位又让别人抢走了。他又失败了！

两年后，他又企图去竞选议员。在对时局的看法上，他曾和国会一个有名的候选人连续作过公开的辩论，可是这位温和而有经验的政敌，给了这位失败者一个不留余地的攻击，因为他的政敌是个天才的演说家。他又完全失败了。

他以为自己的一生就只有这样度过了，是不会再有什么希望了。因此，在50岁那年，他脱离了政治生活。在30年的不断努力中，他几乎没有得到过一次胜利！

在最后那一次惨败后的第二年，老天给了他最大的抚慰来补偿他几十年来遭受的痛楚、绝望和失败。他被选为美国大总统。

智慧小语

不要害怕惨败，在绝境中才能学会更多，让自己具备更多成功的资本，当你成功时，过去的所有的失败都将黯然失色。

牛仔大王李维斯

金玉良言

做别人想不到的，做具有开辟性的事才具有强大的竞争力。

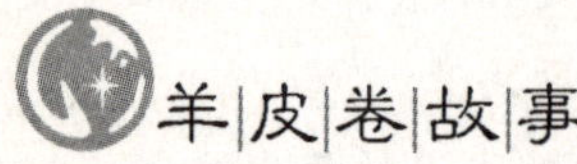

“牛仔大王”李维斯的西部发迹史中曾有这样一段传奇：

当年他像许多年轻人一样，带着梦想前往西部追赶淘金热潮。一日，他突然间发现有一条大河挡住了西去的路。苦等数日，被阻隔的行人越来越多，但都无法过河。

于是陆续有人向上游、下游绕道而行，也有人打道回府，更多的则是怨声一片。而心情慢慢平静下来的李维斯想起了曾有人传授给他的一个“思考制胜”的法宝，这一段话是：“太棒了，这样的事情竟然发生在我的身上，又给了我一个成长的机会。凡事的发生必有其因果，必有助于我。”于是他来到大河边，非常兴奋地不断重复着对自己说：“太棒了，大河居然挡住我的去路，又给我一次成长的机会，凡事的发生必有其因果，必有助于我。”果然，他真的有了一个绝妙的创业主意——摆渡。没有人会因为吝啬一点小钱而不坐他的船。他人生的第一笔财富居然因大河挡道而获得。

一段时间后，摆渡生意开始清淡。他决定放弃，并继续前往西部淘金。来到西部，四处是人，他找到一块合适的空地，买了工具便开始淘起金来。没过多久，有几个恶汉围住他，叫他滚开，别侵犯他们的地盘。他刚理论几句，那伙人便失去耐心，一顿拳打脚踢。无奈之下，他只好灰溜溜地离开。好不容易找到一处合适的地方，没多久，同样的悲剧再次重演，他又被人轰了出来。在他刚到西部那段时间，多次被欺侮。终于，最后一次被人打完之后，看着那些人扬长而去的背影，他又一次想起他的“制胜法宝”：“太棒了，这样的事情竟然发生在我的身上，又给了我一次成长的机会，凡事的发生必有其因果，必有助于我。”他真切地、兴奋地反复对自己说着，终于，他又想出了另一个绝妙的主意——卖水。

西部黄金不缺，但似乎自己无力与人争雄；西部缺水，可似乎没什么人能想它。不久他卖水的生意便红红火火。慢慢地，也有人参与了他的新行业；再后来，同行的人已越来越多。终于有一天，在他旁边卖水的一个壮汉对他发出通牒：“小个子，以后你别来卖水了，从明天早上开始，这儿卖水的地盘归我了。”他以为那人是在开玩笑，第二天依然来了，没想到那家伙立即走上来，不由分说，便对他一顿暴打，最后还将他的水车也一起砸烂。李维斯不得不再次无奈地接受现实。然而当这家伙扬长而去时，他却立即开始调整自己的心态，再次强行让自己兴奋起来，不断地对自己说着：“太棒了，这样的事情竟然发生在我的身上，又给了我一次成长的机会，凡事的发生必有其因果，必有助于我。”他开始调整自己注意的焦点。他发现，来西部淘金的人，衣服极易磨破，同时又发现西部到处都有废弃的帐篷，于是他又有了一个绝妙的好主意——把那些废弃的帐篷收集起来，洗洗干净，就这样，他缝成了世界上第一条牛仔裤！从此，他一发不可收拾，最终成为举世闻名的“牛仔大王”。

智慧小语

“牛仔大王”这个称号并不是随随便便叫出来的，是李维斯靠自己的聪明才智挣来的，要想成王，就必须要有别人没有的点子，想别人想不到的问题，做别人不敢做的事。

编草席的王子与牧羊女

●金玉良言

学一门手艺不仅能养家糊口，到关键时候还能救命。

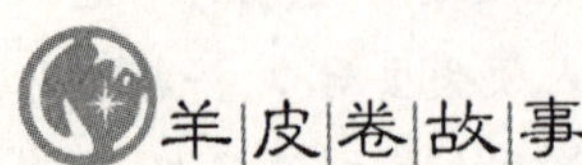

羊皮卷故事

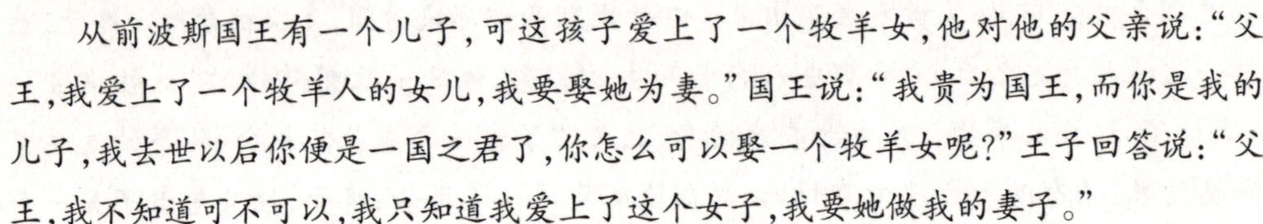

从前波斯国王有一个儿子，可这孩子爱上了一个牧羊女，他对他的父亲说："父王，我爱上了一个牧羊人的女儿，我要娶她为妻。"国王说："我贵为国王，而你是我的儿子，我去世以后你便是一国之君了，你怎么可以娶一个牧羊女呢？"王子回答说："父王，我不知道可不可以，我只知道我爱上了这个女子，我要她做我的妻子。"

国王感到他儿子的爱情是神的安排，于是他说道："我将传谕给她。"他召来了使者告诉他说："你去对牧羊女说，我的儿子爱上了她并且要娶她为妻。"

使者便去对牧羊女说："皇帝的儿子爱上了你并且要娶你为妻呢。"

牧羊女却问道："他做什么工啊？"

使者回答说："哎呀！他是国王之子，他不做工。"

那女子说："他一定要学一门手艺。"

使者回到国王那里，把牧羊女的话一字一句地报告给他。

国王对王子说："牧羊女要你学一门手艺呢！你是否仍要娶她为妻？"王子坚决地说："是的，我要学习编织草席。"于是王子就学习编织各式各样、各种颜色和装饰图案的席子。过了三年，他已经能够编织很好的草席了。使者又回到牧羊女那里去对她说："这些草席都是王子自己编织的。"

牧羊女终于跟着使者来到王宫，嫁给了王子。

有一天，王子在巴格达的街道上溜达，走过一家食品店。这店看上去非常清静雅洁，于是他便走进去，选了一张桌子坐下。

原来那是一个窃贼和杀人凶手开的黑店。他们捉了王子，把他关进地牢里。城里很多达官贵人都被囚禁在那里。这些杀人越货的强盗，把俘虏中的胖子宰了，用来喂养瘦子，他们拿这件事来开心。王子身体瘦弱，强盗们也不知道他是波斯国的王子，所以没有杀他。

王子对强盗们说："我是编草席的，我所织的席子非常值钱！"他们便拿了些草让他编织。他三天编了三张席子，便对那些强盗说："把这几张席子拿到波斯王的宫廷里去，每张席子国王会给你们一百块金子。"强盗便把那三张席子送进王宫，国王一看就知道是他儿子的作品，他把草席带到牧羊女那里，说道，"有人把这几张席子送进宫来，这是我失踪了的儿子的手工。"牧羊女把这些席子逐一拿起仔细端详，终于她在这些席子的图案里看到她丈夫用波斯文编下的求救信息，并把这个信息告诉了国王。

于是国王派了很多士兵赶到贼窝去，救出了所有的俘虏，并杀掉了所有的强盗。王子因此得以平安地回到父亲的宫里，并回到他妻子——那个小牧羊女的身旁。王子回到宫中和妻子重逢时，他俯伏在她跟前，抱着她的双足说："我的爱人啊！完全是因为你，我才能够活着！"国王也因此更加疼爱这个牧羊女了。

智慧小语

国王看不起编草席的，可是编草席这个手艺却救了王子，正是因为王子编草席的技艺已经很高了，所以，我们不要小看了小小的手艺，只要我们能把很简单平凡的事做得很好，那么我们就是一个专家了。

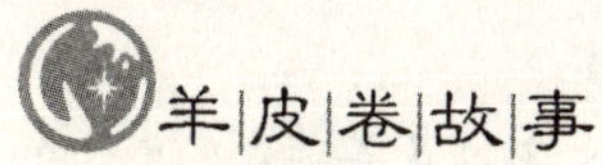

生活的篓子

金玉良言

柏拉图也不过是芸芸众生中一个平凡人物罢了。

羊皮卷故事

曾经有个人，他总是抱怨生活的压力大，生活的担子太重，他觉得很累，压得他透不过气来，他试图放下担子。他听人说，哲人柏拉图可以帮助别人解决问题。于是他便去请教柏拉图。

柏拉图听了他的故事，给了他一个空篓子，说："背起这个篓子，朝山里走，沿途把可以证明你走过那段路的东西放进篓子里，最后你自然会知道解救你自己的方法。去吧！去找寻你的答案吧……"于是轻人开始了他寻找答案的旅程！

刚上道，他精力充沛，一路上蹦蹦跳跳，把自己认为最好的、最有用的，都一个一个扔进篓子里。

每扔进一个，便觉得自己拥有了一件世上最美丽的东西，他很充实。但他深知，篓子里放不下太多的东西了，放弃一些沉的东西是必要的。然而，无论他挑多轻的东西放入，篓子的重量也丝毫不会减少，它只会加重，再加重，直到他无力承受。

他明白，终点真的已经不远了。他挪着脚步，已经不在乎捡到的是什么，放进篓子的又是什么。他早已麻木于眼前的一切事物，不管是美丽的、还是需要的，亦或是轻巧的。他实在是无力去挑选它们了，只要是在他脚下，放在他触手可及的地方，那么，他便捡起它，以作为他所走的最后一段路的验证品。

眼看着离目标越来越近，他双手向后托起篓子，来了个最后冲刺。终于他碰到了柏拉图的手，他走完了全程，结束了这一场奋斗史！

柏拉图问："现在，你知道答案了吗？"他莞尔一笑，摇了摇头："我知道答案。但现在，我也不需要知道了。"

是啊！他把这次的旅程分成了三段。这就好比他人生中的三个阶段：青年、中年和老年时期。在青年，他挑选了他认为是最美好、最纯真的事情。就像他天真烂漫的童年一样，没有压力，没有负担，只是单纯地认为它美丽便捡起它；在中年，他挑选了他认为是最实在、最需要的事物，正如成人一样，有自己的责任，有自己的负担，时刻要为一家上下打点一切，时刻都要保持理性的头脑；在老年，他挑选了他认为是可以轻易得到，却又往往被人忽视的事物，或许老人们历经沧桑之后，已经懂得，原来他们最重要的事物，是眼前不被人重视的事物。回顾一生，他才发现，他的生活充满了酸甜苦辣，他的生活跌宕起伏，他的生活也不再是一片空白，不再是毫无意义！

随着年龄的增长，他必须要肩负起生活的责任。也许，他会感到生活的压力，也许，这一份份的压力会越来越重，但在每一份重量增加的同时，他会得到惊喜，得到安慰，亦或是悲伤，亦或是痛苦。可人生，谁不是忽喜忽悲，苦乐参半呢？没有起起伏伏的人生，活着又有什么意义呢？他的生活，不是平坦的，但在到达终点的那一刻，在回顾这三段旅程的那一刻，他比谁都自信，比谁都骄傲。因为，他有充实的生活，他活得精彩！所以现在，他又何必为怎样减轻这沉重的担子而苦恼呢？

柏拉图会心一笑。他突然发现，其实，柏拉图和他一样，也不过是芸芸众生中一个平凡人物罢了……

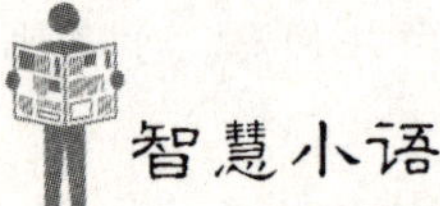

智慧小语

在人生特定的时候做适合的事情，就不会感觉到有太大的压力，这样我们才会觉得有意义，这才是真正充实的生活，这样的生活才精彩。

打开命运的另一扇门

●金玉良言

与生活中极为重要的事情失之交臂是常有的事，无论是一份工作，一个梦想，还是一段友情。

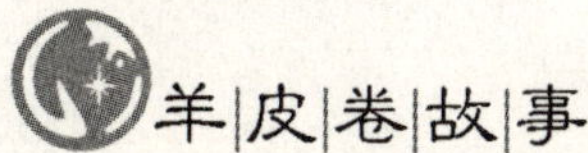

科罗拉多大学法学院院长决定，秋季开学后，希尔曼不能再回去上课了，原因是他的成绩太差。

希尔曼的父亲与法学院院长爱德华·金取得了联系，但这没能改变那个决定。金院长说："希尔曼是个非常好的青年人，但他不可能成为一名律师。他最好去找其他职业。我建议他留在他周末打工的那个食品杂货店里。"

希尔曼给院长去了信，申请重读，但杳无音讯。

希尔曼感到心烦意乱。在重大事情上，他从未真正受过挫折。高中时他是个受欢迎的学生，是一个非常受人尊重的足球运动员。不费吹灰之力，他就进入了坐落在博耳德市的科罗拉多大学，并正式被该学校最负盛名的法学院录取。

希尔曼的父亲只有高小文化，他当了40多年铁路邮局办事员。但他热爱学习，同时他知道儿子极想成为一名律师。他建议希尔曼考虑一下威斯敏斯特法律学院，那儿开设晚上课程。

父亲的建议切合实际，同时又强烈地挫伤了希尔曼的自尊，科罗拉多大学是法官的宝座和声名显赫的律师事务所的大门，而威斯敏斯特则是一所穷人学校，没有享受终身职位的教授，也没有法律权威评论，其学生白天都在打工。

但是，希尔曼最终还是去见了威斯敏斯特学院院长克里福特·米尔斯。

米尔斯看了一下希尔曼的大学成绩报告单，直率地说："在博耳德你突出的是体育课、西班牙语课和你的学生组织能力。"

他说得不错。希尔曼好不容易进了大学，却没承担起大学生应尽的义务，缺乏良好的学习习惯，这些终使他自食其果。

米尔斯院长允许希尔曼在威斯敏斯特学院注册入学，但有一个条件，他得重修一年级的所有课程。院长说："我将时刻监督你。"

一扇门关闭了，但别的门向希尔曼敞开了。

因为这是第二次机会，希尔曼加倍努力地学习，并且对法律证据产生了浓厚兴趣。

第二年，教希尔曼法律证据课程的教授过世了，希尔曼不可思议地应邀接任了他的课程。证据研究后来成了希尔曼的终生专长。

28岁那年，希尔曼成了丹佛市最年轻的乡村法官，而后，他当选了地方法院法官，接着被总统任命为美国联邦司法部地方法院法官。后来，他获得了科罗拉多大学颁发的乔治诺林奖以及名誉法学博士学位。

与生活中极为重要的事情失之交臂是常有的事，无论是一份工作，一个梦想，还是一段友情。希尔曼被法学院勒令退学一事，坚定了他成为一名好法官的决心。通过艰苦的努力，他实现了自己的理想。

智慧小语

别人说你不行时，你就真的不行吗？只要你喜欢你所进行的学习和工作，你就更要为自己争口气，证明自己能行。其实你真的能行的。

十六
享受生活，做一个幸福的成功者

微笑相伴

金玉良言

笑对生活，你是快乐的，而且你的周围也充满快乐。

羊皮卷故事

一天，布恩去拜访一位客户，但是很可惜，他们没有达成协议。布恩很苦恼，回来后把事情的经过告诉了经理。经理耐心地听完了布恩的讲述，沉默了一会儿说："你不妨再去一次，但要调整好自己的心态，要时刻记住运用微笑，用你的微笑打动对方，这样他就能看出你的诚意。"

布恩试着去做了，他使自己表现得很快乐、很真诚，微笑一直洋溢在他的脸上。结果对方也被布恩感染了，他们愉快地签订了协议。

布恩结婚已经18年了，每天早上起来都要去上班。忙碌的生活让他顾不上自己心爱的太太，他也很少对妻子微笑。布恩决定试一试，看看微笑会给他们的婚姻带来什么不同。

第二天早上，布恩梳头照镜子时，就对着镜子微笑起来，他脸上的愁容一扫而空。当他坐下来开始吃早餐的时候，他微笑着跟太太打招呼。她惊愕不已，非常兴奋。在这两周的时间里，布恩感受到的幸福比过去两年还要多。

现在，布恩上班时，就对大楼门口的电梯管理员微笑；他微笑着跟大楼门口的警卫

打招呼；站在交易所时，他对工作人员微笑。布恩很快就发现别人同时也对他微笑。一段时间之后，他发现微笑带给他更多的收入。

布恩现在经常真诚地赞美他人，停止谈论自己的需要和烦恼。他试着从别人的观点看事情。这一切真的改变了他的生活，他收获了更多的快乐和友谊。

智慧小语

调整好自己的心态，要时刻记住运用微笑，微笑可以带来温馨、友谊，可以为你带来幸福，用你的微笑打动你周围的每一个人，这样你是真诚的，大家是快乐的！

没有上锁的门

●金玉良言

家庭的关怀从来都是温暖的。

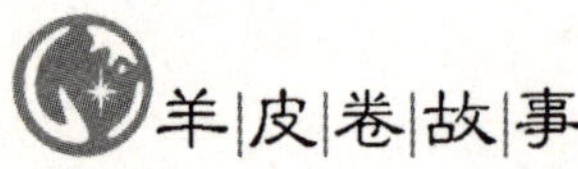

羊皮卷故事

某个小村庄的偏僻小屋里住着一对母女，母亲生怕遭窃，总是一到晚上便在门上连锁三把锁；女儿则厌恶了像风景画般枯燥而一成不变的乡村生活，她向往大城市，想去看看自己透过收音机所想象的那个华丽世界。某天清晨，女儿为了那虚幻的梦离开了母亲身边。她趁母亲睡觉时偷偷离家出走了。“妈，你就当作没我这个女儿吧！”可惜这世界不如她想象的美丽动人，她在不觉中，走向堕落之途，深陷无法自拔的泥泞中，这时她才领悟到自己的过错。

“妈！”经过十年后，已经长大成人的女儿拖着受伤的心与疲惫的身躯，回到家。

她回到家时已是深夜，微弱的灯光透过门缝渗透出来。她轻轻敲了敲门，却有种不祥的预感。女儿推开门时把她吓了一跳，“好奇怪，母亲之前从来不会忘记把门锁上的。母亲瘦弱的身躯蜷曲在冰冷的地板上，以令人心疼的模样躺着。

“妈……妈……”听到女儿的哭泣声，母亲睁开了眼睛，一语不发地搂住女儿疲惫的肩膀。在母亲怀里哭了很久之后，女儿突然好奇地问道：“妈，今天你没有锁门，有人闯进来怎么办？”

母亲回答说：“不只是今天而已，我怕你晚上突然回来进不了家门，所以从没锁过门。”

母亲十年如一日等待着女儿回来，女儿房间里的摆设一如当年。这天晚上，母女俩又回到十年前的样子，紧紧锁上房门睡觉了。

智慧小语

没有上锁的门凝聚着家人的爱，家的温暖，给予我们不断成长的动力。这道没有上锁的门正如永远不会断绝的母爱一样，无论我们走到哪里，无论我们离家有多远、多久，无论我们受过多少委屈，母爱一直陪伴着我们，家门永远为我们打开。家才是我们一生一世最好的避风港。

父亲的遗嘱

金玉良言

家和万事兴，和睦的家庭才会有最大的幸福。

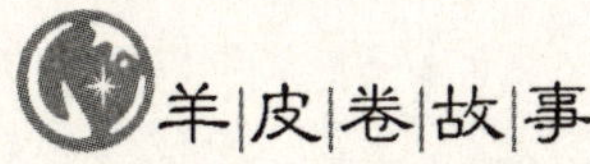

从前，有一个老头，他临终时叫来五个儿子，对他们说：“孩子，我快要死了，临死前，我要给你们讲一个寓言，你们要用心听，听完后要解释给我听。”

儿子们不知道老头要讲什么，都恭敬地站好。老头用目光扫视了一下他们，老头开始讲了：

“森林里有棵橡树，很高很粗，树枝上结满了果实。它的根很深，吸收着地下的养分，暴风吹了它多少次，也吹不倒。

“有一天，一个樵夫来到森林里，看中了这棵橡树，他卷起袖子，砍起树来。快黑时，他砍倒了大树。他把树枝砍光，把树干拖到木匠作坊里，锯成木板，装上大车，运走了。回家后，他用木板做了一只木桶，套上箍，每天往桶里倒满酿好的气泡酒，然后卖给要办喜事的农民。就这样，他过了很长一段日子。

“时间久了，有一天桶箍坏了，木桶板都松了，酒漏光了，于是桶干裂了。由于没有及时加上新的箍，木桶板都散开了。后来，孩子们抽走了桶箍，在街上滚圆环，女主人把木桶片和桶底当柴烧了。就这样，好好的一只桶，现在无影无踪了！故事完了，现

在你们给我说明这个寓言的意义吧。”

五个兄弟你看看我，我看看你，想了好长时间也没弄明白父亲的意思。

“你们年纪还小，不明白，那么我来告诉你们，你们听好，生长着大树的森林是我们的国家，它是永久的；树木是人民，人民也是永生的；桶是家庭，木桶片是家里的每一个人，桶箍则促使我们和睦团结，而酒是快乐。家庭和睦时，生活就是幸福，要爱护桶箍，我的孩子啊！”

兄弟们都明白了，吻了吻父亲的手，说：“爸爸，我们感谢您的忠告，我们这辈子都不会忘记的。”

智慧小语

家是所有家庭成员共同的家，只有团结和睦才会幸福发达，所以每个成员都应该争气，不能出问题，同时，大家要相互关照，有一颗关爱之心。这样才会家和万事兴。

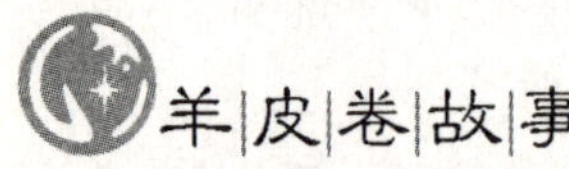

穷人与富人

金玉良言

幸福是不能用金钱来衡量的，能找到快乐的人也是生活中的富人。

羊皮卷故事

在一条林间小路上，商人盖博和樵夫希尔经常相遇。

盖博拥有长长的驼队，一箱箱的绫罗绸缎都是他的财富。

希尔每天上山砍柴，斧头、绳子和一篓篓木柴便是他最亲密的伙伴。

然而，盖博整天愁眉苦脸，他不快乐。希尔每天歌声不断，笑声朗朗，他很幸福。

一天，盖博又与希尔相遇，他们俩坐在一块大石头上休息。

“唉！”盖博叹道，“我真不明白，年轻人，你穷得叮当响，怎么那么快乐呢？你是否有一个无价之宝藏而不露呢？”

“哈哈！”希尔笑道，“我也不明白，您拥有那么多财富，怎么整天愁眉苦脸呢？”

“唉！”盖博说，“虽然我拥有的财富超过百万，然而我家里的人仍然为钱财吵得不可开交。她们整天想的就是如何比其他人拥有更多，却没有一个人想到为我付出哪怕一丁点儿真情实意。当然，我一回到家她们就会喜笑颜开。可是，我始终弄不明白，她们是对着钱笑还是对着我笑。我虽家财万贯，可是我时时感觉到我是一个一无所有的穷光蛋，所以我愁眉不展。”

“哦，原来如此！”希尔说道，“我虽然一无所有，但我时时感觉到我拥有永恒的幸福，所以我经常是乐不可支。”

“是么？那么你家里一定有一个贤惠的妻子？”盖博问。

“没有，我是个快乐的光棍。”樵夫希尔说道。

“那么，你一定有一个不久就可迎娶进门的未婚妻。”商人肯定地说。

“我从来没有过什么未婚妻。”

“那么，你一定有一件秘而不宣的宝物？”

“假如你要称它为宝物的话，也可以。那是一位美丽的姑娘送给我的。”

希尔说“哦？”盖博惊奇了，“是一件什么永恒的宝物，令你如此幸福呢？一件金光闪闪的定情物？一个甜蜜的吻？还是……”

“这个美丽的姑娘从来没有同我说过一句话，每次与我相遇，她总是低头匆匆而过。可是，在三年前的一个下午，她坐上马车，就要随同她的姑妈走了，她要到一个遥远而陌生的小镇去生活了。就在她临走之前，上车的时候，她……”希尔沉浸在幸福之中。

“她怎么样？”盖博急切地问。

“她向我投来了含情脉脉的一瞥！”希尔继续说道，“这一瞬间的目光，对于我来说，已经足够我幸福一生了。我已经把它珍藏在我的心中，它成了瞬间的永恒。”

盖博看看幸福无比的希尔，心中说道：“真正的富翁应该是他，我才是个名副其实的穷光蛋。”

智慧小语

有无数金钱的人不一定是最富有的人。最富有的时候不一定是最有钱的时候。有一颗快乐的心的人才是既幸福又富有的人。

梯　子

● 金玉良言

相信父爱,父亲无论对儿子做了什么都是为了保护儿子。

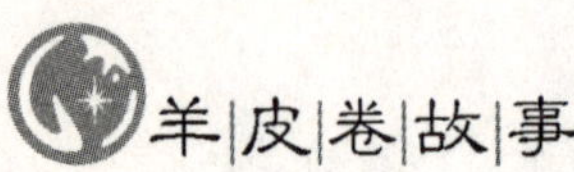

羊|皮|卷|故|事

年轻的父亲狄恩和他9岁的儿子杰克一起在后花园放风筝。突然,墙头上的野花把风筝紧紧地缠住了。

于是,狄恩拿来了一架梯子。刚要爬上梯子,杰克说:“爸爸,让我来吧!”狄恩看了看9岁的儿子,想了想说:“也好,让你来就让你来。”

杰克如猴子一般地爬到了梯子的最高一级。杰克转过头来嘻嘻地笑,他的笑声像用早晨的牵牛花吹出来的。他解开了绕在野花上的风筝线,正要下来,狄恩制止了他,“慢着。”

杰克愣住了,望着狄恩,问:“怎么啦?”

狄恩说:“我先讲个故事给你听,你再下来。”

于是杰克笑得更开心了,他一手抓住梯子,一手拿着风筝,等狄恩讲故事,父亲讲的故事,总是很好听的。

狄恩说:“从前有个爸爸告诉他那站在一架很高很高的梯子上的儿子说:‘跳下来,爸爸一定会在下面把你抱住。’

“听见爸爸这么说,儿子很放心,就像在游泳时跳进水里去一样,纵身一跳,哪里知道,当儿子就要投进爸爸的怀抱里时,爸爸的身体一闪站在了一旁。儿子扑了空,掉在地上。哭哭啼啼地站起身来,问爸爸为什么要骗他。

“爸爸说:‘我要给你一个教训,连你爸爸的话都靠不住,别人说的话更不必说了。”

过了一会儿,狄恩继续说:“我们来照着做一次,好不好?”

杰克一听,脸都变白了。

狄恩说:“不要怕,勇敢一点儿,只要跳那么一次就行了。我要你留下深深的印象,免得你以后长大了,容易上人家的当。”

然而杰克还是不敢,他站在那儿,动也不敢动。

狄恩开始发号施令了："听着啊，我喊一、二、三，喊到三的时候你就跳下来，然后我就把伸出去假装要接住你的手缩回来，让你跌一个屁滚尿流。"

咬紧牙关，忍着泪，杰克从梯子上跳下来。他等待着自己的身体像一只花瓶一样"噗"的一声，摔得支离破碎……

然而，好奇怪。狄恩的手竟然没缩回去，他的身体也没移开。他把掉到他手中的儿子结结实实地接住了，抱住了。

杰克虽然没有受伤，但是他的神情比刚才还要疑惑。他问："爸爸，你为什么骗我？"

狄恩笑出声来，说："爸爸要让你知道，即使是别人的话，有时也是可以信的。何况是爸爸的话呢？"

所有玫瑰花都回到了杰克的脸上。他搂着迪恩，不住地吻迪恩的双颊。

智慧小语

请不要怀疑父亲的爱，父亲是我们人生中的良师益友，如海上的灯塔，默默地关注着我们，为我们导航，帮助我们走向人生的更高点。

最快乐的人

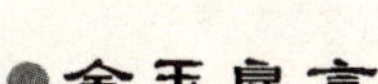

快乐的秘方就是摆脱欲望的束缚，只要心中还有欲望，就无法得到纯然的快乐。

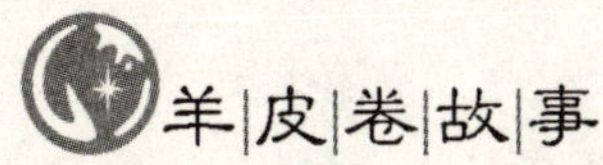

城市里有一位非常非常有钱的富豪，但他却感到非常非常不快乐。

有一天，他坐在百花盛开的花园里，突然想到："为什么我这么有钱却这么不快乐呢？人家不是说有钱就会快乐吗？如果有钱却不快乐，钱财又有何用呢？我愿意用所有的钱财和人换一帖快乐的秘方呀！"

于是，他开始问人："哪里可以买到快乐的秘方？"

别人就告诉他，在远方的城市里有一个智者，叫"快乐大师"，说不定可以向他买到一帖快乐的秘方。

有钱人就带了一大笔钱财，到远方的城市找到“快乐大师”，要向他买一贴快乐的秘方。

快乐大师说：“快乐秘方是用钱买不到的，但是我可以送你一帖秘方，你只要找到这个世界上最快乐的人，借他的衬衫来穿五分钟，你就会变成一个快乐的人。”

有钱人听了开心极了，因为他没想到快乐的秘方如此简单，而且是不用钱的。

于是他出发去寻找“这个世界上最快乐的人”。

每遇到一个人，他就会问：“你快乐吗?”

大部分的人都迟疑了一下，摇摇头；只有少数人不确定地点点头。有钱人这时才发现世界上快乐的人实在太少了，遇到那些自称快乐的人，他就会接着问：“那么，你是不是这个世界上最快乐的人呢?”

接下来，往往是一个令人伤心的答案：“不是！我虽然感到快乐，却也有痛苦、烦恼、忧伤、无奈的时刻，我的快乐不是那么纯粹的！”

“你不是我要找的人。”

有钱人又继续出发去寻找“世界上最快乐的人”。

他越过无数的山林和河流，走过许多的城市和乡村，问过遇到的每一个人，却没有找到世上最快乐的人。许多年过去了，他的步履日益沉重，心情十分忧伤，心里想着：“我这辈子，恐怕找不到世界上最快乐的人了。”

突然，他听到森林旁边传来阵阵欢乐的歌声，他对自己说：“希望这里有世界上最快乐的人，如果没有，就让我死在森林里吧！”

他跑到森林旁边，看到一群年轻人正在高声欢唱，就迫不及待地问道：“你们快乐吗?”

“快乐！”年轻人齐声说。

“那么，你们是不是世界上最快乐的人呢?”

年轻人们停下歌唱，都摇头了，因为他们正是通过歌声来掩饰内心的空虚，暂时解脱生命的烦恼。

有钱人看到这些快乐的年轻人都摇头了，大叫一声“天亡我也”，就昏死过去。

年轻人们大吃一惊，不明白为什么这人问了两个问题就昏死过去，赶紧把他救醒，问明原委。

有钱人掩面痛哭起来，说：“我是一个非常有钱的人，却很不快乐，一个有智慧的人给我一个快乐的秘方，就是去找到世界上最快乐的人，借他的衬衫来穿五分钟。可是，我走过千万里，花了三十年的时间，却找不到世界上最快乐的人，这一辈子，我的快乐已经无望了。”

年轻人说：“原来如此，那你找对方向了，这个森林的深处，据说就住着一位世界上最快乐的人呢！”

有钱人听了，立刻跳起来冲进森林。果然，在森林的深处有一个人坐在那里，脸上带着深远而平和的微笑，全身都沐浴在快乐的光晕中。

有钱人着急地问："你就是传说中的那个世界上最快乐的人吗?"

那人点头，微笑。

"拜托！拜托！请你把身上的衬衫脱下来，借我穿五分钟，有一个快乐大师告诉我，只要穿五分钟你的衬衫，就会和你一样快乐呀!"

那人用低沉的声音说："你没看到我是不穿衬衫的吗?"

有钱人这时才发现，眼前这位传说中世界上最快乐的人，是赤身裸体的，什么也没有穿，更甭说是衬衫了，由此他悟道："其实，快乐的秘方就是脱去欲望的束缚，只要心中还有欲望，就无法得到纯然的快乐。"

有钱人开心地大笑，把身上的衣服一件一件脱去，脱到一丝不挂，从此，和世界上最快乐的人生活在森林里。

传说，那座森林深处，住着两位世界上最快乐的人，一直到现在，还住在那里。

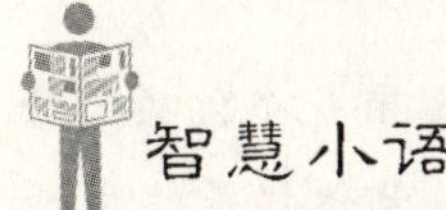

智慧小语

其实每个人都生活在快乐之中，只是我们好多人的快乐都被欲望遮住了，欲望让我们不能看清快乐的本来面目，所以，要想快乐，我们必须摆脱各种欲望的束缚，寻找属于自己的那份快乐。

心境决定心情

金玉良言

决定一个人心情的，不是环境，而是心境。

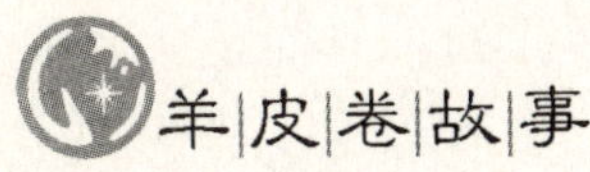

羊皮卷故事

苏格拉底是单身汉的时候，和几个朋友一起住在一间只有七八平方米的小屋里。尽管生活不便，但是他一天到晚总是乐呵呵的。

有人问他："那么多人挤在一起，连转个身都困难，有什么可乐的?"

苏格拉底说："朋友们在一块儿，随时都可以交换思想，交流感情，这难道不是很

值得高兴的事儿吗?"

过了一段时间,朋友们一个个相继成家了,先后搬了出去。屋子里只剩下了苏格拉底一个人,但是每天他仍然很快活。

那人又问:"你一个人孤孤单单的,有什么好高兴的?"

"我有这么多书啊!一本书就是一个老师。和这么多"老师"在一起,时时刻刻都可以向它们"请教",这怎不令人高兴呢!"

几年后,苏格拉底也成了家,搬进了一座大楼里。这座大楼有七层,他的家在最底层。底层在这座楼里环境是最差的,上面老是往下面泼污水,丢死老鼠、破鞋子、臭袜子和杂七杂八的脏东西,那人见他还是一副自得其乐的样子,好奇地问:"你住这样的房间,也感到高兴吗?"

"是呀!你不知道住一楼有多少妙处啊!比如,进门就是家,不用爬很高的楼梯;搬东西方便,不必花很大的劲儿;朋友来访容易,用不着一层楼一层楼地去叩门询问……特别让我满意的是,可以在空地上养一丛一丛的花,种一畦一畦的菜,这些乐趣呀,数之不尽啊!"苏格拉底喜不自禁地说。

过了一年,苏格拉底把一层的房间让给了一位朋友,这位朋友家有一个偏瘫的老人,上下楼很不方便。他搬到了楼房的最高层——第七层,可是每天他仍是快快活活的。

那人揶揄地问:"先生,住七层楼是不是也有许多好处呀!"

苏格拉底说:"是啊,好处可真不少哩!仅举几例吧:每天上下几次,这是很好的锻炼机会,有利于身体健康;光线好,看书写文章不伤眼睛;没有人在头顶干扰,白天黑夜都非常安静。"

后来,那人遇到苏格拉底的学生柏拉图时问道:"你的老师总是那么快快乐乐,可我却感到,他每次所处的环境并不那么好呀?"

柏拉图说:"决定一个人心情的,不是环境,而是心境。"

智慧小语

换个角度看生活,你才能得到更多的快乐。丢掉生活中的负面情绪,要有装得下挫折和烦恼的胸怀。

每天都有好心情 

金玉良言

今天有两种选择，可以选择好心情，或者选择坏心情，但我总是选择好心情。

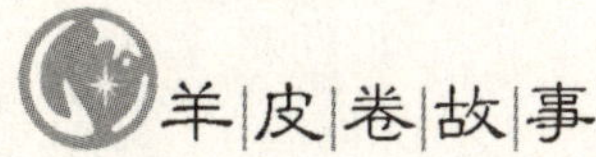

迈克是美国一家餐厅的经理，他总是有好心情，当别人问他最近过得如何时，他总是有好消息可以说。

无论在任何情况下，他都是面带微笑。看到这样的情境，真的让人很好奇，所以一天有人到迈克那儿问他："我不懂，没有人能够老是那样积极乐观，你是怎么办到的呢？"

迈克回答："每天早上我起来告诉自己，今天有两种选择，可以选择好心情，或者选择坏心情，但我总是选择好心情。如果有不好的事发生，我可以选择做个受害者，或是选择从中学习，而我总是选择从中学习。每当有人跑来跟我抱怨时，我可以选择接受抱怨或者发现生命的光明面，我总是选择生命的光明面。"

"但并不是每件事都那么容易啊！"提问者抗议地说。"的确如此，"迈克说，"生命就是一连串的选择，每个状况都是一个选择，你可以选择如何响应，你可以选择人们如何影响你的心情，你可以选择处于好心情或是坏心情，你可以选择如何过你的生活。"

数年后，我听到迈克意外地做了一件你绝想不到的事。

有一天，他忘记关上餐厅的后门，结果早上三个武装歹徒闯入抢劫，他们要挟迈克打开保险箱。由于过度紧张，迈克弄错了一个号码，造成抢匪的惊慌，开枪射击迈克。迈克很快被邻居发现，紧急送到医院抢救，经过 15 小时的外科手术，伤愈后的迈克终于出院了，但还有块弹片留在他身上……

事件发生 6 个月之后我遇到迈克，我问他最近怎么样，他回答："我很幸运。要看看我的伤痕吗？"

我婉言拒绝了，我问他当抢匪闯入的时候，他的心路历程。迈克答道："我第一件想到的事情是我应该锁后门的，当他们击中我之后，我躺在地板上，还记得我有两个选择：我可以选择生，或选择死。我选择活下去。"

"你不害怕吗？"我问他。

迈克继续说:“医护人员真了不起,他们一直告诉我没事,放心。但是在他们将我推入紧急手术间的路上,我看到医生跟护士脸上忧虑的神情,我真的被吓坏了,他们的眼里好像写着:‘他已经是个死人了。’我知道我需要采取行动。”

“当时你做了什么?”我问。迈克说:“嗯!当时有个大个子的护士用吼叫的音量问我一个问题,她问我是否会对什么东西过敏。我回答:‘有。’这时医生跟护士都停下来等待我的回答。

“我深深地吸了一口气喊着:‘子弹!’这时医生和护士都在笑,脸上的忧虑神情都渐渐消失了。听他们笑完之后,我告诉他们:‘我现在选择活下去,请把我当作一个活生生的人来开刀,而不是一个活死人。’”

智慧小语

我们不能选择出生,但我们可以选择好心情,选择更多的快乐。生活是丰富多彩的,用积极的心态去面对生活,那么你就是一个快乐无忧的人。

幸福就是点点滴滴

●金玉良言

不必到别的地方去找幸福,幸福就在自己的身边。

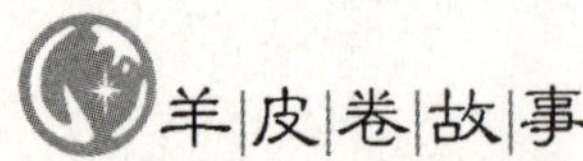

有个老人在临死前对儿子说:“孩子,我快死了,我希望你过好日子。”

儿子说:“父亲,你告诉我,怎么才能使我的生活幸福?”

父亲答道:“你到社会上去吧,人们会告诉你找到幸福的办法的。”

父亲死了,儿子就出发了,到外面的世界去找幸福。他走到河边,看见一匹马在岸上走,这匹马又瘦又老。马问:“青年人,你到哪里去?”

“我去找幸福,你能告诉我怎么找吗?”

“小伙子,你听我说,”马回答道,“我年轻时,只知道饮水,吃草籽,我甚至连头也不必转到食槽里,就会有人把吃的东西塞进我嘴里。除了吃以外,别的事我什么也不管。所以,当时我认为在这个世界上我是最幸福的了。可是现在我老了,别人把我丢弃了。所以我告诉你,青年时要珍惜自己的青春,千万不要像我的过去那样。不要享受别人给你准备好的现成东西,一切都要自己干,要学会为别人的幸福而高兴,不要怕麻烦,这样,你就会永远感到幸福。"

青年继续走下去。他走了很多路,在路上碰到一条蛇。蛇问:"小伙子,你到哪里去?"

"我去寻找幸福。你说,我到哪里去找呢?"

"你听我说吧,我一辈子以自己有毒液而感到自豪。我以为比谁都强,因为人家都怕我。我这种想法是不对的。其实大家都恨我,都要杀死我。所以,我要避开大家,怕大家真把我杀了。你的嘴里也有毒液,所以,你要当心,不要用语言去伤人,这样你就一辈子没有恐惧,不必躲躲闪闪,这就是你的幸福。"

青年又继续朝前走了。走啊,走啊,看见了一棵树,树上有一只加里鸟——它的浅蓝色羽毛非常鲜艳、光亮。

"小伙子,你到哪里去?"加里鸟问。

"我去寻找幸福。你知道什么地方能找到幸福吗?"

加里鸟回答说:"小伙子,你听好,我给你讲。看来,你在路上走了很多日子了,你的脸上满是灰尘,衣服也破了,你已变样了,过路人要避开你了。看来,幸福同你是没有份了,你记住我的话,要让你身上的一切都显得美,这样你周围的一切也会变得美了,那时你的幸福就来了。"

青年人回家去了,他现在明白:不必到别的地方去找幸福,幸福就在自己的身边。

智慧小语

如果你不懈地追求你认为是最重要的东西,就会得到幸福,不要被毫无意义的事物所困扰,否则,幸福就会从你身边溜走了。

用 20 美元购买一个小时

金玉良言

拥有家庭本来就是一种幸福,不要因为金钱而忽略了家庭生活。

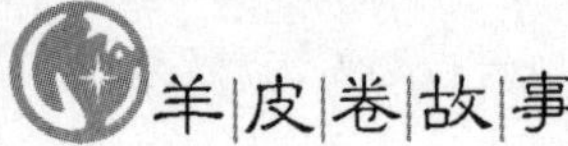

羊皮卷故事

一位父亲下班回到家已经很晚了，他的工作压力很大，心里也有点烦，他想休息一下，而这时，他发现自己5岁的儿子靠在门旁等他。

“爸，我可以问你一个问题吗？”

“什么问题？”

“爸，你一小时可以赚多少钱？”

“为什么问这个问题？”父亲问道。

“我只是想知道，请告诉我，你一小时能赚多少钱？”小孩哀求。

“我一小时赚20美金，这有什么问题吗？”父亲没好气地说。

“哦，”小孩低下头，接着又说，“爸，可以借我10美金吗？”

父亲有些生气了：“别想拿钱去买那些毫无意义的玩具，给我回到你的房间并上床。你为什么这么自私呢？我每天都在辛苦地工作，这你根本无法体会，我没有时间和你玩小孩子的游戏。”

孩子安静地回到自己的房间并关上门，父亲生气地坐在客厅里。过了一会儿，他心里平静了下来，觉得刚才对孩子太凶了——或许孩子真的很想买什么东西，再说他平时很少要过钱。

父亲走进孩子的房间，发现孩子正躺在床上，他悄悄地问道：“你睡了吗，孩子？”

“爸，还没，我还醒着。”孩子回答。

“对不起，我刚才对你太凶了，”父亲边说边将钱递给孩子，“这是你要的10美金。”

“爸，谢谢你。”小孩欢叫着从枕头下面拿出一些被弄皱的钞票，慢慢地数着。

“你已经有钱了，为什么还要？”父亲又有些生气，他不知道这个孩子今天是怎么了。

“因为在这之前不够，但我现在够了。”小孩回答，“爸，我现在有20美金了，我可以向你买一个小时的时间吗？明天请早一点回家——我想和你一起吃晚餐。这是我盼望已久的事情，可以吗？”

智慧小语

和家人一起共进晚餐是家庭生活中最常见的事，可是在现实中，好多家庭却缺少了这个本来必不可少的环节。因为他们为了谋生，而忘记了生活的本来面目，要想幸福，就要用正确的态度面对生活，要知道我们要的是生活，而不是谋生。

十七
关爱他人，让你获得最温馨的爱

农夫和老鹰

●金玉良言

无意间的善举也许会在关键时刻给人带来幸福。

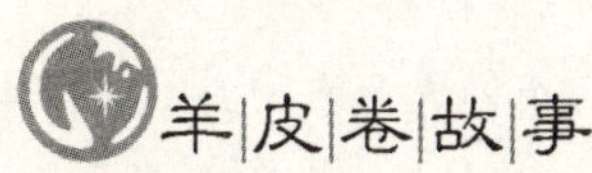

农夫看到猎人的网里有一只老鹰。而那只老鹰的翅膀受伤了，正在网里伤心地哭泣。农夫见状动了恻隐之心，便对猎人说："老哥，把这只老鹰卖给我吧，我很喜欢它。"

猎人同意了农夫的请求。农夫把老鹰带回家，为它洗净了伤口，包扎好后，还给它喂了一些粮食。老鹰在农夫的精心照顾下，伤口好得很快。

农夫从地里回来，发现老鹰已不知什么时候从他家里飞走了。农夫自言自语地说："真没良心，我救了它一命，现在连谢谢都没说就飞走了。以后再也不做好事了。"

某个冬日，农夫正靠着墙根晒太阳，碰巧那堵墙快要倒塌，农夫却没有感觉到。正在这时，天上飞来一只老鹰，它用爪子抓着了农夫头上的帽子飞走了，农夫起身去追，发现抓走他帽子的正是被他救过一命的老鹰，农夫愤怒至极，边追边骂："你这个该死的家伙，我先前救了你一命，你不曾报答，现在又来抢我的帽子……"

农夫话还没说完，突然听到"轰隆"一声，农夫回头一看，刚才自己靠着的那堵墙已经倒塌了，而他的帽子，已从天空掉到了他的脚跟前。

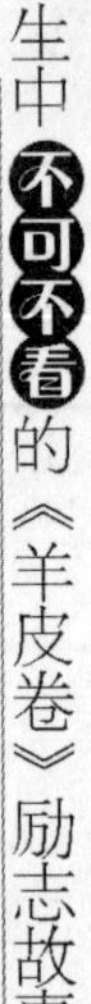

智慧小语

该行善的时候就行善吧，不要计较回报，不是不报，是时候未到。同时，对于他人的恩惠，我们应该牢记在心，在适当的时候积极回报。

感恩节的快乐

金玉良言

感恩是一种美德，感恩更是人生永恒的支点。

羊皮卷故事

多年前一个感恩节的早上，有对年轻的夫妇却在发愁如何以感恩的心度过这一天，因为他们实在是穷得可怜。感恩节的“大餐”想都别想，能有点简单的食物吃就不错了。

突然，耳边响起沉重的敲门声，他们家的男孩前去应门，一个高大男人赫然出现在眼前，穿着一身皱巴巴的衣服，满脸的笑容，这个男人手提着一个大篮子，里头满是各种能想到的应节东西：一只火鸡以及塞在里面的配料、饼、甜薯及各式罐头等，全是感恩节大餐必不可少的。

这家人一时都愣住了，不知道是怎么一回事，门口的那人随之开口道：“这份东西是一位知道你们有需要的人要我送来的，他希望你们知道还是有人在关怀和爱你们的。”

起初，他们还极力推辞，不肯接受这份礼，可是那人却这么说：“收下得了，我也只不过是个跑腿的。”带着微笑，他把篮子搁在小男孩的臂弯里转身离去，身后飘来了这句话：“感恩节快乐！”

就是那一刻，这家的那个小男孩的生命从此就不一样了。虽然只是那小小的一个关怀，却让他晓得人生始终存在着希望，随时有人，即使是“陌生人”在关怀着他们。在他内心深处，油然升起一股感恩之情，发誓日后也要以同样的方式去帮助其他有需要的人。

到了十八岁时，他终于有能力来兑现当年的许诺。虽然收入还很微薄，但在感恩节那天，他还是买了不少食物，不是为了自己过节，而是去送给两户极需要的家庭。

当他到达第一户破落的住所时，前来应门的是位拉丁妇女，带着提防的眼神望着他。她有六个孩子，数天前丈夫抛下他们不告而别，目前她和孩子们正面临饥饿之苦。

这位年轻人开口说道："我是来送货的，女士。"随之他便回转身子，从车里拿出装满了食物的袋子及盒子，里头有一只火鸡、配料、厚饼、甜薯及罐头。见此，那个女人当场傻了眼，而孩子们也发出高兴的欢呼声。

忽然这位年轻妈妈捧起年轻人的手臂，没命地亲吻着，同时操着生硬的英语激动地喊着："你一定是上帝派来的！"

年轻人有些腼腆地说："噢，不，我只是个送货的，是一位朋友要我送来这些东西的。"

在离开前，他交给妇女一张字条，上头这么写着："我是你们的一位朋友，愿你一家都能过个快乐的感恩节，也希望你们知道有人在默默爱着你们。日后你们若是有能力，就请同样把这样的礼物转送给其他有需要的人。"

这个年轻人后来成为世界第一的潜能大师，他的名字叫做安东尼·罗宾。

智慧小语

感恩是一种强大的力量，他能够使孤立无援的人明白："总是有人在关怀我们。学会感恩，能让我们体会到长远的幸福。"

一分投入，一分收获

金玉良言

要想得到更多，就必须付出很多。

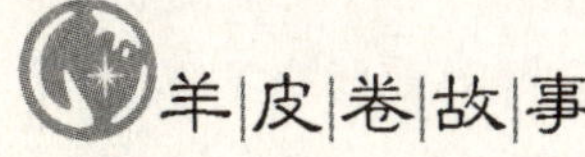

乡村牧师生活在一个荒芜的山区，周一到周六靠卖苦力工作赚钱，周日则主持教堂的礼拜。他所在的小教区坐落在偏远的高山地区，这个人仅有的一点津贴来自信徒们在周日早上的捐赠。一个星期天，牧师六岁的女儿随他一同到教堂。走进这座小型木质结构的教堂，大门正对面的桌子上放着一只收集捐赠的篮子。他们刚进门，女儿

就看见爸爸在人们来之前把五毛钱投进了那只藤编的篮子里。

当礼拜完毕，人们纷纷离去，牧师和女儿也要回家了。他们走到门口，两个人都满怀期待地向篮子里望去，却发现他们唯一的收获还是牧师早上投进篮子里的五毛钱。

小女孩打破了两人短暂的沉默，说道："爸爸你看，如果你投进去的钱更多一些，那你的收获也就会更多了呀。"

智慧小语

在工作或生活中，我们总是抱怨为什么总是事不尽人意啊，可是我们有没有真正地考虑过，也许我们付出的本来就不多，那为何又去抱怨收获的少呢？唯有懂得付出的人，才会有更多的收获。

报恩的蝴蝶

金玉良言

学会感恩，不辜负那些关爱我们的人。

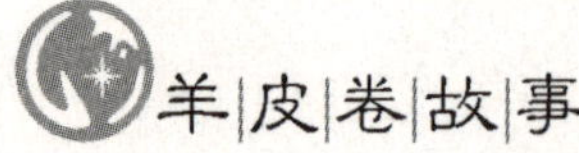

羊皮卷故事

在二战期间，德军包围了列宁格勒，企图用轰炸机摧毁其军事目标和其他防御设施。眼看就要全军覆灭了，有一位名叫施万维奇的昆虫学家也被困其中。

由于战火的洗礼，军营附近的生物都惨遭伤害，作为昆虫学家的施万维奇很是痛心。这天，他看到不远处的树枝上停着一只蝴蝶，那是一只美丽的花蝴蝶，它在阳光下伸展着美丽的翅膀，他向蝴蝶挥了挥手，希望它远离这个危险的环境。但是蝴蝶反复试了几次还是没法起飞。经验丰富的施万维奇看出了其中的隐情：它一定是受伤了。施万维奇小心翼翼地将蝴蝶从树上抓了下来带回军营。原来蝴蝶的翅膀受了伤，于是施万维奇给它上了药，两天后蝴蝶渐渐地康复了。施万维奇依依不舍地将它放回了大自然。

第二天一早，奇迹出现了，施万维奇和他的战友们发现，一夜之间，军营的门前停满了蝴蝶，花花绿绿的在阳光下扑闪着美丽的翅膀，分外耀眼，施万维奇激动极了，研究昆虫多年，他还没有见过如此壮观的场面。施万维奇突然灵机一动，如果用这些蝴蝶将军事基地伪装起来，那么德军的飞机不就发现不了他们了吗？但是，对于整个军事基地来说，这些蝴蝶还是不够。最后，他想出了用黄、红、绿三种颜色涂在军事基地上的方法，将军事基地装扮成了一件大大的迷彩服。因此，德军在飞机上看到的只是一片花草的海洋。尽管德军费尽心机，列宁格勒的军事基地仍安然无恙，这为赢得最后的胜利奠定了坚实的基础。

根据同样的原理，后来人们还生产出了迷彩服，大大减少了战斗中的伤亡。因为蝴蝶的翅膀在阳光下时而金黄，时而翠绿，有时还由紫变蓝。科学家通过对蝴蝶色彩的研究，为军事防御带来了极大的裨益。

事后，施万维奇对那次蝴蝶集会的唯一解释是：那只蝴蝶为了报恩，号召同伴利用自己天生善于伪装的特长来启发施万维奇为军事基地想出掩护的方法。

智慧小语

动物都知道知恩图报，更何况人呢？如果每个人都有一颗善良的心，都懂得投桃报李，如此循环，那么这个世界便是一个温情无限的世界。而你的每一次不经意的善举，都将为我们这个世界和自己带来很大的回报。

一生最可观的报酬

●金玉良言

关爱他人，帮助他人，生命会永葆青春，充满意义。

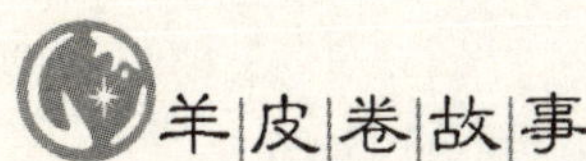

羊皮卷故事

几年前，中西部的一个城市里居住着一位著名的外科医生，这位医生还是一所医学院的教授。他是一位名副其实的好医生，不光是因为他高超的医术，还因为他乐善好施的品质。一次，医生开始关注起街角的一个残疾报童，因为他经常到报童那里买报纸。

一天，这位大名鼎鼎的医生对他说："约翰尼，让我给你治治那条腿吧，治好了你就可以像别的小孩一样玩耍了。"

报童回答说："那真是太好了。"

于是外科医生开始安排报童的手术。他向报童解释说,他想让学生来观看这次手术,这样他们就可以学会如何去帮助其他儿童。约翰尼答应了医生的请求。在阶梯教室里,约翰尼躺在医生面前,学生们站成一排,观摩手术的全过程。医生讲述着病理以及他要采用的操作程序。

一切准备就绪,教授说道:“约翰尼,现在我们就要开始给你治腿了。”于是护士开始给他注射麻醉剂。约翰尼抬起头,整个房间都能听见他说:“上帝保佑您,道森大夫,您对我真是太好了。”教授低头看看他,泪水夺眶而出。教授把手放在小家伙的头上说:“谢谢你。”手术获得了成功。教授对学生说:“我曾给许多有头有脸的人做过手术,他们中有百万富翁,有参议员,还有州长,我也收到过可观的报酬,然而那个小孩说的话是我一生中收到的最大的财富。”你想象一下,这样的一个人,他的生活中能失去浪漫吗?

智慧小语

关爱他人,帮助他人,感受他人受到关爱时的快乐与激动,这样,我们才是充实、快乐的,因为我们所做的就是非常有意义的事。

捐款的富商

金玉良言

一个真正给予的人会懂得将自身的一部分也投入其中。

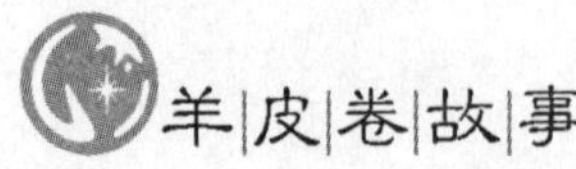

羊|皮|卷|故|事

在一个大城市,社区福利基金的董事会发现,一位富甲一方、闻名遐迩的商人每年为慈善事业的捐款只有500美元。于是董事会找到富商,说:“先生,我们知道您是城里最杰出的、最公正的人,那么正如我们一样,照顾那些穷人、盲人、老人和孤儿应该也是您的一部分责任吧。”

“是的,”富商答道,“我不是不相信那些慈善代理机构,但很抱歉,我天生就不是一个仁慈的人。我知道其他拥有和我同样地位的人会给予更多,但是该给的我也都给了,而且只能做到这一步了。”

董事们笑了，接着又说："啊，我们自己也曾这么想过，但是必须改正这种想法。让我们来帮您学会怎样变得仁慈吧！现在假设像您这样的人可以捐 15000 美元。别去介意具体数额吧，那您干吗不今年为福利基金会开一张 5000 美元的支票作为开始呢？我知道明年您自己就想捐得更多了。"

这位富商迫于自己地位高则责任重的想法，面对这种情况，觉得出于面子也必须得出钱，于是就开了一张 5000 美元的支票。他第二年捐了更多钱；数年以后，他成为了该市捐得最多，最令人自豪的给予者。

智慧小语

但是，富商是真正的给予者吗？正如其他市民所认为的一样，他们很感激富商捐出的钱，却怎么也不无法感激他本人。他们觉得那个富商从来就没有学会怎样将自己也投入到给予过程中来。给予带给了他骄傲，却从未让他真正地幸福过。

继母的激励

●金玉良言

用我们的实际行动感激别人对我们热忱的激励。

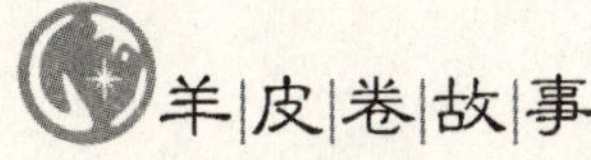

羊皮卷故事

一个把拿破仑·希尔推向成功之路的重要因素，就是他继母的热忱。

拿破仑·希尔在他的书中这样说："在我 9 岁的时候，我的父亲便娶继母进门。当时我们是居住在维吉尼亚洲乡下的贫苦人家，而她则来自较好的家庭。

"我的父亲一边向她介绍我，一边说：'我希望你注意这个全郡最坏的男孩，他可能会在明天早晨以前就拿石头扔你。'

"我的继母走到我面前，托起我的头看着我，接着她看着我的父亲说：'你错了，这不是全郡最坏的男孩，而是最聪明的但还没有找到发泄热忱的地方的男孩。'

"我们就凭着她这一段话而开始建立友谊，也就是这段友谊，使我创造了成功的 17 项原则，并将这些原则的影响力发扬光大。在她来之前没有人称赞过我聪明。我的父亲和邻居们都认定我是坏男孩，而我也真的表现一些坏行为给他们看，但是我的

继母就只说了那一句话,便改变了一切。

“她还改变了许多事情,她鼓励我的父亲去念牙医学校,而我父亲也从那所学校光荣毕业。她把我们家迁到郡府所在地,以便父亲的牙科诊所在那里会有较好的生意。而我和兄弟也可接受较好的教育。我的父亲最初反对这些建议,但最后还是屈服在她的热忱之下。

“当我 14 岁时,她给我一部二手打字机,并且告诉我她相信我会成为一位作家。我了解她的热忱,而我也很欣赏她的那股热忱,我亲眼看到她的那股热忱是如何改善我们的家庭生活。我接受她的想法,并开始向当地的一家报社投稿。当我去问卡耐基并且接受他的委托时,我仍然从事写作的工作。我继母的热忱,不但使我有能力抓住这个机会,同时也给了我完成卡耐基所托付的任务的自信和热忱。

“我不是唯一得到我继母恩惠的人,我的父亲最后成为城里最富裕的人,而我的兄弟之中有一位物理学家、一位牙医师、一位律师和一位大学校长。”

智慧小语

热忱的力量真的很大!当这股力量被释放出来支持明确目标,并不断地用信心补充它的能量时,它便会形成一股不可抗拒的力量,并足以克服一切贫穷和不如意。

瑞恩的井和妈妈的爱

●金玉良言

常怀关爱之心的人,无论他的力量是多么渺小,他都是一个大人物。

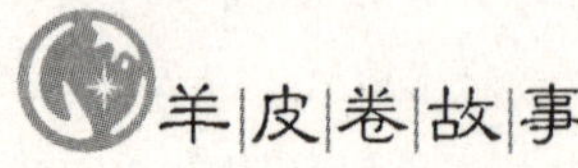

羊皮卷故事

瑞恩是加拿大一个普通家庭的一个普通的男孩,5 年前的一天,这个一年级的小学生,听老师讲非洲的生活状况:“孩子们没有玩具,没有足够的食物和药品,很多人甚至喝不上洁净的水,成千上万的人因为喝了受污染的水而死去。我们的每一分钱都可以帮助他们,一分钱可以买一支铅笔,60 分够一个孩子两个月的医药开销,两块钱能买一条毯子,70 块钱就可以帮他们挖一口井。”

6 岁的小瑞恩深感震惊,想为非洲的孩子捐献一口井的愿望成了他强烈的梦想。

他的妈妈并没有像我们的某些家长一样直接给他这笔钱,也没有把它当成是小孩子一时的冲动。

妈妈让他在所承担的正常家务之外自己挣:哥哥和弟弟出去玩,他吸了两小时地毯挣了两块钱;全家去看电影,他留在家里擦玻璃赚到第二个两块钱;帮爷爷捡松果;帮邻居捡暴风雪后的树枝……

他坚持了4个月,终于攒够了70元钱,交给了相关的国际组织。

然而人家告诉他:70元钱只够买一个水泵,挖一口井要2000块。瑞恩的梦想只得继续着。一年多以后,通过家人和朋友的帮助,他竟筹集了足够的钱,在乌干达的安格鲁小学附近捐助了一口水井。

事情到此并没有结束,因为还有很多的人喝不上干净水,于是攒钱买一台钻井机,以便更快地挖更多的水井,让每一个非洲人都喝上洁净的水成了瑞恩的梦想。他为此坚持了下去。

5年后,这个6岁孩子的梦想竟成为千百人参加进来的一项事业,目前"瑞恩的井"基金会筹款已达75万加元,为非洲8个国家建造了30口井。这个普通的男孩,也被评选为"北美洲十大少年英雄",被人称为"加拿大的灵魂",影响着越来越多的人去帮助他人。

爱,成功和财富的前提

●金玉良言

爱心长存,财富和成功就会长相伴。

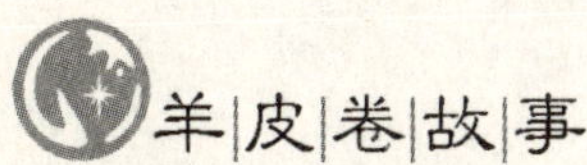

一位妇人走到屋外,看见前院坐着三位长着又长又白胡须的老人。虽然她并不认识他们,但是依然十分友好地对他们说:"我想也许我们并不熟悉,但是我想你们应该很饿了,请进来吃点东西吧。"

"家里的男主人在吗?"老人们问。

"不在,"妇人说,"他出去了。"

"那我们不能进去。"老人们回答说。

傍晚丈夫回到家里,妇人将事情的经过告诉了他。丈夫说:"告诉他们我在家里

了，请他们进来吧！”于是，妇人将三位老人请进屋内。

“我们不可以一起进一个房屋。”老人们说。

“为什么呢？”妇人感到迷惑不解。

其中一位老人指着他的一位朋友说：“他的名字是财富。”然后又指着另外一位说：“他是成功，而我是爱。”接着又补充说：“你现在进去和你丈夫商量一下，要我们其中的哪一位到你们的家里。”

妇人进去告诉了丈夫。丈夫非常兴奋地说：“那赶快邀请财富进来！”

妇人却表示了不同的意见：“亲爱的，为什么不邀请成功进来呢？”

他们的媳妇在屋内的另一个角落聆听他们谈话，并提出自己的意见：“我想应该先邀请爱进来。”

思考了一下，丈夫对妇人说：“就照媳妇的意见吧！”于是，妇人又来到屋外，问道：“请问哪位是爱？”爱起身朝屋子走去。

另外两人也跟着他一起进入屋内。

妇人惊讶地问财富和成功：“我只邀请爱，怎么连你们也一道来了呢？”

老者齐声回答：“如果你邀请的是财富或成功，另外二人都不会跟进，而你邀请爱的话，那么无论爱走到哪，另外二人都会跟随。”

智慧小语

哪里有爱，哪里就有财富和成功，是爱带来了财富和成功。所以，我们不要担心我们不能得到财富，爱就是一个最大的财富。

爱心围墙

●金玉良言

用一颗真诚的心去感动他人，感情的力量是很大的。

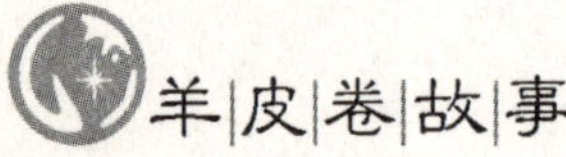

这是发生在澳大利亚的真实故事。

有一位青年，他家世世代代以养羊为生，到了他这一代，经过努力，羊群数量逐年递增，已经发展为10万的规模。为此，他感到十分自豪，但有些迷茫，因为，尽管他一再努力，羊群的数量却只能维持在10万只上下，不再增长，他非常困惑。

有一天，他的爷爷来到他放牧的农场。见爷爷来了，他便用手指着漫山遍野的羊群，很有成就地炫耀。哪知爷爷一脸不屑地说：“我也一样。”青年大为不解，正要细问缘故，爷爷却一声不响地走了。他不明白一向疼爱他的爷爷说这话的意思。

夜色降临，四散的羊群逐渐安静下来。淡淡的月光下，他望着一望无际的羊群若有所思。因为，近一段时间，每当夜半时分，他总能听见羊群发出的哀号声。第二天，至少有50只羊因肚子被撕开而死于非命。他想这一定是狼干的好事，但狼的胃口似乎没这么好。

一次，一个动物学家经过牧场，青年求教于这位专家，才知道事情的真相。原来，在澳大利亚境内有一种野狗，是澳洲的头号食肉兽，估计整个澳洲约有100万只，正是这种动物的存在，才使他的羊群数量不再递增。他忽然想起爷爷说过的“我也一样”的话，原来，早在爷爷放牧的时代，就存在这种情况，只不过，谁也没有办法解决而已。

既然原因已经找到，能不能彻底解决呢？善于思考的他又开始了富有想象力的思维。他决心在全澳大利亚建一道防护墙。哪知话一出口，就遭到了家人的极力反对，几千公里的围墙，不但耗费巨大，而且极难维护。但他一点也不退缩。一开始，他一个人在自家的牧场周围用铁丝网筑起了一道防护墙。后来，他就沿着自家牧场往四周扩展，防护墙一点点延伸着。他的这种做法感染了周围的其他人，于是，越来越多的人加入了筑墙的行列，以至于政府也开始关注和资助由他发起的这项筑墙运动。

一年以后，一道从南澳洲大海湾向东延伸，经新南威尔士，穿过昆士兰东部，抵达太平洋沿岸的高1.8米、下部由小眼铁丝网、上部由菱形铁丝网、顶部由带刺铁丝构成的世界上最长的防护墙建成了。由于它的建成，澳大利亚的羊群数量猛增，它像一条河在澳洲大陆上蜿蜒着，穿过沙丘、石头山、茂密的灌木丛和荒芜的平原，保护着越来越多的羊群。

许多年过后，这道防护墙已经成为澳洲人为之自豪的一处旅游景点。前来旅游的人们善意地称它为爱心围墙。

智慧小语

爱心围墙需要大家共同构建，用实际行动去做一些有意义的事吧，如果你是对的，将会有更多的人响应你，这样，一道爱心围墙就筑好了。

善良成就未来

●金玉良言

行善应当义不容辞，那么别人对你的报答也会义不容辞。

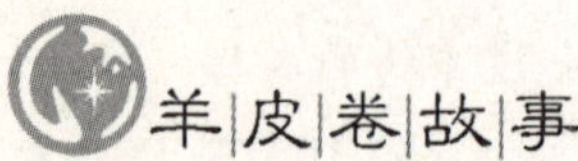

弗莱明是一个穷苦的苏格兰农夫，有一天当他在田里工作时，听到附近泥沼里有人发出求救的哭声。于是，他放下农具，跑到泥沼边，发现一个小孩掉到了里面，弗莱明忙把这个孩子从死亡的边缘救了回来。

隔天，有一辆崭新的马车停在农夫家，从马车上走出来一位优雅的绅士，他自我介绍是那被救小孩的父亲。绅士说："我要报答你，你救了我儿子的生命。"农夫说："我不能因救了你的小孩而接受报答。"

就在这时，农夫的儿子从屋外走进来，绅士问："这是你的儿子吗？"农夫很骄傲地回答："是。"绅士说："我们来个协议，让我带走他，并让他接受良好的教育。假如这个小孩像他父亲一样，他将来一定会成为一位令你骄傲的人。"

农夫答应了。后来农夫的儿子从圣玛利亚医学院毕业，成为举世闻名的弗莱明·亚历山大爵士，也就是盘尼西林(青霉素)的发明者。他在1944年受封骑士爵位，且得到诺贝尔奖。

数年后，绅士的儿子染上肺炎，是盘尼西林救活了他的命。那绅士是谁？上议院议员丘吉尔。他的儿子是谁？英国政治家丘吉尔爵士。

智慧小语

因为农夫一个小小的善举，改变了他儿子的一生。做一个善良的人，做一个有前途的人。